23

王鲁彦研究资料

WANGLUYAN YANJIUZILIAO

曾华鹏　蒋明玳　编

中国社会科学院
文学研究所　总纂

中国文学史
资料全编

现代卷

知识产权出版社

内容提要：

王鲁彦，原名王衡，又名返我，著名的乡土小说家。本书分王鲁彦传略，王鲁彦自述，回忆文章选辑，评介文章选辑，著译系年及评介文章目录索引等五个部分，全面收集了关于王鲁彦的研究资料。

责任编辑： 马　岳　　　　**装帧设计：** 段维东

图书在版编目（CIP）数据

王鲁彦研究资料/曾华鹏，蒋明玳　编.— 北京：知识产权出版社，2009.8

（中国文学史资料全编·现代卷）

ISBN 978-7-80247-794-0

Ⅰ.王… Ⅱ.①曾… ②蒋… Ⅲ.①王鲁彦（1901~1944）—人物研究 ②王鲁彦（1901~1944）—文学研究 Ⅳ.K825.6　I206.6

中国版本图书馆 CIP 数据核字（2009）第 188843 号

中国文学史资料全编·现代卷

王鲁彦研究资料

曾华鹏　蒋明玳　编

出版发行：知识产权出版社

社　址：北京市海淀区马甸南村 1 号　　邮　编：100088

网　址：http: // www. ipph. cn　　邮　箱：bjb@cnipr.com

发行电话：010-82000860 转 8101/8102　　传　真：010-82005070/82000893

责编电话：010-82000860 转 8171　　责编邮箱：mayue@cnipr. com

印　刷：北京市兴怀印刷厂　　经　销：新华书店及相关销售网点

开　本：720mm×960mm　1/16　　印　张：19.5

版　次：2010 年 1 月第一版　　印　次：2010 年 1 月第一次印刷

字　数：270 千字　　定　价：39.00 元

ISBN 978-7-80247-794-0/K・045（2642）

汇纂工作小组

名单

（按姓氏笔画排列）

王润贵　刘跃进　刘福春　严　平

张大明　杨　义　欧　剑　段红梅

编辑说明

中国社会科学院文学研究所向来重视文学史料的系统整理与深入研究，建所50多年来，组织编纂了很多资料丛书，包括《古本戏曲丛刊》、《古本小说丛刊》、《中国现代文学史资料汇编》、《近代文学史料汇编》、《当代文学史料汇编》以及《文艺理论译丛》、《现代文艺理论译丛》、《古典文艺理论译丛》等。其中，介绍国外文艺理论的3套丛书，已经汇编为《文学研究所学术汇刊》9种30册，交由知识产权出版社出版。该书出版后，国内一些重要媒体刊发评介文章，给予充分肯定。为满足学术研究的需要，2007年初，中国社会科学院文学研究所与知识产权出版社商定继续合作，编辑出版《中国文学史资料全编》，将以往出版的史料著作汇为一编，统一装帧，集中出版。

这里推出的《中国文学史资料全编·现代卷》就是其中的一种。本卷主要以《中国现代文学史资料汇编》为基础而又有所扩展。《中国现代文学史资料汇编》的编纂工作启动于1979年，稍后列入国家第六个五年计划社科重点项目。该编分为《中国现代文学运动、论争、社团资料丛书》、《中国现代作家作品研究资料丛书》、《中国现代文学书刊资料丛书》即甲乙丙3种，总主编陈荒煤，副主编许觉民、马良春，编委有丁景唐、马良春、王景山、王瑶、方铭、许觉民、刘增杰、孙中田、孙玉石、沈承宽、芮和师、张大明、张晓翠、杨占陞、陈荒煤、唐弢、贾植芳、徐迺翔、常君实、鄂基瑞、薛绥之、魏绍昌，具体组织主要由徐迺翔、张大明负责。此项目计划出书约200种。至20世纪末，前后20多年间，这套书由数家出版社陆陆续续出版了80余种，还有数十种虽然已经编就，由于种种原因，迄今尚未出版。“现代卷”包括上述已经出版的图书和若干种当时已经编好而尚未出版的图书。

这项工作得到了中国社会科学院文学研究所和知识产权出版社的高度重视，为此成立了汇纂工作小组。杨义、刘跃进、严平、张大明、刘福春等具体负责学术协调工作，于2007年11月，向著作权人发出《征求〈中国文学史资料全编·现代卷〉版权的一封信》，很快得到了绝大多数编者的授权，使这项工作得以如期顺利开展。为此，我们向原书的编者表示由衷的谢意。为尽快将这套书推向社会，满足学界和社会的急需，除原版少量排印错误外，此次重印一律不作任何修改，保留原书原貌，待全部出齐，视市场情况出版修订本。为此，我们也诚挚地希望广大读者能给予充分谅解。

《中国文学史资料全编·现代卷》出版后，我们将尽快启动“古代卷”、“近代卷”和“当代卷”的编纂工作，希望能继续得到专家学者的大力支持和热心参与。

现代卷汇纂工作组

目　录

王鲁彦传略

王鲁彦传略……2
王鲁彦生平和文学活动年表……5

王鲁彦自述

明天社宣言……16
《犹太小说集》序（王鲁彦）……18
《给海兰的童话》序（王鲁彦）……20
《显克微支小说集》序（王鲁彦）……21
《花束》译者序（王鲁彦）……25
《世界短篇小说集》序（王鲁彦）……26
《苦海》序（王鲁彦）……27
未曾写成之序（王鲁彦）
——《黄金》序……30
《忏悔》译者序（王鲁彦）……34
我怎样创作（王鲁彦）……35
《屋顶下》自序（王鲁彦）……40
《婴儿日记》序（王鲁彦　谷兰）……41
致友人信四封（王鲁彦）……42

致汪馥泉信两封（王鲁彦）……45
《鲁彦短篇小说集》序（王鲁彦）……47
给读者（王鲁彦）……48
《我们的喇叭》后记（王鲁彦）……50

回忆文章选辑

鲁彦走了（章洪熙）……54
悼鲁彦先生（桂林文协同人）……57
关于鲁彦的死及其他（荃麟）
——《青文》书简……60
忆鲁彦（穆素）……62
忆鲁彦（傅彬然）……66
记鲁彦（节选）（赵景深）……70
悼鲁彦（周贻白）……75
鲁彦琐记（湘渠）……83
关于鲁彦的回忆琐记（艾芜）……87
在魑魅的追逐下（王西彦）
——记鲁彦的病和死……91
鲁彦夫人覃英同志访问记（刘增人　陈子善）……113
鲁彦在莆田（柯文溥）……123
写给彦兄及附记（巴金）……130

评介文章选辑

王鲁彦论（方璧[茅盾]）……136
《花束》序（周作人）……144
王鲁彦与许钦文（节选）（苏雪林）……147
鲁迅论王鲁彦……151
《鲁彦创作选》序（陈筱梅）……153
《鲁彦选集》序（周立波）……155

《愤怒的乡村》后记（覃英）……159
《鲁彦散文集》前记（覃英）……161
鲁彦的后期小说（欣知）……164
王鲁彦论（节选）（范伯群　曾华鹏）……166
论鲁彦的散文（林非）……206
鲁彦小说简论（张复琮）……209
论鲁彦散文的创作特色（沈斯亨）……248
新文学作家列传（赵聪）……266
五四时代的小说作家和作品（节选）（尹雪曼）……272

著译系年

王鲁彦著译系年……276

评介文章目录索引

评介文章目录索引……296

编后记……301

王鲁彦传略

王鲁彦传略

王鲁彦，原名王衡，又名返我，1901年生，浙江省镇海县人。父亲是店员，母亲是一位勤俭能干的家庭妇女。

鲁彦的童年和少年时代都是在农村里度过的。他和农家朴实的孩子结成亲密的伴侣；从农村劳动者身上感受到正直善良的优美品德。幼年时代的这段乡村生活在他的脑海里一直保留着充满诗意的印象，是他以后的文学创作中所经常描写的生活题材。同时，他从6岁起就进私塾读书，14岁时插进本地一所初级小学，半年后取得毕业文凭，就进入家乡附近的灵山高等小学继续读书，16岁读至高小二年级停学。这十年的读书生活，使鲁彦学到了一些文化知识，又受到民主思想的初步熏陶。

1918年，王鲁彦离开家乡到了自己所憧憬着的上海，进入一家日本在华资本的洋行当学徒，业余时间则在“环球补习夜校”学习。1920年，由于五四新思潮的影响，王鲁彦申请并获准参加由李大钊、蔡元培等创办的工读互助团，于是从上海到了北京，一面依靠自己的劳动维持生活，一面在北京大学旁听某些课程，并开始学习世界语。1922年工读互助团解散后，他和一些朋友到江苏赣榆县的一个小镇上办了一所小学，但不久就被当地士绅当作“过激派”而驱逐出境。返回北京后他又和朋友们酝酿成立专门研究文学的团体“明天社”；他也于当年8月开始在《晨报副镌》上发表由世界语转译的俄国民间故事。1923年他还曾有一段时间担任前来中国的俄国盲诗人爱罗先珂的世界语助教。

1923年夏，王鲁彦到了湖南长沙，先后在平民大学、周南女学和第一师范教书。他在这里创作了他的第一篇小说《秋夜》。在这个短篇小说里，作家揭示出在军阀混战中广大人民的苦难生活，同时也表达了自己想要拯救人民于水深火热之中的愿望。这篇处女作发表在本年11月的《东方杂志》上。此后他又先后发表了《柚子》、《狗》、《灯》、《美丽的头发》等作品，并于1926年出版了第一个小说集《柚子》。鲁迅后来在评论王鲁彦初期的创作时指出，王鲁彦是一个“乡土文学的作家”，“对专制不平，但又向自由冷笑”是他初期创作的特色；《柚子》一篇，“在玩世的衣裳下，还闪露着地上的愤懑”，是鲁彦这时期“最为热烈”的作品。

1927年，在大革命高潮中，王鲁彦到了武汉，任武汉《民国日报》的副刊编辑。不久，由于汪精卫叛变革命，鲁彦就离开武汉到了上海。1928年春又到南京，在国民党政府国际宣传部任世界语翻译。这段时间，鲁彦的文学活动侧重于翻译工作，主要是由世界语转译一些被压迫的弱小国家的文学作品，这些译作曾先后编成《世界短篇小说集》、《在世界的尽头》等出版。这期间他还创作了一系列以农村生活为题材的短篇小说，他在《黄金》、《童年的悲哀》等小说集里，塑造了旧社会农村各阶层人物栩栩如生的众多的艺术形象。1928年茅盾在《小说月报》上发表了长篇论文《王鲁彦论》，对鲁彦已发表的作品进行全面的评论。茅盾认为，鲁彦小说里最可爱的人物“是一些乡村的小资产阶级”，同时也指出鲁彦的作品里显现出一种浓厚的“教训主义色彩”。

1930年秋，王鲁彦到了福建，在厦门为《民钟日报》编副刊，并在集美中学兼课。次年秋天，他来到泉州黎明中学任教，半年后又离开泉州到莆田县涵江中学教书。1932年11月离莆田赴上海。这期间鲁彦曾回镇海故乡住了两个多月。1934年初鲁彦又动身赴陕西省，先后在郃阳县立中学、西安高中任教，1935年底离职返回上海。这段时间鲁彦的生活是极不安定的，他几乎没有能够在一个地方住满一年。这种辗转流浪的生活赋予鲁彦丰富的创作素材，因此这个时期也是鲁彦的文学创作取得丰收的时期。短篇小说集《小小的心》、《屋顶下》、

《雀鼠集》、《河边》，散文集《驴子和骡子》、《旅人的心》，译作《唐裘安》（法国莫里哀的五幕喜剧）、《法老》（波兰普鲁斯的长篇历史小说），都是这几年间的收获。由于鲁彦曾回故乡住了一段时间，对当时农村的情况有了一些了解，本时期他还奉献出了描写农村阶级压迫和农民反抗斗争的中篇小说《乡下》和长篇小说《野火》（他计划写连续性的三部长篇小说），显示了王鲁彦的创作进入一个新的阶段。

鲁彦曾在1933年对自己的十年创作历程作了回顾，写了《我怎样创作》一文。他在总结自己创作的经验教训后说："我总觉得我的实生活的体验还不够，还没有深刻的透彻进去。"这种认识使他更自觉地去观察、体验现实生活，是他此后的创作能取得较大进展的重要原因。

1937年抗日战争爆发以后，王鲁彦就偕同全家到了湖南醴陵。1938年初他在长沙为《抗战日报》编副刊，当年夏天到了武汉，在军委会政治部任职。抗战初期，鲁彦以极大的爱国热情为伟大的民族解放战争呐喊。他在散文《今年的双十节》里说："事实给我们证明了没有一个人不愿意用自己的血肉去争取中华民族的独立和自由。"这时他还写了《炮火下的孩子》、《伤兵旅馆》等短篇小说，并以《伤兵旅馆》为书名编集出版。1938年底武汉撤退以后，王鲁彦到了广西桂林，在桂林行营政治部工作，并在桂林中学任教。他计划创作的连续性的长篇小说的第二部《春草》，也开始在《广西日报》的《漓水》副刊上连载，只发表到第七章。1940年秋天他赴柳庆师范学校教书，一年后返回桂林，参加中华全国文艺界抗敌协会的组织工作。他抱病主编的大型文学刊物《文艺杂志》成为抗战期间大后方最有影响的文学期刊之一。1942年他创作的《陈老奶》和《千家村》这两个短篇小说，以其对抗日战争所表现的乐观情绪和坚毅的态度，而受到广大读者的重视和称赞。1942年4月出版的小说集《我们的喇叭》是他的最后一个集子。1943年夏，王鲁彦又流浪到湖南茶陵，这时他患有肺结核等多种疾病，经济窘迫，生活十分困难。由于日寇逼近，他于1944年7月离开茶陵返回桂林，但这时病情日益严重，终于在当年8月20日逝世，他只活了四十四岁。王鲁彦的一生，是旧中国一位富有才能的文学家在社会压迫和贫病交困中过早夭折的悲惨命运的真实写照。

王鲁彦生平和文学活动年表

1901 年 **1 岁**

阴历十一月三十日，出生于浙江省镇海大碶头杨家桥。原名王衡，又名返我。祖父是一位中医。父亲王宗海，从当学徒到当店员。母亲是一位勤俭能干的家庭妇女。

1906 年 **6 岁**

进私塾读书。

1914 年 **14 岁**

在本地一所初等小学插班，半年后取得初小毕业文凭。

又进入杨家桥附近的灵山高等小学读书，初步受到一些民主思想的熏陶。

1916 年 **16 岁**

因所尊敬的校长徐先生被校董无理辞退，鲁彦也自动停学以表示抗议，读至高小二年级肄业。

1918 年 **18 岁**

春，离开故乡到上海，进日本在华资本的洋行——三菱洋行当学徒。同时于业余进环球补习夜校学习。

1920年　　20岁

春，在五四新文化运动的感召下，申请加入由李大钊、蔡元培、胡适等在北京创办的半工半读的勤工俭学组织——工读互助团；得到许可后即由上海赴北京。进团后把“返我”的名字改做“忘我”。

在工读互助团里，一面自学，一面在北京大学门口摆饭摊，替大学生洗衣服以维持生活。

从这时起，鲁彦开始在北京大学旁听并学习世界语。在旁听课程中有鲁迅讲授的中国小说史。

1922年　　22岁

春，和章铁民等到江苏省赣榆县的一个小镇上办了一所小学。未到暑假就被当地的士绅当作“过激派”而驱逐出境，又返回北京。

6月，和汪静之、林如稷、潘漠华、应修人、冯雪峰、台静农等酝酿成立“专门研究文学的团体”——“明天社”，并在《时事新报》副刊《学灯》上发表《明天社宣言》。这个《宣言》指出：“难道说现在的文学界不是极幼稚、极沉闷吗？我们对于‘现今’，对于‘今天’怎能满意呢？但是又怎甘心灰了心，叹口气就算了呢？怎甘心醉生梦死的不闻不问呢？决不能的！我们要求文学界的成长的明天，光明的明天，发荣的明天！”“大家拿你们的望远镜望前面看吧，那不是风光明媚的美乡么？但是要走呵，不然永远走不到的！”

8月，署名鲁彦翻译的俄国民间故事《好与坏》、《投降者》先后在《晨报副镌》、《民国日报·觉悟》上发表。这是鲁彦发表的最早的作品。

1923年　　23岁

春，在北京任前来中国的俄国盲诗人爱罗先珂的世界语助教。

8月，赴湖南长沙，先后在平民大学、周南女学、第一师范学校任教，担任语文和音乐等课程。

在长沙开始写小说。第一篇短篇小说《秋夜》发表于本年11月出版的《东方杂志》第20卷第22期。

1924年　　24岁

继续在湖南长沙教书。后返京。

短篇小说《柚子》发表在文学研究会的刊物《小说月报》第15卷第10号上。鲁彦曾参加文学研究会，入会号数为122号，入会时间待查。

本年尚发表短篇小说《狗》、《灯》和一些翻译作品。

1925年　　25岁

5月，14日在北京鲁迅寓所第一次与鲁迅见面。此后于6月、7月、8月、9月、10月都曾赴鲁迅寓所访鲁迅，得到鲁迅的指导和帮助。

本年发表短篇小说《许是不至于罢》、《阿卓呆子》，童话《小雀儿》，散文《风筝》和一些翻译作品。

1926年　　26岁

又赴湖南长沙，在第一女子师范任教。

本年发表短篇小说《美丽的头发》、《自立》和一些翻译作品。

10月，第一本短篇小说集《柚子》由北京北新书局出版，共收小说11篇。

1927年　　27岁

3月，在长沙编完根据世界语本重译的《显克微支小说集》，收小说7篇，并为本书作一长序，对这位波兰作家的生平与创作作系统介绍，称显克微支为“波兰唯一的、伟大的作家”，其代表作《你往何处去》则“是过去一世纪里最伟大的作品之一”。

5月，应聘到武汉编辑《民国日报》副刊。“七一五”汪精卫控制的武汉国民党中央公开叛变，大革命失败，鲁彦返回上海从事翻译工作。

9月，在上海编成根据世界语本重译的法国查理斯·拉姆贝的文艺论文集《花束》，收论文三篇，并作序。序中说：“我翻译此书只供献给非投机而研究文学真正想得到一点文学的培养，而又能细心阅读的人们。”

11月，在上海编成根据世界语重译的《世界短篇小说集》，共收短篇小说16篇，多为被压迫的弱小国家的作品。鲁彦在为本书写的序中说，这些弱小的国家“他们一样的有生活，有人民，有文字，有痛苦与快乐，有呻吟与叫号，有科学与文学——一句话，无论如何弱小的国家都有他们自己的灵魂。或者，我们可以说，正因为他们弱小，受压迫，被损害，他们的灵魂愈加沉痛，愈加悲哀，而从这里所发出的呼声愈比大国的急切，真挚，伟大。文艺正是从灵魂中发出来的呼声，我因此特别爱弱小民族的文艺”。

本年发表短篇小说《黄金》、《毒药》、《一个危险的人物》等。

1928年　　28岁

春，在南京国民党政府国际宣传部任世界语翻译。

1月，茅盾以方璧的笔名在《小说月报》第19卷第1期上发表《王鲁彦论》，对鲁彦的作品作了较全面的评论，特别赞扬鲁彦那些以乡村生活为题材的作品。茅盾指出：“王鲁彦小说里最可爱的人物，在我看来，是一些乡村的小资产阶级，例如《黄金》里的主人公，和《许是不至于罢》里的王阿虞财主。”又说：“王鲁彦不是一位多产的作家，现在只有他的十几篇小说。……然而我对于他有奢望，我以为作者如果完全抛弃了时时有的教训主义的色彩，用他的锐敏的感觉去描写乡村小资产阶级，把他的canvas扩展开来，那么，一定还有更好的成绩。”

12月，在南京根据世界语本翻译完波兰作家先罗什伐斯基的长篇小说《苦海》，并为译本写了序。

本年发表短篇小说《微小的生物》、《阿长贼骨头》等；出版短篇小说集《黄金》，共收作品6篇。

1929年　　29岁

5月，在南京根据世界语本译完南斯拉夫女作家米耳卡·坡嘉奇次的《忏悔》，并作译者序。

夏，国民党政府要鲁彦去书报检查机关工作，他毅然拒绝，并由南京返回上海，依靠笔耕翻译度日。这期间与作家丁玲、胡也频、巴金、沈从文等过从甚密。

11月，著名的短篇小说《童年的悲哀》发表在《小说月报》第20卷第11期上。

1930年 30岁

3月，翻译的短篇小说集《在世界的尽头》由上海神州国光社出版。共收翻译小说9篇。

秋，从上海到福建厦门。经巴金介绍，为华侨办的厦门《民钟日报》编副刊，同时在厦门大学讲授中国文学，并在同安县集美中学兼课。

本年发表短篇小说《幸福的哀歌》、《祝福》、《宴会》等。

1931年 31岁

6月，短篇小说集《童年的悲哀》由上海亚东图书馆出版，共收作品4篇。

秋，从厦门赴福建泉州，在黎明中学任教，在同事中有巴金、丽尼、张庚、吕骥、杨人梗等。

本年发表短篇小说《小小的心》、《他们恋爱了》、《一篇抄袭的恋爱故事》和一些翻译作品。

1932年 32岁

春，因不满黎明中学当局对学生的措施，同情学生没有自由发展的机会，辞去教职。

赴福建省莆田县涵江中学教书。涵江系偏僻小镇，生活艰苦，但鲁彦说："我已过惯了贫穷流浪的生活。"在涵江中学他的教课受到学生欢迎。有人拉他参加国民党，他坚决拒绝。

11月，离开涵江，乘船赴上海。

本年发表短篇小说《胖子》等。

1933年 33岁

1月，鲁彦翻译的法国著名剧作家莫里哀的五幕喜剧《唐裘安》发表于《文艺月刊》第3卷第7、8期。

5月，写《我怎样创作》一文，回顾并总结自己10年来创作的经验教训；对已经出版的《柚子》、《黄金》、《童年的悲哀》3个小说集作了认真的分析和评论；同时指出："我的创作不多的原因，第一当然是自己缺乏才能，写不出来，此外是忙于生活，懒惰，不高兴或不愿意写东西给人家看，缺乏了以前的热情，而最后则是想多多体验实生活。"文章最后说："我的作品，虽然是这样的难产，待写成了不久之后，我又常常不满意起来。我总觉得我的实生活的体验还不够，还没有深刻的透澈进去。"

本年初鲁彦曾回镇海故乡住了两个多月，亲眼看到农村的衰败和农民命运的悲惨，因而开始酝酿写作反映农民斗争题材的连续性的长篇小说，计划写三部：第一部《野火》，第二部《春草》，第三部《疾风》。

本年发表散文《船中日记》、《雪》、《兴化大炮》、《我们的太平洋》、《父亲的玳瑁》和短篇小说《恋爱行进》、《屋顶下》、《李妈》、《安舍》等。同时，短篇小说集《小小的心》也于6月份由上海天马书店出版。

1934年　　34岁

初，离上海赴陕西，先后在郃阳县立中学、西安高中任教。

3月，与夫人覃英（谷兰）合著的日记体小说开始在《东方杂志》连载。

3月，短篇小说集《屋顶下》由上海现代书局出版。共收作品7篇。作者在自序中说："我常常觉得创作是件难事，要写得好必须有相当的艺术的修养，而实生活的深入尤为重要。看看自己的年纪，估量着过去的生活，虽说也见到了不少的世事，尝过了许多人间的滋味，但我总觉得自己还不宜于创作。"又说："我自己仍未能自满。倘能摆脱眼前的生活，我还想再求实生活的充实。"

12月，散文集《驴子和骡子》由上海生活书店出版。共收入散文12篇。

本年发表短篇小说《亚猛》、《车中》、《桥上》、《惠泽公公》《鼠牙》等。

1935年　　35岁

3月，鲁迅编选《中国新文学大系·小说二集》时选用王鲁彦的《灯》和《柚子》两篇小说，并在撰写的《导言》中对鲁彦的小说作深刻评论，指出他是一位“乡土文学的作家”。

年底，从陕西返回上海。

12月，短篇小说集《雀鼠集》由上海文化生活出版社出版。共收作品6篇。

本年还发表散文《故乡的杨梅》、《清明》等。

1936年　　36岁

2月，中篇小说《乡下》发表于《文学》第6卷第2期。

6月，长篇小说《野火》在《文季》月刊上从第1卷第1期开始连载。

6月，在鲁迅发起的《中国文艺工作者宣言》上签名。《宣言》说：“当民族危机达到了最后关头”，“我们愿意和站在同一战线的一切争取民族自由的斗士热烈地握手！”

8月，编成《鲁彦短篇小说集》，并为这本书写一短序。文中说：“我的书‘不见畅销’，恐是‘事实’。事实是在我不会投机，也不会标榜，对着那热闹的场面是以冷眼相待的。我做人如此，写文章也如此。”

10月，鲁迅逝世。鲁彦为送葬时8名扶棺者之一，并写了悼念鲁迅的文章：《活在人类的心里》。

本年翻译波兰作家普鲁斯著名的长篇历史小说《法老》，惜因战事未能出版。

本年发表散文《西安印象》、《钓鱼》、《我们的学校》、《孩子的马车》、《旅人的心》和短篇小说《河边》、《银变》、《一只拖鞋》等。

1937年　　37岁

上半年，在上海沪江大学任教。

8月，“八一三”以后偕夫人、孩子离沪赴镇海。

10月，偕全家到湖南醴陵。

10月，在《烽火》第六期发表散文《今年的双十节》说："抗战，抗战，这呼声已经布满在整个的中国，壮烈的勇士们已经从各方面涌到了华北和华南，两个月来，炮声已经震动天地了。事实给我们证明了没有一个人不愿意用自己的血肉去争取中华民族的独立和自由。"

本年短篇小说集《河边》由上海良友图书印刷公司出版；散文集《旅人的心》由上海文化生活出版社出版。

1938年　　38岁

年初，在湖南长沙为田汉主持的《抗战日报》编副刊。

夏，到武汉，在军委会政治部任职，并加入中华全国文艺界抗敌协会。

7月，短篇小说集《伤兵旅馆》由汉口大路书局出版，收《炮火下的孩子》《伤兵旅馆》等4篇。

年底，武汉撤退后抵桂林。在桂林行营政治部工作，在桂林中学任教，并兼任文化供应社编辑。

1939年　　39岁

在桂林国际通讯社工作。

开始创作连续性长篇小说的第二部《春草》，并从本年底开始在桂林出版的《广西日报》的《漓水》副刊上连载，发表至第七章于翌年2月18日中止。

本年发表散文《雷雨声中》、《两年前》。

1940年　　40岁

夏，在桂林文协主办的暑期文艺讲习班讲课。题为：《怎样写短篇小说》。

秋，在柳州附近丹江县的省立柳庆师范学校教书。

本年起以满腔热情阅读马列主义理论著作。

1941年　　41岁

夏，由丹江县重返桂林，参加中华全国文艺界抗敌协会的组织工作。

抱病筹备创办大型文学刊物《文艺杂志》。

1942年　　42岁

1月，主编的《文艺杂志》创刊号出版，鲁彦编该刊至第3卷第3期止。

1月，短篇小说《陈老奶》发表在《文艺杂志》创刊号上。

2月，鲁彦代表《文艺杂志》编辑部写了《给读者》。文中说："抗战以来，我们文艺工作者和千千万万的同胞在一起。无论在前方后方，都受着敌人大炮飞机的威胁。在这样不宁静的生活中，我们不但没有畏缩，却愈加奋励，只想以国民的身份，多对国家尽一点责任，有助于抗战，多用自己的笔，忠于自己所从事的工作。——这种种，我们这一个杂志就是最好的明证。"

3月，散文《火的记忆》在《文艺杂志》第1卷第3期发表。文中说："倘若我能活着，能够活下去，谁又能给我暴风一样的力，我一定伸出巨大的手掌，扼住所有的敌人的咽喉，一直到他们倒下而且灭亡！"

4月，短篇小说《千家村》在《文艺杂志》第1卷第4期发表。

4月，短篇小说集《我们的喇叭》由重庆烽火社出版，共收作品4篇。

本年尚发表散文《从灰暗的天空里》、短篇小说《樱花时节》等。

1943年　　43岁

1月，在给友人信中说："病情严重。眼前倘能平安度过，据云亦须静养半年，现医已禁止工作与谈话，心中殊苦。……"

4月，在给友人信中说："家中吃饭人多，米价近已狂涨近八百，有趋千元之势……维持为难，心中苦虑。"

在贫病中继续主编《文艺杂志》。并拟成立文艺杂志出版社，印行丛书，因出版界不景气，出版社终于宣告解散。

下半年，因夫人覃英接受湖南茶陵第二中学聘请前往任教，鲁彦亦由桂林移居茶陵。在给友人信中说："来此非求乐土，无非可以略避烦扰与经济的煎迫，勉求温饱之外，希望能有益于身体而已。"

1944年　　44岁

上半年，在茶陵，病情更重。

7月，由于日寇逼近茶陵，鲁彦一家由茶陵返回桂林。

8月，20日下午一时在桂林病逝。

8月，22日，晨七时出殡，葬于桂林星子岩之阳，死者生前友好及文化界人士百余人前往执绋。

8月，30日，王鲁彦追悼会在桂林社会服务处礼堂举行，参加者二百余人。追悼会由欧阳予倩主持，邵荃麟代表文协致悼词。

8月，30日，《广西日报》发表署名桂林文协同人的《悼鲁彦先生》一文。这篇文章指出："鲁彦先生，终他的一生，始终具有那种强烈的正义感，那种嫉恶如仇的灼热心肠，无论如何，这一点却保证了他作为一位作家的战斗事业的继续，直至最后。"又说："鲁彦先生不仅是一位清醒的作家，而且还是一名不懈的战士，虽然不属于勇猛的那一种，但无疑是属于坚贞的那一种……他的生命的过早中断，表面上固然是由于贫病，究其实是更有深刻的原因在的。贫病是旧社会加于叛逆的作家们身上的'赐与'这是周知的事实，不待解说。但更厉害的却是精神上的桎梏，把一个人的灵魂弄到窒息的恶毒的禁闭。"文章最后说："鲁彦先生已经永远离开我们了。全集的整理，编印，作品的研究，以至遗孤的教养的援助等等，自然都不失为纪念他的一个方法了；但为了光明的到来，首先不能不击退那黑暗，重要的还是去争取那起码的民主权利，即言论、出版等自由。"

鲁彦逝世后，周恩来发来唁电，叮嘱家属"善抚遗孤"，并请冯雪峰转送给家属抚恤费伪法币一万元，还亲自安排接鲁彦的家属去重庆，显示了中国共产党对作家鲁彦逝世的哀悼和对鲁彦家属的关怀。

王鲁彦自述

明天社宣言

明天社是专门研究文学的团体，他出版的明天是专研究文学的刊物。

幼稚，沉闷，不是这种思想界的通病吗？难道说现在的文学界不是极幼稚、极沉闷吗？我们对于“现今”，对于“今日”怎能满意呢？但是又怎甘心灰了心，叹口气就算完了呢？怎甘心醉生梦死的不闻不问呢？决不能的！我们要求文学界的成长的明天，光明的明天，发荣的明天！

我们诚然是幼稚的文学界中更幼稚的分子，我们可是决不承认我们可以推掉一部分这种责任。自然应该有充分的预备，可是我们决不主张现时我们离开“作”来预备，离开“作”来预备，永久是不亲切的，无大益的。

所以我们不能不“作”，不能不努力“作”。我们的团体和刊物也就为的这个办的。

我们希望大家互相鼓励多作些文学作品，越作越可以知道我们自己的幼稚，越可以增进我们研究文学的兴趣和热心。

我们固然希望黑幕派一类的烂污东西可以灭绝。我们也希望青年不要把旧式的诗和小说里的荒谬思想换汤不换药的放在他的作品上，把文学当作发牢骚的一个工具，当作发泄色情狂、名利狂的一个工具。大家该努力的是求真能破除境遇不同的人们相互的“盲目性”，真能了解“人性之真实”，建立一种真挚、博大、深刻的文学。

我们的希望、我们的目标不过如此。

大家拿你们的望远镜望前面看吧，那不是风光明媚的美乡么？但是要走呵，不然永远走不到的！

同志的人们！大家通力合作，大家努力前进！

发起人：

汪静之（杭州）	林如稷（上海）
郭后觉（上海）	胡思永（杭州）
程　憬（杭州）	漠　华（杭州）
胡冠英（杭州）	曹诚英（杭州）
修　人（上海）	冯雪峰（杭州）
夏亢农（里昂）	陆鼎藩（北京）
张肇基（北京）	台静农（北京）
王忘我（北京）[1]	章铁民（北京）
章洪熙（北京）	党家斌（北京）

通讯处：

暂交北京西城美术学校教育改进社内章洪熙收

（原载1922年6月19日《民国日报·觉悟》）

[1] 发起人中的王忘我即王鲁彦。

《犹太小说集》序

王鲁彦

近代犹太文学的勃兴是在十九世纪的后叶，在这不到一百年的短促的时期中，它的进步的迅速真令人惊异，把它和有千百年历史的他国文学一比，我们决不会觉得它有什么逊色的地方——有时几乎还觉得它特别可爱。

在十九世纪初叶和那时以前，希伯莱并非没有文学，这是人人都知道的事情，但那时的作家用的都是希伯莱文字，一种过去的，渐为他们本国人所不认识的将死的文字。因此那时的文学可以说是知识阶级的专有品，于一般民众没有什么关系。到了十九世纪后叶就不同，许多作家都决然抛弃希伯莱文而用犹太文了。这犹太文以先原是在德国境内的犹太人所用的一种土语，极象德国话——有的甚至说本是中莱茵河地方的德国土语——后来由德国而波兰，由波兰而俄国，几乎所有的犹太人都说这种话，都认识这种文字，成了犹太人的国语了。因此近代犹太的文学可以说是民众的文学，真正犹太人的文学。

第一个开辟这块地田，而且得到很好的成绩的大约要算是阿白腊靡维奇，接着是斯攀克透、腊夷金、提耐藏、脑姆作格等人。

随后，近代犹太文学的两颗明星出来了，这就是俾莱芝和夏虏姆·阿莱汉姆。

俾莱芝的短篇小说非常的出名，他在近代犹太文学界是第一个短篇小说的作家。他的作品浏亮而含深切的意思，悲愤而不失望，给了近代犹太文学一种新的心灵。他又做过许多诗，都很美妙。

夏虏姆·阿莱汉姆的真名叫做腊皮懦维奇，他是近代犹太作家中的唯一的讽刺作家。他的作品几乎没有一处犹太人的家里不读。他专门写希伯莱人最可笑的事情，使人发笑，但这笑并非平常的笑，是含着眼泪的笑。他的作品的铭言是：“笑可以医病，医生劝人常笑。”因此凡一切失败和不幸，他都不哭，只是笑。他笑着生，他笑着死。他将死前曾为自己做了一篇墓志，大意是这样：“这里葬着一个平常的犹太人，他曾为男男女女们著了一些书，鞭笞着工人、医生、商人或教授等等，谁也不宽恕。”的确，他什么都描写，什么也不避忌，在诙谐中藏着深刻的讽刺，使你感到沉痛，又使你禁不住含着泪大笑起来。他又是一个大诗人，又是戏曲家，又是批评家，近代犹太文学的根基到了他手里可以说已被他筑了起来，而且非常的坚固了。

这两个人以后，犹太文坛上最著名的要算是宾斯基、阿胥、考白林。宾斯基以戏曲家著名，但短篇小说集《诱惑》也非常为人所爱读。阿胥是一个戏曲家，也做小说。考白林则长于长篇小说。

近代犹太文学有一种很显明的特色，就是人道主义。这大概是因为散处在各国的犹太人都受各国当局的严厉的压迫，生活十分艰苦，所以许多作家都呼号着，攻击着，要求往人道主义的路上走。

这一册小说集里的作品多是从“世界文学丛书”之四《希伯莱小说集》中译出，原译者是湖趣尼克，只有《中学校》是从别一种书上译出，原译者为柴孟霍夫博士。《七年好运》由1925年9月12日的《世界语传命使》半周刊译出，原译者为吕斯泰。《搬运夫》由《无国际性评论报》中译出，原译者为丹姆贝。《资本家的家属》由《万国语月刊》中译出，原译者为克拉夷芝。我所重译的全是根据世界语译本。

一九二六年九月二十七日

在上海、鲁彦。

（原载1927年12月上海开明书店版《犹太小说集》）

《给海兰的童话》序

王鲁彦

宝贝啊，宝贝啊，宝贝啊！……

海兰的一只小眼睛望着，一只睡着了；海兰的一只小耳朵听着，一只睡着了。

睡罢，海兰，睡罢，美女儿；爸爸好讲童话给你听哩。自然，猫和村狗，灰色的小苍蝇和灶下的小蟋蟀，斑色的笼中的椋鸟和好争斗的鸡都在这里呀。

睡罢，海兰，——立刻就讲童话了。呵，高高的月亮已经望到窗子里面来了；呵，斜视眼的兔子扑扑颠颠的逃去了；呵，狼的眼睛象两颗黄色的火星亮起来了。一只老麻雀飞到窗上，嘴敲着玻璃问道：“快了吗？”大家都在这里，统聚在一起了；大家等着给海兰的童话呢。

海兰的一只小眼睛望着，一只睡着；海兰的一只小耳朵听着，一只睡着了。

宝贝啊，宝贝啊，宝贝啊！……

（原载上海大光书局1936年8月版《给海兰的童话》）

《显克微支小说集》序

王鲁彦

一 显克微支及其著作

显克微支（Henryk Sienkiewicz）以一千八百四十六年五月四日生于波兰之波达拉赛（Pdlasie），幼时在瓦萨（Vars-ovio）读书；进大学后，瘦削而且多病，不常在讲堂里出现，不加入什么团体，也不和别的同学共游息，因此颇为同学所轻视。大学毕业后，一个朋友告诉人家，显克微支做了一篇美丽的故事《Na Marne》，曾引起了大家的哄笑。自一千八百七十三年起，他常在《波兰新闻》（Gazeta Polska）上发表他的作品，假名为 Litwos，《炭画》（Skizoj per kaibo），《老仆人》（La maljuna servisto）和《哈尼亚》（Hania）等篇发表后，才惊醒了阅者非常的注意。一千八百七十六年，他往欧美去旅行，作《旅途中的通信》（Leteroj el la vojago）。一千八百八十年，他又发表他的《鞑靼的囚人》（Tatara kaptito），描写一个十七世纪的勇敢的骑士。一千八百八十三年，他给了波兰人三部伟大的惊人的历史小说。这就是巨大的“三部作”（trilogio）《火与剑》（Per fajro kajglavo）、《洪水》（La diluvo）和《浮罗提约斯基先生》（Sinj oro Vo Iodijoski）。

这三部作的根基都筑在波兰十七世纪史的背景上。《火与剑》写的是和哥萨克人的战争，《洪水》是描写瑞典的侵略，《浮罗提约斯基先生》则是写这个骑士在和土耳其战争时的冒险与勇敢。

三部作的内容真是无可比拟。读者彷佛正活在那个时代，听见那时的语言，看见那时的决斗，战争，包围，超人的豪举和田园的景物。在历史的事实中，作者又处处加入丰富的幻想的产物。他的英雄们爱着，战斗着，争着胜利——燃烧着读者心中的火，逼迫出读者眼中的泪。他给那时的一大群英雄们创造生命，给他们以呼吸。如在《火与剑》中的Sksetuskl——真正的骑士；《洪水》中的英雄——生气勃勃的，勇敢的，猛烈的Kmicic；末一部中的勇敢的大佐浮罗提约斯基。此外，还有许许多多惊人的人物。最堪注意的如诙谐的，狡猾的Zagloba，绰号Uliseso，吹牛大家；哥萨克的司令，热情而多梦想的Bohun；甜蜜的，敬虔的强者Podbipjenta；美丽的Heleno；无信义的王子Radzivil；高尚的Aleujo，大胆的Banjo，野蛮的亚细亚的鞑靼人……在这里，要一一的举出来而且分析他们的性格实是不可能的。

但使显克微支立刻成为波兰唯一的，伟大的作家的这三部作，所以受全国人狂喜的，不仅是因为内容的丰富，结构的精密，描写的深刻动人，还有别的原因。

一千八百六十三年，波兰曾有过一次反抗压迫的叛乱，没有成功。随后全国就走入黑暗的夜中，灰色的，压迫的实证主义的时代，忧愁日常的面包，抛弃了最高的自由的目标的时代。这时，伟大的三部作便象阳光似的走了出来，充满着希望的呼声，喊醒了沉睡着的心，而又不息的鼓舞着它们。那时波兰的国度正在崩坠，四面八方的危险的敌人和最危险的本国人民的卑屈和漠不关心都象洪水似的倾泼在波兰上。而显克微支却大喊着，如三部作中的英雄Zagloba所说，“没有那种的危险：如果在危险中刚毅而且联合起来，且赖神的援助而尚不能自救。”

一千八百九十一年，显克微支第二次出去旅行。游了全欧，他又到阿非利加洲的北部去认识埃及，到阿非利加洲南部认识桑给巴尔（Zanzibaro）。

三部作以后，他接着作了一部相反的小说《无宗旨》（Sen dogmo）。书中的主人公Piososki没有宗旨的生活着。他是一个精细的，有才智的怀疑家，懦弱而无意志，不能做事的，有天才的人，终因分析自己，失去了自己的幸福，而至于自杀。在这部书和后面所举的《波伦耶次基的家族》（Familio Polanjecki）中，显克微支著重于心理的描写，不注意社会的问题或事情。

《波伦耶次基的家族》于一千八百九十五年出版。这个主人公波伦耶次基是一个生气勃勃的，有精神的自私者。和 Plososki 相比，波伦耶次基自己承认，Plososki 一是个精细的，彷佛更细致的陶土所制成的人——但他，波伦耶次基，是一个更适合于现社会生存的人。

使全世界认识，惊异赞扬，给他一个最好的历史小说家的名称，又使他于一千九百零六年得到诺贝尔（Nobel）文学奖金的是他的《你往何处去》（Quovadis？）。

《你往何处去》于一千八百九十六年出版，是过去一世纪里最伟大的作品之一。它写的是纪元后第1世纪罗马皇奈龙（Nervn）时代基督教和旧教的争斗。那时庄严的罗马帝国已濒于崩溃，奈龙还只是狂妄地作乐。为要饱看火灾和作诗的资料，他竟纵人把庄严的、文明的罗马城点起火来，烧了一个星期。随后他又嫁罪于基督教徒，说是他们放的火，用种种极残酷的方法，惨杀了无数无辜的人民。但在这个黑暗的时代，在血和泪泛滥着的地上，基督教徒还是一天比一天多起来，圣徒彼得的种子还是低声的在生长；甚至象贵族的保民官维尼胥（Vinicius）最后也发出这样的呼声：“我信仰，我信仰，基督，怜悯罢！”甚至象与基督教徒有深怨，告发他们的卑鄙的小人基隆也同样的叫了起来了。

《你往何处去》出版后，接着又出版了一部小说《十字军骑士》（La kruckvaliroj）。这部书凡四卷，一千九百年才出齐。在这里，他写的是十五世纪初，波兰人战胜德国人，显示出波兰的伟大的强力。书中的人物多比三部作中的强狠，凶猛。

此外，显克微支还作了不少的短篇小说，许多人都说比长篇的还要好。如《老仆人》，《乐人扬珂》，《泉边》，《我们随着他》，《她》，《第三个》，《灯台守》，《炭画》，《二草原》等都是最有名的作品。

读了显克微支的小说，我们可以知道他是最能探得人生的痛苦，烦闷，忧郁，悲哀——心的深处的；但他又能从绝巅转过来，使失望变为希望，悲观变为乐观，痛苦变为甜蜜。显克微支自己曾说过，他做小说原是要给人们以安慰。

一千九百年，他的祖国庆祝他的文学的功绩，送给他一块美丽的

Oblegorek 土地。

一千九百十四年，他又离开了他的祖国。这次是他最后的离别了。一千九百十六年，他在瑞士和几个本国的朋友设立了一个委员会，解决波兰和瑞士的一切交涉。他自己当正委员长，有名的钢琴家 padelewski 当副委员长。他在政治上给了祖国不少的援助。但不幸没有等到一千九百十八年波兰脱去德奥的羁绊而真正独立的时候，他于一千九百十七年在瑞士的伐伐（Vevey）死了。

一千九百二十四年，显克微支的灵柩运回波兰，一路经过奥地利、捷克、南斯拉夫和保加利亚，哄动了当地的居民。10月26日到了瓦萨，葬在圣约翰大寺院中，给了全国的人民无上的光荣。

二　译文的来源

本册小说凡七篇，都据世界语本重译。《泉边》（Ce la fon-to）载在《波兰文选》（pola Antologio）里，波兰巴音博士（Dro，Kazimierz Bein 假名 Kabe）原译。《宙斯的裁判》（La ugode Zeus）和《乐人扬珂》（Janko-Muzikanto）载在《万国文选》（Antologio lnternacia）里，波兰格拉波夫斯奇（Antoni Grabowski）原译。末四篇《天使》（Laangelo），《光照在黑暗里》（Lux in telebris lucet），《提奥克虏》（Dioklo）和《老仆人》（La maljuna Servisto）都从丽茄·柴孟霍甫女士（Lidja Zamenhof）所编译的《显克微支小说集》中选译。这三个译者的世界语都非常的有名。其中《泉边》，《宙斯的裁判》，《光照在黑暗里》和《老仆人》曾用美国寇丁（Jeremiah Curtin）的英译本参照，略有修改；首两篇系请周作人先生校阅，我自己校的英译本也是承他借给我的，特在这里表示感谢。

一九二七年三月十三日，鲁彦，在长沙。

（原载上海北新书局1928年1月出版《显克微支小说集》）

《花束》译者序

王鲁彦

《花束》（Bukedo）是法国第戎大学教授查理斯·拉姆贝（Charles Lambert）的讲演集，经其亲自译为世界语，于1908年在法国出版。此书内含论文六篇，前三篇是关于文学的，后三篇关于语言学。我现在译出的是前三篇。著者在本书的短序里说，这些文章不是为专门家而作，只想给普通学者不大知道的微带科学观点的兴趣，因此竭力避免严重的科学的探究。

但作者虽然这样说，在我看来，给中国普通的读者，恕我不客气的话，恐怕还是过于高深。因此在西洋已成为普通所极熟者的一神名，人名下，我又略略加上了一点说明，俾容易了解。这在已有涵养的读者看起来或反觉累赘，但我想忽略括弧内的字句，一气读下去，也是没有损失的。至于粗心的读者，一看见注解便烦厌，最好是不必看，这书自然不及情书之类有趣了。

我翻译此书只供献给非投机而研究文学真正想得到一点文学的培养，而又能细心阅读的人们。我相信他们读过后，必能得到几许文学上的兴趣。

本书承周作人先生百忙中代为校阅，敬在这里表示感谢。

一九二七，九，廿五，鲁彦于上海。

（原载1928年3月上海光华书局出版《花束》）

《世界短篇小说集》序

王鲁彦

这一册内所收集的小说计十六篇，除俄国的以外，都是版图很小的国家，或弱小而受压迫的民族的作品。作家的名字与中国的读者都很生疏。中国人所接触的多半是英，美，法，德几国人。所懂得的文字也多半是这几国，近来甚至连文坛上所介绍的也多是这几国的作品。这自然不能说是一种不好的现象，这几国的文艺原是值得惊异，值得介绍的。但因此忘记了世界上还有许多小国，甚至说在那里还没有开着鲜艳的文艺的花，那便错误了。它们一样的有生活，有人民，有文字，有痛苦与快乐，有呻吟与叫号，有科学与文学——一句话，无论如何弱小的国家都有它们自己的灵魂。或者，我们可以说，正因为它们弱小，受压迫，被损害，它们的灵魂愈加沉痛，愈加悲哀，而从这里所发出的呼声愈比大国的急切，真挚，伟大。文艺正是从灵魂中发出来的呼声，我因此特别爱弱小民族的文艺。在它们文艺的园地里，我常常看见有比大国的更好的鲜花。世界语还只产生了四十年，而它们的花圃竟已开满了这样的花。超过了许多别的花圃。因此我愿意做一个采花的仆人，采了来供献给和我有同好的读者。

鲁彦写于上海。一九二七，十一，十六。

（原载1928年8月上海亚东图书馆版《世界短篇小说集》）

《苦 海》序

王鲁彦

这一部读不下去的书，我终于读完了几遍了。译不下去的书，我终于译完了。

呵，这是一件多么困难的工作，我必须把我的心浸在每一句话，每一个字都充满了无穷的痛苦的海底里。

我是想给这部书做一篇较长一点的序的，在翻译完了之后，但我完全不能写了。没有比这再痛苦，再去回想到书中所写的一切，虽然它自己也会一一涌到我的脑里来。

一切都是这样的忧郁，黑暗，悲痛而且绝望，我不能不为书中的每一个主人翁流下同情的泪来，当我读着，译着，或者想到的时候。它给了我这样沉重的压迫，我几乎完全透不过气来了。

但它同时却又充满了这样强烈的生的呼声，它比任何的呼声都来得迫切：和善的法路奥，慈蔼的安卡，平凡的格莱哥吕，天真的皮透哈夷，甚至已经腐烂得剩一根骨头的沙耳巴和库士雅西——这些最不幸的人都有着热烈的希望和生的颤动，使我旅行在这最苦恼的国土中的时候，也微微嘘出了气来。

尤其是美尔干夷，这个故事中的主角，被称为吃人的人，地狱里的人，魔鬼的女人。她撕了她自己生的小孩，她放火烧死了别人和自己的那个美尔干夷。呵，美尔干夷！她是一个真正的魔王，颠反着一切，毁灭着一切的魔王！她的心里充满着狠毒，口里涌流着咒诅，她的两手握着的是杀人的利器。但或许是因为如波兰文学史中所说，作者先罗什伐斯基（W. Steroszewski）曾流放于西伯利亚的缘故罢，他终于宽恕了她的一切，揭开了她的比任何人更强烈的生的呼声，更迫切的更热烈的情感：

"……我有了你，我一切都会找得来……我给你做几件宝贵的皮衣；我去捉一些狐狸，兔子，狼和野鹿来……我会安置捕兽机，自射枪，你每天吃着肉，最好的肥肉，美味的鱼。我会做一个很好的人，这样的好，这样的可爱，如同秋霜后的果实一般……我现在是一个坏人，因为我没有谁……当我走到那个世界里，看见人人安静地休息着，笑着，吃得饱饱的，有小孩，有牲畜的时候，妒恨就在我的灵魂中生长；我必须毁坏一种什么，破碎一种什么……好让他们也知道，什么是眼泪！但为了你，我可以做一个可爱的，安静的人……"

或许是因为我活在类似西伯利亚的中国的缘故罢。我也终于深切地了解了她一切，宽恕了她一切，而且更其喜欢了她，虽然她是一个这样可怕的女人：

"……美尔干夷的高长的身材，她的严厉的面色，她的尖利而闪烁的目光，使一切的谈话都静默了下来；他们只有在门后自由的谈着；美尔干夷在场的时候，法路奥不再取笑；安卡总是发起抖来，当这个恶人的目光射到她的面上或手指上的时候……"

唉，这样的女人，或是男人，在类似西伯利亚的中国是需要的，是急切地需要的！

"……生命之霉并没有连根拔去，并没有和那些不幸的人一起毁灭，——它又会在人身内生长，那些被诅咒过了的沙漠又会充满起来，又会呻吟起来。"

那末，美尔干夷就在中国生长罢，我渴望着。

一九二八年十二月十八日，鲁彦于南京。

附记：此书由世界语本译出，原译者为波兰巴因博士（K·Bein）。《世界短篇小说集》中尚有我译的《对神的牺牲》一篇，亦为先罗什伐斯基描写西伯利亚生活的作品。

（原载1929年6月上海亚东图书馆版《苦海》）

未曾写成之序

——《黄金》序

王鲁彦

"现在应该做序了，"我想。

"《柚子》没有序，《黄金》初版没有序，再版的《黄金》无论如何应该有一篇序了，"我想。

于是我展开了稿纸，提起笔来。

我思索怎样着手写序了。

愤怒的思想突然充满了我的脑子，我写了："我，王鲁彦，是中国第一个作家，也是世界上第一个作家！……

"我的作品不堪言说的美，内容不堪言说的丰富！……

"我的笔尖有无穷的力！……

"世界在我的笔下旋转！……

"哈！人类！微小的人类！……"

于是我笑了。

第一次的序到此便告了终结。我必须从新思索了。

悲哀从我心的深处涌了出来，我换了一张纸，写了下来：

"我，《黄金》的作者，是最卑劣的一个！……

"我的作品是不堪言说的丑陋……"

我又笑了。

第二次的序也就告了终结。我又必须从新思索了。

时针在桌上切侧切侧的响着，我看见了中山先生的肖像，下面是两个英文字：Swiss Made。

“有了，”我想。

我提起笔来，去装墨水，看见了我的自来水笔套上“Parkor”在亮晶晶地发光，“Ideal”危然站在墨水匣边上。

“更有了，”我想。

我换了一张新的稿纸。

我发见稿纸右端有七个细小的字：“二十字诘各十行”。

我不明白这几个字的意义，抬起头来，看见了一个满是墨渍的铜笔架，插着四支毛笔，笔杆上刻着细削的字：“上品鸡狼毫”。离开笔架不远的地方放着一只被烟油薰黄了的铜墨盒。上面刻着两个空心字：“吉利”。

“做序的资料更有了，”我想。

这样的想着，我的目光忽然遇到了一个时装的女人的肖像，上面两个非常熟悉的英文字“MY DEAR”。

一种难以遏制的欲望便澎涨起来，我急速地取了一支香烟在手里，从红色黑字的“利国”火柴匣中，抽出一支火柴，擦的燃起，吸起纸烟来。

纸烟燃着的一端，渐渐变成了灰白色的烟灰，“MY DEAR”渐渐残缺，女人的肖像不久也冒烟了。

那烟是异样的可爱：青白的颜色，分成几岔，弯弯曲曲地在我的面前盘绕着，消失着，陆续地散发着。

我望着望着，眼睛渐渐模糊了……

是在一间极大的办公厅里。冷清清的没有什么人。我坐在桌子前，握着笔，预备写一篇序。

长方桌和椅子前后左右摆着。有几张桌上杂乱地堆积着案卷。左边的桌上还昂然坐着一顶尖削的瓜皮小帽。那边的衣架戴着三五顶大帽，披着长衫和洋装。房子是中国式的，但窗子却是洋式，又大又多，玻璃窗可以往上推，可以往下扯。粉刷的天花板有几处染上了很大的霉渍。

忽然，合拍的哨子声和大声的呼喊响了。

我惘然站了起来。

壁上的时钟指出六点零五十分。

是同事们操练拳术的时候了。

我想到了帝国主义的侵略，以及和帝国主义开战的未来……

我不想继续我的序，不自主的踱出了办公厅，往操场走去。

但早操的时间已过，同事们簇拥着回来了。许多人都满面流着汗。这时正是夏天开始的时候，天气已经一天比一天炎热。

办公厅突然紧张起来，热闹得非常。

到处扰攘而且扰攘。

“今天再也没有清静的机会，让我做序了！”

我想着，走近了操场。

我的心起了异样的感觉：

操场上跪着一队卫兵，捧着枪，瞄准着，扳动着枪机。

威严而且吓人。

“做序的材料又多了一种了，”我想。

我离开了操场，向别一条路走去。

那是水榭。

我沉思着……

我听见乐器的声音了。那是从水榭旁的音乐室里发出来的：有人在奏《三娘教子》；风琴提琴，二胡和笛子合奏着。随后细而且高的假装女人的喉咙唱了……

“哈哈哈！……”

我忽然听见大声的轧轧轧轧的声音，清醒而且笑了。

是在冬天的一个晚上。朋友们都已睡熟。我独自伏在桌上。我的手臂下铺着已经写过和未曾写过的稿纸——我是想给《黄金》做一篇序的。

“现在是不能不做了，材料更有了！”我想。

但这样想着，轧轧轧轧的声音愈加洪大了。那是附近电灯厂电机的声音。它轧轧轧轧的响着，在扰乱我的思想。

我异常的愤怒……

我的桌上的油灯渐渐暗淡了下去……

但愤怒又立刻平息了。我有了新的思想：

“这个世界上毕竟有了几盏电灯了！”

我已非常的疲倦。

好好地给《黄金》写一篇序，似乎不可能了。我不再写未曾写成的序。这原是不需要怎样的堂皇。写一篇短短的文字，记述记述未曾写成序文的经过，代替了序，该是可以的罢。

我喜欢这样。

因为虽然是代序，也就是序了！

一九二八，十一，二十八。

（原载上海新生命书局1929年7月版《黄金》）

《忏悔》译者序

王鲁彦

译完了这册日记之后，似乎有两种说明的必要。第一，是对于国度；第二，是作者。因为不但这位作家在中国人是极其生疏，即连她的国度恐怕也有很多不曾知道的。

克罗地亚（Oroatia）是在巴尔干半岛，塞尔维亚（Serva）的西北角，和塞尔维亚同属于南斯拉夫族。欧战以前，向受奥匈联邦之统治，战后与塞尔维亚人，斯罗焚人合组新国，即现在的巨哥斯拉夫（Jugoslavia），也叫做南斯拉夫。克罗地亚人因受奥匈土意法之蹂躏，几乎透不过气来，而同时希望独立也就来得更其迫切。战后虽然和塞尔维亚及斯罗焚人合组了新国，但仍想把自己的国土独立起来。一千九百十九年七月，克罗地亚曾宣告独立为一共和国，虽然这一次失败了，但独立的志向还没有打消。

本书作者米耳卡·坡嘉奇次女士（Milka Pogaêié）生于一千八百六十年，当一千九百十三年，她的《忏悔》（Koafeso）译成世界语时，她还存在着，作儿童教育的努力。她的许多诗和散文都和这册日记一样的温柔、细致、美丽而且动人，在克罗地亚的文学史中占了特殊的地位。

赖世界语的力量，我得到了如作者一样地温柔、细致、美丽而且动人的安妥尼亚·摇纪奇次女士（Antonija Jozièié）的译文，得以介绍一册生疏而奇异的书，给沉闷的读者一点新鲜的趣味。这是我所最觉得欣幸的。

一九二九年五月十四日，鲁彦记于南京。

（原载1931年6月上海亚东书店出版《忏悔》）

我怎样创作

王鲁彦

S兄要我写一篇关于创作经验的文章，我虽则立即答应了下来，但总是怕动笔，正如我怕创作一样。一则我的创作少，经验不多，二则觉得这些经验写了出来，在高明的创作家看了未免浅薄，在开始创作的人看了恐怕得到坏的影响。现在一再延迟，终于不能不写了，只得稍微写一点，给了一个前面所写的题目。

我的创作生活的开始，离现在差不多有十年光景了。集成单行本的只有《柚子》，《黄金》和《童年的悲哀》。过去的三年中几乎搁了笔，现在虽然又慢慢写了起来，也还不多。

《柚子》是我的处女作，写那些文章的时候，我的年纪还轻，所以特别来得热情，呼号，咒诅与讥嘲常常流露出来。现在看起来，觉得非常幼稚，没有技巧，不成为小说。但是可爱的地方也就在这里，不能当它们为小说看，却能当我的年轻时代的生命的反映看。在那里有天真的孩子气，纯洁的灵魂与热烈的情感。文笔是直率的，有时也有一点诗似的美句。

此后我的年纪渐渐大了，热情也就渐渐有意无意地减少起来。《黄金》这一集子便代表了我那一时期的改变：其中一部分仍是带着热情写的，一部分是冷静地写的。譬如《黄金》这一篇，我冷酷地使小说中的主人公如史伯伯的压迫一天严厉一天，而结果却给了他一个圆满的梦。这虽然多半是技术方面的原因，但一方面也可看出我对他的热烈的同情。虽然我写这梦的另一个原因是想说明这样圆满的结果只有在梦中才能出现。因为热情的低降或有意的遏抑，所以那一个时期的小说的面貌以及内容，也就和以前的渐渐不同起来。

《童年的悲哀》这一集子，是继承着《黄金》那一集子的。《柚子》时期的热情到这时几乎完全没有了。它变成了乐观的希望。其中的《祝福》最显著。但是因为生活的体验愈多，认识愈浅，它在最后一篇的《宴会》中却变成了对于现实的趣味。这里的一个主人公是一个最卑鄙龌龊的人。一直到现在，我仍是很厌恶他，怕在实生活中遇到那样的人。但对于他的性格，我却很喜欢。因为拨开一切卑污，我看见了他的坚强的性格。他在这里虽然几次改变他的态度，都是在使用他的手段，想达到他的目的。目的虽是坏的，而他的坚强的性格是使我喜悦甚至敬服的。

这是开始。到了近来，我的这一种趣向仿佛渐渐浓厚了。不久以前所作的《胖子》和以戏剧的形式而出现的《面粉和马铃薯》就是。这里所写的都是些很滑稽的事情，足以叫人发笑。但是拨开那些笑料，还有一些别的。我是一个和别人一样的凡人，别人发笑的时候，我不能不发笑，但在笑的时候，有时也许生出一种相反的感觉。这种感觉，或是喜悦或是厌憎，有时也许是冷眼的旁观，都是我对于人生所生的趣味。

在《柚子》时期，我的热情使我咒诅一切，攻击一切，不愿意接近一切坏的恶的生活；在《黄金》时期这种倾向渐渐淡了，开始对我所厌恶的放松了，而去求另一方面的善的好的；在《童年的悲哀》时期又渐渐改变了，而倾向于体验一切坏的恶的一面，直至现在。这并非单是创作一方面如此，还是因为我对于实生活所取的态度的缘故。我的年纪虽然还不大，或许还可以说是一个青年，但因为历年的生活的经历，现在终于到了象是老年人所取的态度了。这应该是很足惋惜的。但所幸的年纪终于还不大，虽然有时象老了，有时还象是小孩，有时笑有时是要哭的，有时悲观有时是乐观的，有时冷淡有时还是热烈的。这些，在自己的生活中，我最知道得清楚。因此在创作中也常常表现了这一面或那一面，或兼有了两面。这在别人看来也许觉得这是我的作品的毛病。但是实生活常常是这样，而我的脾气也几乎差不多：我有时很讲理性，有时一点也不讲；有时极其谦虚，有时极其骄傲；有时非常热烈，而有时又非常的冷酷。这种矛盾，说不定不是我一个人所独有，而是很多人所同有的吧。我的作品倘能够保持着这种的不一致，我倒是喜欢的。就是作风，文体以及结构，我也希望能够这样。我不愿意受任何人为的拘束和限制，正如我对于生活的各方面都想尝味一下一样。

我的创作不多的原因很多；第一当然是自己缺乏才能，写不出来，此外是忙于生活，懒惰，不高兴或不愿意写东西给人家看，缺乏了以前的热情，而最后则是想多多体验实生活。

并非在写处女集《柚子》的那时候，不想写得好，实际是因为缺少经验，不懂得技术，而同时又为热情所驱使的缘故。从《黄金》开始，一方面因为热情的减退，一方面则渐渐明白了自己的缺点，注意于写出的技术，便觉得要写得好不是一件容易的事。但这还不是最大的原因，使我的创作少；最大的原因是觉得生活少。虽然从十七八岁起，我就踏入了紧张的生活的战场，尝尽了许许多多的滋味，看见了各色各样的人，遇到了各色各样的事，一直到现在还不曾有过片刻的休息，总觉得还不够，觉得入世还不深。在日常生活中常常有许多足以写小说的好资料，创作的冲动也时常在激动着，杂志和报章的编辑先生也时常催促着我写，但我还是不愿意随便提起笔来。有很多好的材料，被我抛弃了，也有很多被我保藏着。有时，小说的材料有了，怎样写也定了，却只是不动笔，一直搁上一二年的也有。这种情形写出来的作品，常常和原先预定的不一样：或是主人公变做了配角，或是次要的意思却反而变成了主要的；预定在另一篇里的材料，拉到这里来了，或是这里的却分到另一篇去了；有时两篇并成了一篇，也有一篇分成了两篇。

例如前年在小说月报上发表的《小小的心》，就将材料保留了一年光景。这里的主人公阿品小孩子，原是和我们同住着的。他的性格，我给了他原样。有些事实是从我平日在许多小孩子身上选择过来的，因为合于阿品的性格和年龄。阿品的保护人管束他不让他和我们接近是事实，但那是因为别的缘故，并不是如我所写的。阿品并不是买来的孩子，确实是他的父母自己生的。我是一个最喜欢小孩的人，平时和小孩们很接近。想写一篇关于小孩的天真可爱的生活的故事，这念头远在五六年以前。遇到了阿品，经过一些日子，我这念头又起了。不用说，倘使那时动了笔，决不是象后来所写的那样。然而我没有写。我想留到我更理会阿品的时候。于是过了一些时候，我又遇到了另一个孩子。这个孩子才是真正的浙江人，被人家辗转贩卖到了福建。这时他的舌头才能生硬地说福建话，而同时对于故乡的话也正在若隐若现的趋向于忘却的时期。对于这个孩子，我想另写一篇。但也没有写。时间久了，看到人家买来的孩子愈多，同情心愈深，到了提笔的以前，终于把阿品和别的孩子并成了一个人，把他变成了被卖的孩子。这仿佛是不真实的，原来的阿品的命运并没有这样惨。但我并不是给原来的阿品作传记，而是写更多的孩子。在福建，或是在别的地方，受着同一命运的孩子的确多得很，我用阿品作了代表，应该仍是很真实的，我以为。至于在技术或别一方面，这样写出好不好乃是另一个问题。这种办法，在这篇故事里使我得到了一个好的经验，即是过了一年光景，我懂得了福建话，可以让我在这篇故事中增加了一点必需的条件。

有些人，常常以为这篇小说是在写谁，那篇小说写谁。这是错误的。当我要写的时候，虽然必须有见过或者深深地知道的人做我的人物的基本，但可并不想专门给这个人做褒或贬的传记。倘使我借用了他的眼睛或嘴巴，思想，行动或性格的一部分，乃是想给我的故事中的人物更逼真些，更实在些。即故事中的事实也是如此。我去年写的一篇《胖子》，据说有人以为是在写我的一个朋友，而且是骂他的，而且我的故事中的老妈子即是这个朋友所用的女工，还另外造上一些谣言。想起来觉得颇好笑。做小说骂人，不但从来不曾这样想过，即连把朋友的短处部分地采用到小说里去，我也不愿意。现在我知道人家所指的这个明友的确很胖了，但在我写的时候，我毫不知道。胖子随便那里都可遇到，我即使知道了，也用不着借用我的朋友。写这篇故事的成因，不晓得已经好久了。因为在日常生活中我常常发现一些人的脾气：没有得到理想中的东西，忙得不得了，达到了目的，又想退了回来，最后没有办法了，就想到了一种聊以自慰的方法。这意义扩而大之，可以包括到许多，即连以真为假，以假为真，以是为非，以非为是，最后终于变成了真真假假是是非非的也在内。这种脾气并不是一二个人所独有的，似乎很普遍，我自己也免不了。我觉得这情形可笑也可怜，早想把它写了出来，但怎样写，没有计划过。直至动笔的一年前，不晓得怎样，忽然想到了把这意思装进瘦子和胖子里去，搁了一年，它才又变了一点样子，被写出来了。

然而，我的作品，虽然是这样难产，待写成了不久以后，我又常常不满意起来。我总觉得我的实生活的体验还不够，还没有深刻的透彻进去。一方面固然是已经缺乏了从前的热情，另一方面则是为的这个。

就因为我的创作不多，所以我的经验也少。关于其他的经验，我想还是不写出来好，恐怕是不值得看的。即连上面所写的，也希望高明的读者，不把它当做好的经验谈看。

一九三三年五月。

（原载上海开明书店1941年1月版《鲁彦短篇小说集》）

《屋顶下》自序

王鲁彦

这里几篇小说是我的新作，其时间系在今年五月至十月。

我常常觉得创作是件难事，要写得好必须有相当的艺术的修养，而实生活的深入尤为重要。看看自己的年纪，估量着过去的生活，虽说也见到了不少的世事，尝过了许多人间的滋味，但我总觉得自己还不宜于创作。前三年来几乎完全中止了创作，也就是这个原因。有时虽觉得有许多可写的材料，同时也有这冲动，我终于紧紧地遏抑着自己。

但自去年由福建回到上海后，因生活的变换，和几个杂志的催促，我又不得不重新提笔了。将近一年来，其结果便产生了《小小的心》那一集子中的一部分，和现在这一集子。

这些作品怎样呢？我自己仍未能自满。倘能摆脱眼前的生活，我还想再求实生活的充实。现在所写的只能当做尝试与学习看。而这过程，也许直到我永久搁笔的时候，才能算是完毕的。我这样想。

一九三三年十一月九日，于江湾。

（原载上海现代书局1934年3月版《屋顶下》）

《婴儿日记》序

王鲁彦　谷兰

一年来给丽莎所写的日记，现在已经排好，即将出版了。我们对于这本书，正如对于丽莎一样，充满了艰苦，欢慰与惭赧。

两年前，当丽莎的哥哥满了三周岁，小小的生命象一棵沐浴在春天里的小树，一天比一天壮健起来，我们稍微舒展了常为他多病的忧心，渐渐轻松了抚养的工作的时候，我们不想很快的就有第二个孩子。这原因，并非是我们不喜欢孩子，我们是觉得我们还须努力创造自己的前途。看着丽莎的哥哥大了健壮了，我们想分出一部分时间来致力于做父母以外的事业。然而，丽莎却就在这时孕育了，不久又出世了。是那么可爱的小生物。虽然生活更加紧地逼迫着我们，虽然我们仍梦想着自己的前途，但我们不得不肩起这个重责，不得不在她身上费尽心血，不得不为她备尝更多的艰苦。

现在丽莎已满一周岁了。我们看着一个无知的小生物渐次地变成了有意识的幼儿，会动，会笑，会跳，能爬，能坐，能立，而且咿咿呀呀地学起话来，也便忘记了过去的艰苦，展开了未来的愿望。

这本日记的写成，正是在我们最忙碌最辛苦的时候，所记的极其零乱，惭愧自不待言。但也正因为如此，能够将一个小小的生命的发展的情形，实实在在记录下来，却也感到极大的欢慰。它至少是烙印上了我们三个生命的痕迹了。

（原载1935年5月上海生活书店版《婴儿日记》）

致友人信四封*

王鲁彦

（一）

××：

信片收到了。这里自从达夫和你走后，便变得非常的凉快。怕是老天有意和你们为难吧？但虽然凉快了，我们还是住在屋内，没有到什么地方去过，除了几乎天天往街上去问问邮信以外。那原因，第一是密司覃不大挡得住风，不大走得路，第二是没有钱，第三是没有别的同伴，两个人去玩觉得还有点寂寞——建南病得不能走路，卢森堡有点懒。然而，住在屋内也还没有写什么文章，看什么书，每天是如何过去的，竟无从知道。紫竹林，是够冷静了，偌大的楼房只住着我们两个人。底下的潮声已经有点听得厌倦。和尚呢，希望能够不要遇见，因为他生得一脸横肉，远远望见了也会恶心。只有茶房和厨子是很殷勤。但可惜没有荤菜给我们吃。每天总是香菌而又香菌，连揭开马桶盖，都是香菌的气味冲了上来。为了营养不好，——你知道这于

* 这四封信是鲁彦致《人间世》（汉口版）编者的，最初发表于1936年3月16日汉口《人间世》第1期，总题为《紫竹林小札》。1948年9月1日在《春秋》第5卷第4期“随笔”栏内重新发表，改题为《在普陀的时候》，并加有“编者按”，全文如下：

我们不至于健忘，我们还记得鲁彦先生，他的每篇作品深深地印在读者的脑中，不幸他在抗战期中病死桂林，他生前寄给朋友们的稿件，未刊载者也不少，承济行先生惠赐，本期先刊鲁彦先生之书信三通（实际是四通——编者），记述他在普陀时的种种，颇具风趣，也弥足珍贵。

密司覃尤其来得重要——我们时常想往更合宜的地方去，我们相信天童寺至少要方便些。但没有钱，也就只好搁浅在紫竹林了。因此我们希望你来，借一点钱给我们出去玩玩，而最要紧的是偷偷地带一点鸡蛋和新鲜牛肉来，因为生着病的密司覃太需要滋养了。倘使你要来，就早一点来吧。人多了，我们可以一道搬到东南方有洋台的新房子去，香期已过，紫竹林的和尚一定会让我们住好一点的房子的。不多说了，就此问你的好。

鲁彦

不晓得今天在那一天，只晓得是礼拜日[1]。

（二）

××：

天天望着你或你的朋友来，竟到今天还没有看见一点消息，是什么缘故呢？

普陀是已经不能再住下去了，为了许许多多的原因。我们希望即速的离开。

各处寄了信去要钱，统寄到你那里。但是来得恐怕太迟缓了，我们几乎有一刻也不能再住下去的情势。因此想向你借七十元，让两个人一道走了，如不到此数，就先让密司覃走，我暂时来做一个和尚。很想自己到宁波来，但是走不动，连铜板也快用完了，昨天还出了一件冒险的事，没有建南，恐怕会被和尚赶出山门的。可是建南今天走了，只剩下没有一个铜板的卢森堡和另一广东人守着天福庵。穷鬼麕集于此，从此佛国摇动了。

鲁彦

八月十一日

[1] 据王映霞回忆，郁达夫和王映霞是1930年夏天去普陀游玩的。（见王映霞：《半生自述》，载《东方》1982年第3期）而王鲁彦在第一封信中有“这里自从达夫和你走后，便变得非常的凉快。”由此推算，这几封信可能写于1930年。

（三）

××：

牛肉与蛋虽已由口而入，由肠而出，唯从此君子之惠则尝留胸间，永不复去矣。

铁民森堡今日咸相偕返沪，普陀山中孑然孤我，顿觉可怖。而和尚势利，已逐客数次，不能飞山过海，愈觉战慄。

沪款京款不知已否到宁，万一到了，敢请再跑一趟。此处和尚已自己开口，每人每日需洋一元二角，我等已住三礼拜多，至下星期日刚满一月倘到款不足，能为我筹凑一点否？又森堡款系由平信内冒险附来，倘你不能来普陀，可发两信，每信内各附三五元钞票，则我有了路费，就可自己来取了。

鲁彦

八月十七日

（四）

××兄：

抵沪数日，写作奔走特忙，因而不克作书，乞谅之。弟刻寓五马路棋盘街长沙湘记号，一时无他移意。谷兰已插入美专，即将搬入校中。兄如有信，可寄彼转交也。近况如何，暇乞详告。

鲁彦

九月七日

（原载1948年9月1日《春秋》第5卷第4期“随笔”栏）

致汪馥泉信两封

王鲁彦

一

馥泉兄：

今晨抵舍，家严病已加剧。请西医注射，据云无希望，恐难支持三日。弟已拍电与谷兰，大约明日动身，后日可到。托交之件，如未送到，烦再去一次，交十八号袁志伊或徐汉卫收。因一星期后，北平有四十元退回，可叫其取出寄来也。乡间无戚友，经济穷困，虽已预备后事，尚不知如何也。

鲁彦　六月四日

二

馥泉兄：

半年不见消息，忽得来信，喜出望外。我们在这里没有一件如意事，又少朋友，精神物质两皆痛苦，故亦无心写信给上海的朋友们。《现代》归你主编，老朋友自然不能不寄稿子，但可怜我天天忙得要命，没有一点写文章的心境。这半年来，不曾写过一篇文章。满想寒假中来动手，不料今日硬逼着要上课了。随笔小说，今年又无希望。只有翻译，尚能于百忙中赶一点。但短篇材料没有，只有长篇的。我这里有一部芬兰的喜剧，还有一部最新的一九三四年的世界语创作小说，字数均在五六万，由你挑选。我可等你的信就动手。近来译书销路有点转机否？我还有一部现成的世界短篇小说集及莫利哀的喜剧均未脱手。便请代我兜揽主顾。现代书局有我的《屋顶下》，一九三四年的版税帐也请代我叫书局送来。拜托拜托。暑假时我们准定回来了，这苦地住不下去。周夷白、钟宪民是我的老朋友，见面时说我想念他们，生活不好，故都不高兴写信去呢。给你们祝福。

鲁彦二月　日（二十四年）

（原载孔另境编辑，生活书店1936年5月出版《现代作家书简》）

《鲁彦短篇小说集》序

王鲁彦

从开始写作短篇小说到现在，成绩是很少的。这里所收入的几乎把《雀鼠集》以前的作品全部包括在内了。它们原已收入在几家书店所出的单行本，但因为有的绝了版，有的搁了浅，所以现在把它们总合起来，选编一过。一则是，想保留自己费了心血所写的文章；二则是，也想得到一点版税的，倘若读者爱买我的书。

然而，发财的欲望是没有的。当今“我们这文坛”上，正高踞着把书店老板当作“老子”来侍候以“保全坛格”的文学商人。我的书“不见畅销”，恐是“事实”。事实是在我不会投机，也不会标榜，对着那热闹的场面是以冷眼相待的。我做人如此，写文章也如此。

一九三六年八月四日。

（原载上海开明书店1941年1月版《鲁彦短篇小说集》）

给读者

王鲁彦

这一期发排的时候，正是创刊号出版的一天，我们不能知道读者第一次看见它时发生什么样的感觉，但一些朋友们的脸上的笑容和爱抚地翻动它的情绪，我们是看到了的。不容说，这杂志的诞生，很是艰苦，大家应该高兴。

可是编者见到它时，心却沉下去了。本想竭力保持沉默，想用杂志本身来说明一切，因此没有写依例的发刊词和补白式的后记，现在究竟抑制不住自己，不能不说出心里千头万绪的一部分苦恼来。

创刊号的缺点是很明显的，尤其是编辑的技巧和印刷。这，我们只能向读者表示歉意了。为了赶日期，印刷的困难，我们是太匆忙了，把它分在两处排，三家印（就是第二期也还不得不这样），所以结果如此，无话可说。

然而最大的苦恼却不在此，而是在这杂志里所积聚着的数不尽的心血。

这几乎是大家都知道的：我们这一时代从事文艺工作的朋友，从来没有谁宁静过，而现在尤甚。人说我们浪漫，所以生活弄得糟，这是诬言。我们并不比谁愚蠢，只是我们不屑做。远如历史上高官厚禄，祸国殃民的事情，近如囤积居奇，走私发财的现象，小则如在出版界，看谁的文章销路好，抄抄摘摘，出一些语录选集之类，侵蚀别人的权益——这种种勾当，我们看得多，也了解得多，文艺作品里所反映的黑暗面常常多过光明面，就足够证明我们弄文艺的人并不聋盲，而是相反地，这些现象正是我们所痛心疾首的。

抗战以来，我们文艺工作者和千千万万的同胞在一起，无论在前方后方，都受着敌人大炮飞机的威胁。在这样不宁静的生活中，我们不但没有畏缩，却愈加奋励，只想以国民的身份，多对国家尽一点责任，有助于抗战，多用自己的笔，忠于自己所从事的工作。——这种种，我们这一个杂志就是最好的明证。

如果人说这杂志编得好，文章写得好，我们自然高兴，可是想到这上面所积聚着的数不尽的心血，感激的眼泪止不住要涌上来了。尤其是编者特别清楚：那几篇是在敌人的轰炸之下完成的；谁熬了多少夜的寒冷，文章写成，人却病了；谁正病得厉害，接到一个电报，挣扎着在床上翻起身来，和病魔搏斗着，完成了一篇稿子；谁又在兵荒马乱中，埋头在案上；谁又因此度过了一个冷静苦寂的新年；……

为了忠实于自己的工作，为了与编者的友情，朋友们是费了够多的心血了。这虽然是出于朋友们的崇高的心愿，但编者在私情方面总觉得自己象是一个罪人，怎样也无法使自己的心安静。这杂志的分量比较多，需要大量的稿子，编者因此常常在焦虑地等待着，不能宁静，可是每当谁的稿子寄到时，或者看见了谁在执笔时，又起了另一种心情。而现在，当这第二期发稿的一天，见到创刊号的出版，愈加不能抑制心中千头万绪的苦恼了。

读者，当你拿到这杂志时，请你多用你的尊贵的心珍惜它，轻轻地多抚摸几遍吧，这上面是积聚着够多的宝贵的心血呵！

（原载1942年2月《文艺杂志》（桂林版）第1卷第2期）

《我们的喇叭》后记

王鲁彦

记不起是从什么时候起，但总之已经很久了，我不很喜欢自己的作品。我觉得自己的缺点多，又很难纠正。

首先是，如一般人所说的，所谓“意识”或“观点”，我简直怎样也弄不清楚；我极想多读一点那样的书，但往往读着读着就打瞌睡，或者做起昏昏沉沉的梦来；有时拼着命把它读进去了，心里也颇为赞成，便想把它装进自己的作品里去，然而却又怎样也装不进去！终于理论仍然是理论。不是吗，最近还有人向我说过：理论指导着创作？而我自己扯着自己的鼻子，却还是扯不过去，真是无可救药呵！

其次是，我又怕写那些有关恋爱或肉感的事，又怕写那些轰轰烈烈的伟大的热闹场面，又不会写得使人捧腹大笑，又不会写得使人痛哭流涕。……

唉，我真佩服那些大作家：又是创作家，又是理论家，又是杂文家，又会写这样，又会写那样，今天这样说，明天那样说，无所不可！

我还是多读些别人的文章吧，我想。而其结果就愈加不想写了，有时偶尔没办法，被逼着写了出来，发表了，心里就懊恼；如果印成单行本，更觉得罪过。幸而好些书店仿佛知道我的意思，印出来了，随便得很。有些书店而且早已关了门。于是我就不再理睬，让它去，倒也略略心安些。

可是，持续了很久的这态度，今年忽然动摇了。起先是一个朋友的再三鼓励我写作。他不承认我写得坏，又批评我过于严格的要求好，“而且，”他说，“你不存心害人，何来罪过？”我被他最后一句话说服了，于是就开始想写一个长篇。但是写了不多，病忽然来了，纠缠不清，一直到现在。有一次病得最严重，心想难望再继续活下去，就禁不住清算过去的事来。想了很久，倒了也觉得撒手痛快，只是文章虽不佳，写得太少，不够努力。白活了这许多年，不无遗憾。等到病有了转机，我这才惴惴于生命的短促和易于毁灭，决计加紧工作了。

写出来的是好是坏，且由研究专家去说吧，我觉得这是闲事，我自己至少要不息的工作着。

但这样不够兴奋，我的病没好，我总想多休息。而最应该感谢的，却是我们这文坛的热闹。热闹到什么样呢？我听见人家接二连三的叫着说：刊物多过于人了！刊物太多了！就这么着吧，我想，再热闹一点吧，别让它太冷寞了，只剩下一个刊物来统制天下。于是我就决定来编《文艺杂志》，而且想趁这机会来挤挤自己的文章看，既然有人说人比刊物少。还有呢，我们这文坛也有人在和某几家商人竞赛翻板：一方面是在用铅字排，而我们的扭扭捏捏的"作家"却是在用毛笔或钢笔抄。我看了颇为有趣。我应该用什么"立场"呢？如果站在商人那方面，那么就要给商人打算盘，做了商人的爪牙；如果站在"作家"的一方面，也做了人家的帮闲。而且归根结底，这两方面其实是一家，只不过面目不同罢了，我又何必管这些。我还是，我想，用我的脑子，又用我的笔来搅一搅吧，一方面免得我们这文坛太冷寞，给人家说人太少，而另一方面也免得这文坛给商人或商人的爪牙占领了去，统制起来，变成一个托辣斯式的市场。

这就是我近来决计要多写文章的种种原因，也就是我所以开始爱惜自己的文章，把这几个短篇出版的理由了。

这集子里，除了《陈老奶》是在写这后记的几天前写成之外，其余几篇都是两年前写的。抗战以后，我总共只写了约莫十个短篇。现在挑选了这几篇，虽然仍觉得不满意，但想起来已经不觉得有什么罪过了。因为，你看，这世上的罪恶正大着呢：鬼子在前线放毒气，在我们的后方丢炸弹，还唏哩呼噜的造谣言，说谎话，想欺骗世界，做着统制天下的梦哩！在这时候即使我的笔力不大，我也要供献出来，参加抗战的！

鲁彦一九四一年除夕前数日

（原载1942年4月重庆烽火社版《我们的喇叭》）

回忆文章选辑

鲁彦走了

章洪熙

偌大的北京城，一年以来，我每星期必到的有三个地方：一处是钟鼓寺，一处是后局大院，一处是东高房。但是如今，为了意外的变故，钟鼓寺是不能去了，后局大院是不愿去了，两星期以来，只有东高房的鲁彦那里，还可以暂时安慰我的寂寞的生命。

夕阳西下的时节，我坐着洋车，到东城去。晚风吹动我的头发，脑中显出许多的幻景：北河沿的月夜，断树的影子在灰尘中荡漾。我和伊携着手儿闲步。伊穿着红花格的绵衣，红绫面的鞋子。“好一个大孩子呵！这样满身是红的。”我含笑对着伊说。“你又笑我了。我也穿过白鞋，但我的妈妈要骂我，伊说穿白鞋是带孝的。”月光照着伊粉红的面庞，显出似嗔似羞的样子。“是大学生了，还相信妈妈的荒谬话。”我低声责伊，伊把我的手紧紧的握了一下，这是伊阻止我说话的表示，我只好忍住不响了。这是我最难忘记的一个月夜，从前，两星期以前，我坐在洋车上想起这些事时，总觉得前途有无穷的希望，好象天国就在目前了。但是如今，如今一想起这些事便心痛。我要哭了，只可惜没有眼泪。

“到东高房去！”车儿到了马神庙了，我便这么说了一句。鲁彦的影子仿佛在我的眼前，他永远是含笑的面庞，手里弹着琵琶。——“喂，又来了。为什么又发呆？哈！又想女子了！——不要想，让我弹一个好听的曲子给你听。”鲁彦是一个赤心的大孩子，他闷的时节，不是弹琵琶，便是睡觉。半年以来，他替爱罗先珂君做书记，受了爱罗君不少的影响，他的性格有些和爱罗先珂君相象。他们都是耐不住寂寞的人，他们最爱热烘烘的，他们永远是小孩一般的心情。

“鲁先生出去了！”我刚走进门，公寓中的伙计便这么告诉我。我茫然上洋车，但不知道要到那里去好，——夜色苍苍地包围着我，没奈何回到寂寞荒凉的古庙里。

“章先生，信哪！”我还没有起来，仆人在房门外喊我。“把信拿进来让我看……”仆人手里拿着一封信，还有一卷书籍。仿佛信封上是鲁彦写的字，我便连忙把它打开看了：“洪熙，这世界不是我所留恋的世界了，我所以决计离开北京。……洪熙，我爱上——是大家知道的。我向来不将心中的事瞒人，在去年我就告诉了许多朋友了，就是她的哥也知道。我明知道是梦，但我总是离不开这梦。我明知道她的年龄小，她的脾气不好，她的说话太虚伪，我明知道我不能和她恋爱，明知道不应和她恋爱，明知道不值和她恋爱，然而不知为什么，我总是忘不了她！我现在感觉万分痛苦……总之世界上的人是不能相爱的，……我并不希罕什么生命和名誉，琵琶是我生死离不开的朋友，带去了。爱罗先珂的琴，可请周作人先生保留。爱罗君恐怕有回来的时候的。别了！”这真是天上飞来的事！我万料不到从来不谈爱情的鲁彦，竟为了很为难的爱情而一跑了之！鲁彦走了，我对于他的情史不愿多谈。也许鲁彦要给人们骂为不道德的，然而道德究竟是什么东西呢？戴着有圈眼镜的老爷们，以为中央公园内的男子同女子一块走路是不道德的；吃饱饭不做事的太太们，以为男子打电话给女子是不道德的；甚至于提倡新文化的有名先生，为了一个青年男子陪他的女儿去看戏要大发脾气；还有从外国留学回来的洋翰林，每天用包车送女儿上学时，要叫车夫严重的监视。哈哈！这就是道德！

我不忍用中国式的道德眼光来批评鲁彦，鲁彦的行为也许有可以议论的地方，然而我相信鲁彦的心是真实的。我爱真实的恶人（？），我不爱虚伪的君子！

还有一卷书也是鲁彦君寄来的。内中有一本世界语小说是叫我代还周作人先生的。还有一本是鲁彦的诗集。鲁彦做的诗不多，他的诗多是真情的流露。他的诗发表的只有《文学旬刊》上的一首《给我的最亲爱的》。假如我有功夫，一定替他多抄几首诗拿出来发表，叫大家从鲁彦的诗中认识鲁彦的人格！

鲁彦的信是从天津寄来的。鲁彦现在是在什么地方呢？是在天津？是在南京？是在上海？我哪里知道！我总痴想他还在人间，只好静夜祷祝他平安罢。失恋人只有两种办法，一种办法是自杀，一种办法是忍耐。恋爱是世界上最大的事！如果有人因恋爱而自杀，我决不反对，因为我是相信 Love is better than life 的。卑鄙无耻的下流中国人，他们用金钱欺骗女子！他们用手段诱惑女子！在这样黑夜漫漫的社会里，如果有用性命去换得爱情的人，或是用性命牺牲爱情的人，多是难能可贵值得崇拜的。但我总希望鲁彦没有自杀，因为暂时的失恋也许可以博得永久的成功的。

Where is life there is hope，鲁彦总应该知道罢。但我怎样能够叫鲁彦听见我的话呢？我把我的话写在纸上，我又怎样能够叫鲁彦看得见呢？

我的朋友中两个很相反的人，一个是思永，一个是鲁彦。思永好象冬夜的明月，鲁彦好象夏天的太阳。明月早已西沉了，太阳如今没落了。在我前面的只有黑漆漆的浮云，呵！我觉得寂寞！呵，我想我那不能见面的情人！

天呵！假如我再到东城，叫我还去找谁呢？

八月六日晚二时

（原载1923年8月10日《晨报副镌》第三版“杂谈”栏）

悼鲁彦先生

桂林文协同人

鲁彦先生之死，在我们是失掉了一位在私交上真挚，在事业上忠贞的战友，这损失是难以衡量的。

比什么都更为基本，鲁彦先生是一个善良正直的人，因为善良，所以爱人；因为正直，所以敢于正视现实。五四以来的一页新文学历史，是人的发现，人的价值的发掘与肯定的历史；凡作家，只要他的一双眼睛向着社会，向着人民，不管他的路怎样崎岖，怎样迂回曲折，到最后，总汇集到人道主义的大旗之下，正面向戕贼人性的专制与黑暗宣战。在这一意义上，一位真正的作家同时就不能不是一名艰苦卓绝的战士。但这自然只是指出一件最一般也最基本的事实；另一面，在战斗越来越激剧之际，诚如鲁迅先生所说，却是“时时有人退伍，有人落荒，有人颓唐，有人叛变……越到后来，这队伍也就越成为纯粹、精锐的队伍了。”而鲁彦先生，终他的一生，始终具有那种强烈的正义感，那种嫉恶如仇的灼热心肠，无论如何，这一点却保证了他作为一位作家的战斗事业的继续，直至最后。因此，无论在他们的初期或晚年的作品中，他所创造的形象，差不多都是在历史重负下挣扎的苦恼的生灵，而又于泪光中闪现着一丝笑影，在黯淡里透露出一点阳光，显然对人生一直寄与着不渝的希望。而他之选译弱小民族特别是东欧的作品，拿来介绍给中国读者，也无非是为了想藉此来照出我们这东方古老大国的落后。到得后来，斗争越发残酷，视野既然变得广阔，灵魂也粗暴起来，他那杆笔就更加接近于人民的解放事业了。

是的，鲁彦先生不仅是一位清醒的作家，而且还是一名不懈的战士，虽然不属于勇猛的那一种，但无疑是属于坚贞的那一种，尽管有人已谥定了他，名之曰“本份”作家。他的生命的过早中断，表面上固然是由于贫病，究其实是更有深刻的原因在的。贫病是旧社会加于叛逆的作家们身上的“赐与”，这是周知的事实，不待解说；但更厉害的却是精神上的桎梏，把一个人的灵魂弄到窒息的恶毒的禁闭。鲁彦先生的良心不但存在，而且一直是清醒着的，他当然不能忍受一个无声的中国横在他的周围，而况他身受的就正是关于友人的心血能不能与世人见面的焦虑，就正是由于特种市侩的敲诈而来的愤懑，就正是自己难于排解的一个理想与现实的矛盾的纠缠与那种咬蚀着一个人的灵魂的寂寞。不说别的，光是为了他所编辑的那份杂志，由于一种凡事不苟的认真精神，说是已使他弄得身心交瘁恐怕也不为过的罢。关于这，他一再告白着他的苦恼，说：“怎样也无法使自己的心安静。”脑满肠肥的人是没有苦恼的；随遇而安的人也不会有苦恼的，只有关心人民、关心祖国者，在窒息一切的重压下感到无可如何，这才会有了那种千万人所共同感受着的大苦恼。这么样，鲁彦先生终于是抵不过黑暗势力的逼迫，苦恼死了。

在去年发表的散文《火的记忆》中，鲁彦先生曾慨叹于自己的灵魂变得粗暴，嚷道：“天呵，是谁毁灭了我的温良的人性，把魔鬼推进了我的胸中呢？我简直不认识我自己了。呵！给我纯洁的灵魂，慈悲的心肠，多情的热泪，让我从噩梦中醒来吧！”这自然是一个善良而孤独的知识者的悲哀，由于他已成了一个“看火者”，但心中既依然“燃烧着猛烈的怒火”，同时也未尝不是他的再出发的一个起点。我们是很有理由这样说的，因为他同时又以宏亮的声音道出了他的心愿：

“倘若我能活着，能够活下去，谁又能给我暴风一样的力，我一定伸出巨大的手掌，扼住所有的敌人的咽喉，一直到他们倒下而且灭亡！

“倘若我有那什么也扑灭不了的火种，我一定来燃起那亘古未有的大火，烧尽全世界所有残暴卑劣的人群！”

这应该不是一个假定，而将成为一个兑现的预言罢。给他以暴风一样的力的人群是存在的，而那什么也扑灭不了的火种也是有的；有一天，等他以坚实的步伐走到（一个象鲁彦先生这样的良心清醒着的作家，是一定能走得到的）他们那儿的时候，他恐怕早已把那个可怕的噩梦丢在后面。然而，可悲的是，魔鬼已不给他以再向前走去的时间了。

鲁彦先生已经永远离开我们了，全集的整理、编印，作品的研究，以至遗孤的教养的援助，等等，自然都不失为纪念他的一个方法了；但为了光明的到来，首先不能不击退那黑暗，重要的还是去争取那起码的民主权利，即言论、出版等自由。

（原载1944年8月30日《广西日报》〈桂林版〉第一版）

关于鲁彦的死及其他

——《青文》书简

荃 麟

××兄：

鲁彦是七月初抵桂的，到桂次日，我去看他，觉得比去年坏了很多，瘦得不成样子，喉头患了结核，说话很不容易。他告诉我，杂志（《文艺杂志》——编者）上了人的当，弄得十分混乱，非常懊悔……

鲁彦到此时，只剩九百元，情形极其狼狈，他的病因此次路上太辛苦——走了十二天，在敞车上睡了四天四夜——便突然变严重。当时朋友们替他筹募了二万元请医治疗，后来又电你们设法，得到"文协"援助贫病作家基金的接济后，才算把他送入医院。但因针药太贵，几乎天天要找钱应付。到了七月十七日下午，病势突呈危象，即晚，他太太跑来找我，我次晨去看他，已不能言语，身体瘦得皮包骨头，宛如骷髅，叫人惨不忍睹！但他仍极力希望活下去，叫医生替他打葡萄糖……次晨，我正要去看他，到了半路，报丧的已经来了。我立即电"文协"总会请拨治丧费，一面由书业公会募了两万元，总算把丧事料理过去了。在我到医院以前，连入殓的衣着都无钱购买！一个文人下场如此悲惨，尚复何言！

殡仪已于前晨举行，尚壮严肃穆，文艺界到的约六七十人。现安葬在星子岩前面，墓碑及墓志铭尚待请人撰书。……将来尚请"文协"总会替他募集一些子女教育基金。……

桂林、柳州、八步文艺界情况大体如下：留桂的计有田汉，周钢鸣，司马文森，秦似，彭燕郊，于逢，易巩，葛琴及弟等。田汉家属早疏散，均托友人照料，他本人现赴前线。钢鸣及司马文森家属亦已疏散，本人留桂编一三日刊，无固定职业可言。秦似、彭燕郊久无收入，生活甚艰窘，燕郊拟去贵阳。于逢、易巩生活也很苦，找不到职业，收不到稿费，行止亦不能定。弟自咯血后即不能工作，借了点债暂时维持，拟来渝找工作。胡危舟仍在办学校。留柳作家计有黄药眠，穆木天，彭慧，何家槐，新波，伍禾等。艾芜已离柳去渝，黄药眠拟去蓉，木天、彭慧仍在"师范学院"教书，拟随校去广西长安，家槐仍如旧，兼编《大刚报》副刊。留八步的，除柳亚子先生外，有胡仲持，生活艰苦，住在一家书店里吃饭，正在筹画组织"两粤文化供应社"。此外，还有曹伯韩、温涛在宜山。……

荃麟　八月二十六日

（原载1944年10月《青年文艺》新1卷第3期）

忆鲁彦

穆 素

民国十七年的春天，我把全家从上海搬到南京，住在圣公会的一幢洋楼里，房子是揩油住，根本不能作长久打算，所以除了楼下一间大起居室里有几件借来的桌椅而外，在楼上的卧室是光地板上打地铺。我和我的七个孩子再加上一个弟弟（天翼——编者）只不过占了这幢大楼的三分之一。讲起房子建筑的精良，是我们一辈子也不会住得到的，也不想住得到的。那时是建都南京不久，教会的房子多数还被军队占着，政府虽有明令限期让出，事实上屋主人只好眼睁睁地等着，说不定哪一天能够收回。蓬子替我出的主意，找了在参谋部的一个亲戚帮忙，把军队请出去了，同圣公会的交换条件是外国教士不来住以前，无代价的借给我们住。蓬子是不成问题的跟我们住在一起了。

几天之后，蓬子跟我商量，介绍一个朋友来借住我们的空房子。我因为听说那家有两个小孩子，自己小孩太多，恐怕弄不好，很不高兴。但既是蓬子跟弟弟已经答应了人家，我自然也只好同意，毫没商量的余地了。那搬来的就是鲁彦跟他的原配夫人谭昭。于是我们那间大起居室里真有人满之患了。

那时的鲁彦虽是已经有两个孩子的爸爸，年龄比弟弟跟蓬子也大一点，可是他的孩子气最足，很快就跟我的孩子们打得火热了。他们在一起吹笛子、唱歌（鲁彦教给他们当时最时髦流行的《妹妹我爱你》、《毛毛雨》等歌），下象棋，玩扑克，往往要闹到夜深了被多少次数的催逼才肯去睡。星期天他们打网球，逛公园，骑脚踏车，游水。转眼到了暑假，草地上，球场上更是不断的看得见他们打成一堆。喊叫笑骂的声音时常夹在唱歌声里闹成一片。这大围墙里包括着四幢大洋楼和球场草地，虽然只住了我们这十几个人，一点不显得寂寞，相反的只有嫌太闹得慌了。

起居室的南面是五尺宽的长廊子，通通是绿纱包围着，檐前的梧桐树荫又严密的包围着那廊子，实在是个很好看书写东西的地方。可是在那种叫闹声中，简直叫人定不下心来做一点事。想要吆喝他们罢，一看总是鲁彦在那里领头，我们只好苦笑一下，干脆搁下一切来欣赏这天真无邪的一群了。

我的孩子们普遍都有些音乐的爱好，鲁彦是除了笑闹而外口不停地唱歌或是吹笛子的。这也许是他们特别喜欢围着他的原因，还有就是他完全保存着一个孩子的作风，一个不高兴当时就反脸。他跟我那个十四岁的儿子一下子就相骂起来不算，直至对打，两个人都把脸涨得通红，咬牙瞪眼的乱撕扯，在地板上打滚。打完了彼此恶狠狠地声明下次决不在一起玩了，彼此跑开。可是一个的歌声在那边刚一发动，在这边的一个就忍不住又合唱起来，唱呵唱的又挤在一堆去了。我们装做没事一样，只有蓬子要括着脸羞他们。

一天我跟鲁彦说："你是舅舅的朋友，要做得象大人一点。孩子们对你一点规矩都没有了，教我怎么办？"

他象不了解似的望着我。想了一会，忽然哈哈哈大笑起来，手舞足蹈的对孩子们说："听见没有？这下子要规矩点啦！老夫是舅舅的朋友！看我捶你们这些小鬼！"

他太太照例是烧煮洗浆做完了，一得空就抱一个孩子，牵一个孩子，挤在这一群里，用亲切的眼光看着他。这时她用一个溺爱的母亲斥责她的顽皮孩子的态度说："看你！下次再这样领着孩子闹，叫姐姐先打你这个孩子头儿！"

他有时称我姐姐，有时称我姆妈，逢到我管孩子的时候，他就称我老夫子了，并且说："怎么？你真想把你的孩子一个个都管成象你这样的老夫子么？"

他要写起文章来——实在我很少看见他写——的时候才安静一下子。在那时候要是有孩子闹，他就火大得了不得。他会穿着汗衫短裤，曳着拖鞋，把门一冲开，声色俱厉地喊："安静点！小鬼！听见了没有？"不幸是他自己的孩子在闹的话，那不管孩子才多小，他的巴掌有多大，打起来是不问轻重的。这使他太太流过多少痛惜的热泪，而弟弟更是非常之生气。把空气闹得怕人的紧张。

照例在这样一场风波之后，也许等他的文章写到告一段落的时候吧，他一定穿上长裤，衬衫，打上领结，穿着白皮鞋，戴上草帽，抱着儿子，牵着女儿，膀弯上吊着太太，笑嘻嘻的来邀我们去逛公园。虽然太太的眼睛还红着，小孩脸上的一条条指头的红杠子还肿着，他已经欢天喜地了，他把我们这一群叫做"团"，我呢，是"团长"，而他自己是总指挥。

我们在公园里都是找空旷的草地，横七竖八的坐着的，躺着的，滚的，爬的，往往引起一些游客好奇地围着我们看。鲁彦似乎全不看见那些惊奇的眼光似的。他把冬青、松柏，苜蓿，野菊花，给他太太头上堆得象花冠一样，还不许她丢掉一点。太太假装着讨厌他的顽皮，蹙着眉头，而她的闪光的大黑眼睛已经明明告诉我们她感觉得如何幸福了。

七月里，我因为又到北平去，住了半年。等到回来时，鲁彦一家已经搬走了。后来听说就是在那房子里，他开始同现在这个太太闹恋爱的。这是十六年以前的事了。

几年以前谭昭把孩子送回家，自己一个人在中山文化馆工作。我带着孩子去看她，并且同她逛了中山陵园。在只有我们两个人的时候，我问她恨不恨鲁彦，她说："有什么法子呢？他是这么一个重感情而不会自己克服的人。"

去年听说鲁彦病喉结核，我又到重庆中苏文化协会去看了谭昭，问起他的情况，她说："危险得很，说不定已经死了也不晓得。"我不能从她的声音里或是眼睛里得到比这句话再多的暗示了。那么平静而安定，到底是漠然无动于中呢？还是伤痛已极呢？可是后来证实他那次并没有死。

这次报纸上确实登着鲁彦病故的消息了。蓬子是渝文艺界替他筹办善后的人之一。到现在差不多十天了。我没有一刻能够忘记这件事，使我自己松快一下。虽然早知道他决不会活得长久了。虽然知道他的病多么使他痛苦。然而我们还是矛盾的希望他不死，希望他再拖下去，然而他竟死了。

不晓得要到什么时候我才能找到一个这几年在湘桂跟他在一起的人，我要问问他：鲁彦在这几年的贫病交迫的日子里还保存他的几分孩子气没有？

那时跟他一起顽皮的七个孩子呢：最小的两个在敌后久没消息了，不知是不是还活着。其余五个呢？有的在教书，有的在做公务员，每天在吃不饱饿不死的挣扎着。弟弟呢，病了一年多了，始终没有离开他的岗位。近来是混在老百姓队里闪躲着暴敌的疯狂。自然在既贫且病的情况下，只有这样等着“胜利”的到来了。

胜利到来的日子，我们这团里还能剩几个人呢？但侥幸剩下来的也要通通变成了“老夫子”，剩不下一点孩子气了吧？

（原载1944年10月《青年文艺》新1卷3期）

忆鲁彦

傅彬然

我与鲁彦相识，是民国九年春天，五四运动后一年的时候。

五四时代，有许多人在杂志上写文章，鼓吹劳工神圣，介绍托尔斯泰的泛劳动主义和日本的新村运动，提倡工读办法。就在五四运动那一年，蔡孑民、李大钊、陈独秀、胡适之诸先生筹集了几千块钱，在北京创办"工读互助团"，集合青年实验工读生活。当时我正在杭州省立第一师范学校念书，只差半年就毕业了。看到了这个消息，十分兴奋，便和五六个同学，写信到北京去要求入团。得到了许可以后，就结伴前去。团里已经有七八个团员在那儿了，多数是北京大学的学生，就籍贯说，几乎全是湖南人。各地青年写信或者亲自到团里要求入团的很多，限于名额，被容许进来的却极少。后来的恽代英氏，也曾想来参加过，他只到团里来看了一看，大概他觉得这个团体不会有什么大希望，以后就没有见他再来。他那种英挺果敢的神气，至今还留在我的记忆里。

大约是民国九年一月间，团里接到了一封从上海寄来的信，署名王返我，说是个洋行里的小伙计，觉得那样的生活太没有意思，家里又要强迫他和一个不相识的女子结婚。非离开那儿不可。他渴望着能够容许他入团，来过那理想的快乐的生活。语句里带着浓厚的感情，大家看了很感动，经团员一致通过，立即写信去邀他来。信写出不久，就接到他的第二次来信，说定于某一天趁某一班火车动身，什么时间可以到北京。到了那一天，团里就派两三个同志到东火车站去迎接，临时做了张写着团名的旗帜。记得去迎接的朋友当中，有一个是俞松寿，后来改名为俞秀松的。这位新朋友，就在那一天准时到来了，年龄比原来的一些朋友，似乎稍为小一点，相差并不大，然而生成的一张孩子脸，真率活泼，富于同情心，和大家相处得很好。进团以后，他把原来“返我”这名字，改做为“忘我”。这一位从“返我”改做为“忘我”的新朋友，就是后来的鲁彦。

“工读互助团”的存在很短促。鲁彦进团来的时候，这个团其实已经过了他的全盛时期了。原来当时提倡工读主义的先生们有许多位，各人的想法并不见得一致。譬如象实验主义者的胡适之先生，就把它看得极其简单，他只认这是为穷苦学生解决经济困难的一种手段，如美国一般大学里工读生的情形没有什么两样。而别的先生们却把它看作为社会改造运动的一种，解决穷苦学生经济困难的意味并不重。团里的青年朋友的想法，多属于后者。不过大家的心里，也只是个模糊的意念，明确具体的理想，都还谈不上。在工业不发达的社会里，分工不细密，工资低，半工半读，本来不大可能，再加上青年知识分子，身无一技之长，安那芝主义色彩很浓，一味爱好自由而没有健全良好的组织，结果也就可想而知。所谓“工”，起初是洗衣，做信纸信封，开饭馆，做排字工人，都做不好，最后还是归结到办英算补习班和做家庭教师，与原来的泛劳动主义的理想，是完全不相干了。到了那一年的夏天，几千元的开办费，花费得差不多了，大家已经看清楚团的前途的暗淡，便只好各自去找出路。有的仍然回到学校里去做个正式的学生，有的直截了当去找职业，我原来已经在做着家庭教师，接受师友们的劝告，也就回到浙江去了。因此，当时我和鲁彦相聚，不过五六个月的时间。

我回浙江之后，与鲁彦及别的一部分朋友，还常常通信，民国十一年春天，我在绍兴乡下的一个小学里教书，忽然接到了鲁彦和另一个朋友章铁民的电报，他们在苏北赣榆县境内的一个什么镇上办学校，要我去参加。我颇想去，只因为受了原来学校聘书的束缚，不好意思中途毁约，没有去成，也幸而没有去，不到暑假，鲁彦和铁民被当地的士绅们当作为“过激派”，被赶出来了，据说连铺盖行李都没有带走。

这之后，我一直留在浙江，鲁彦的生活常常变动，我们之间，通信渐渐稀疏，最后并由稀疏而断绝了。在报纸上杂志上，常常看到鲁彦的创作和译文。俄国盲诗人爱罗先珂到我国来的时候，鲁彦曾做过他的翻译。我们在北京相处一起的时候，并没有看见他认真弄过文学，世界语刚刚开始读。想不到在短短的三五年之后，竟有这样的进步，这种进步，他完全是靠着勤苦自学中得来的。鲁彦初期的文章，我常常读着，并不因为这是朋友写的缘故。鲁彦的文字里，富有人道主义的色彩，感情成分较重，文笔也有一种清新之气。

我和鲁彦，阔别十五六年之久，直到抗战前两年，才在上海欧嘉路桥边开明书店编译所里见了面，他是来看徐调孚兄的，起先并不知道我在那里，看见了，自然高兴，当初分别的时候，大家还是毛头小伙子，现在都已经是三四十岁的人了。以后有一个时候，大家同在上海，见面还是不多。抗战以后，二十七年的初夏，我从故乡到武汉去，鲁彦也在那里，就常常碰到。不久而且在军委会政治部里做了同事，于是晨夕相聚，大家又睦昵起来，恢复了十七八年前头在北京时候的情景。在武汉同过了一个夏季，九月中旬，我先应了广西朋友之招，到桂林去教书，十一二月间武汉会战，局势渐紧，鲁彦也就从湖南带着他的夫人和孩子们来到了桂林。起初他还是奉命派在桂林行营政治部工作，后来，在文化供应社任过编辑，省立桂林中学里教过国文。民国二十九年秋天，才离开桂林，带着家一道到柳州北面长安丹州新创办的省立柳庆师范学校里去任课。在那里，他常常患着恶性虐疾，接着又患痔疮，后来才知道是肛门结核。本来经济状况已经要不得，这么一来，就深深的陷入于贫病交迫的苦境里。第二年夏天，带着病回桂林来，就在那时候，创办了《文艺杂志》。后来两三年中，他抱病编辑《文艺杂志》的情形，朋友间知道的很多。杂志是那么厚实的一册，把全国各地各方面作家的文字，都汇集在一起，使有几位长久不写文章的人重新来写文章这不是容易的事。杂志的作风那么严正，没有一点所谓“海派”的气息，这都见得鲁彦的认真。

抗战以后六七年来，与鲁彦常常在一起，接触较密，了解鲁彦也较深。鲁彦也有他的弱点。容易动感情，近几年中，他的病越来越沉重，他的脾气越来越躁急，亲戚朋友们，怕他骂，甚至有为此不敢去探望他的。然而他的心是真率的。近年来心境的不安，完完全全是一种病态。鲁彦的思想，似乎一直还没有摆脱五四时代的气息。他的人道主义的精神，也常常凭直觉的认识出发。换句话讲，他对新时代的了解，不能算透彻，这限制了他在创作上的更高成就。然而，他那种热烈丰富的无邪的同情心，是宝贵的。

最后，我要向鲁彦夫人，覃谷兰先生深致虔诚的敬意。这几年来，在贫病煎熬之中，鲁彦的心境是那么坏，一群孩子，大的才十三岁，幼小的不过三岁。在这样一种悲惨的境况之下，妻和母的责任，不是寻常人所能当的。然而覃谷兰先生服侍病人，照顾孩子，还要自己去教书来维持生计。我似乎没有听过她有一句怨言，或在孩子们面前有什么不耐烦，这实在是寻常人所难能的。她在桂林，安葬了鲁彦之后，带着孩子流亡到内地来，路上又吃尽了千辛万苦，听说她已经到达贵阳了。我祝福她早日能够平安地到后方来。

卅三，十二，八午夜

（原载1945年3月《抗战文艺》第10卷第1期）

记鲁彦（节选）

赵景深

前年我在安徽立煌，看见《安徽日报》上载有“文星殒命”的消息云：“顷据中央社电，名作家王鲁彦氏业已病逝桂林。按王氏久任中学教师，平生创作态度极为严谨，战后主编《文艺杂志》，对于文化工作，贡献尤多，去岁十二月，《文艺杂志》三卷一期载有氏之启事，声明因病辞去编辑职务，退养乡间，遽意终以不治长逝，死年仅三十余岁，从此文坛宿将又弱一个了。”

按王鲁彦，浙江镇海大碶头乡人，卒时四十四岁，并非三十余岁。赣州《青年报》曾为鲁彦出过纪念专号，并征求款项救助遗孤。夫人覃谷兰曾在福建的《联合周报》上写过一篇鲁彦的病况，大约是肺病。他们住在衡阳，因为谷兰是湖南人。后来因病，鲁彦才到桂林求治的。医药费用去二万元，这对于一个中国的作家在当时实在已是一笔很大的数目了。

我在民国十一年就认识了鲁彦。当时我因郑振铎的介绍，到长沙岳云中学和第一师范学校去教书。我只有二十一岁，恰如法国都德所写的“小物件”，破题儿第一遭教书。我醉心于文学，对于喜欢文学的同道，常奉献我的最大的热忱去与他们交游。因为鲁彦是同道，很快的我们就认识了，并且过从甚密。

在长沙有一所平民大学，这大学设在浏阳门正街，就在莫泊桑小说集的译者李青崖寓所的隔壁，校长是罗敦伟，与易家钺以合编《新妇女》的刊物在泰东图书馆出版著名。鲁彦和章铁民都在这个学校里教书。鲁彦住在宿舍的楼上，铁民则住在楼下。敦伟拉我去教文学概论。《近代文学丛谈》（新文化书社版）上面的文学概论就是我当时的讲义。我去上课时，课前后就顺便到他们的房间里去坐，天南地北的乱谈。鲁彦、铁民也常到我那里去。那时我住在岳云中学，他们来了，我便陪他们一同到附近的协操坪草地上去玩，铁民酒喝醉了便载歌载舞起来，鲁彦就吹着口琴和他的拍子。有时我们在一个小酒楼上纵谈今古，我不会喝酒，他们俩却喝得很起劲。

鲁彦的文章学的是鲁迅，连笔名都与鲁迅是同行辈的。一般的文学史常把鲁彦归入鲁迅一派，称为浙江的乡土文学家。例如《新编中国文学史》说："被称为与鲁迅同派的作家有许钦文、冯文炳、王鲁彦、黎锦明、胡也频等。王鲁彦所作小说在《小说月报》上发表的不少。他的作品中都含着讥讽与悲悯的成分，这是他与鲁迅相同的一点。他好描写乡村的小资产阶级、知识分子及农民的心理，刻画极为深刻。茅盾称之为"近代中国的典型作家。"《中国新文学史讲话》云："新文学运动发生以后，小说可以鲁迅、叶绍钧作代表，同派的有许钦文、王鲁彦、沈从文、老舍、黎锦明、冯文炳、王任叔等。他们取材是古老社会里的人物，大都用讽刺或幽默的笔调写出。他们纯粹是写实主义者，他们的手法是平淡而冷静的。这是新文学前十年中主要的一派。王鲁彦的作品，乡土气息极浓厚。跟王鲁彦作风差不多，以乡土文学擅名的，还有许杰、王任叔。"

记得鲁彦开始写小说就是在长沙开始的。他曾经把他所写的《秋夜》的开端朗诵给我听，很是得意（这也就是茅盾用方璧的笔名在《王鲁彦论》中所称颂的一节），大约颇受了爱罗先珂的影响。他又热烈地称颂显克微支。仿佛显克微支的《二草原》也是他所喜欢的；因此他有时也写寓言体的小说或神秘故事，有一个女生（周南女学姓谭的）学着写了一篇，大约是写一个梦境，在周南校刊发表，他也备极推许。他自己的最早的小说之一是《柚子》，柚子就是人头的比喻。因为他所住的浏阳门正是"浏阳"（杀头）的地方。他看过杀头以后，就写了这一篇《柚子》，同时他也正吃着极大的柚子。也许因为鲁迅的小说多写杀头，如《药》、《阿Q正传》、《示众》等，他受了影响，也就以此为题材吧。

鲁彦是个孩子气很重的人，很容易亲近，他不知道虚伪的客套。他不但会写小说，还弹得一手好琵琶，笙箫管笛之类，似乎也会吹的。我对于音乐是外行，可是，我就只是喜欢听他的音乐。

他时常孩子气的拿着一样小玩具，例如泥做的插有羽毛的鸟系在竹弓张着的线上，他拿着竹弓一收一放地逗女学生。背地里跟我说起话来，总是异常憧憬的，一赞三叹的，高兴的说：

“女孩子！女孩子！”

十一年秋，王凤喈请我到第一师范教一年国文，我因课忙，便托鲁彦代课，藉此他也可以多一些收入。十二年秋我才辞去岳云，正式在一师授课。

鲁彦头很大，面容苍白，显得很胖，大约苍白就是肺病的征兆了。他不大与人家说笑话或开玩笑，连说话都是严肃的；不过脾气不好，与我虽不曾冲突过，与学校办事人却常发生争执。关于这一点，似乎在作品中也可以看得出来。鲁迅说：“作者是往往想以诙谐之笔出之的，但也因为太冷静了，就又往往化为冷话，失掉了人间的诙谐。”（《中国新文学大系导论集》）茅盾也说：“作者的诙谐大都带一点冷讽的气味，所以只是些瘦瘠的诙谐。”江西《正气日报》曾连载王西彦长篇的回忆鲁彦的文字，也提到鲁彦常与出版商争执，但他对于知友却是例外，虽是重病，却也兴奋地从床上爬起来，一面咳嗽，一面还要谈话，西彦要他安静一下，他也不肯，还是讲个不休。

他笑的时候带一点傻，可以看出他的老实。

他的第一个妻子是谭昭，就是写小说的那一位。谭昭以前还有一个爱人罗女士。但由有言之谭而改为无言之覃，这中间的经过我已不大清楚，似乎谭覃本为好友。

鲁彦的小说集第一部即以《柚子》作为书名。第二部名为《黄金》，是在人间书屋出版的。以后又出《童年的悲哀》和《小小的心》，由亚东图书馆等处出版，《屋顶下》则由现代书局出版。后来他把这些部合为一本《鲁彦短篇小说集》交开明书店刊行，后来又有《河边》在良友图书公司出版。战时土纸本的小说他也出了一本，书名似乎与《在旅馆里》差不多，（即《伤兵旅馆》，短篇小说集，1938年7月汉口大路书局出版——编者），已不能省忆。

除了创作以外，鲁彦还精于世界语，译过《显克微支小说集》以及弱小民族的小说。大约他在开明出过一本《犹太小说集》，其中收有阿莱汉姆（AIeheim）、俾莱芝（Perez）、宾斯奇（Pinski）等家作品。又译有《世界的尽头》、哥郭里《肖像》、先夫什伐斯基《苦海》、波加奇次《忏悔》等。他的译本全都是从世界语译出来的。

在长沙时，我喜欢听鲁彦谈他的恋爱经过，因为当时我还不曾结婚，象法国 prevost 所写的《妇人书简》似的，对于此道简直莫名其妙。鲁彦详细地叙述怎样与他的爱人饮酒，怎样同睡，他的爱人在失去处女贞操以后又是怎样的痛哭，他又是怎样的安慰她，我都听得津津有味。

最不能忘的是一个中秋之夜。我们几个朋友雇了一只小船在湘江的桔洲渡口等月亮。月亮总也不出来，四围弥漫了一片黑，看不见黄金一般的桔树，只觉得一排黑衣僧一般的影子竖在你的面前。一阵泥土的阴湿气。我靠在船舷上，看着朋友们喝酒谈话，只是感到迷濛的倦意。没有点灯，在黑暗里，即使兴高采烈的人也会变得静悄悄的。时常有小划子经过，划子里坐满了学生，一队队的唱着歌曲过去。歌曲远了，一个无比的沉静又落在我们的船里。大家都在过着中秋节呵！

鲁彦似乎听得学生们的歌声，也有些技痒，他弹奏起琵琶来，一面弹奏，一面歌唱着王维的《阳关三迭》。一会儿唱着“无故人，无故人！”一会儿唱着“你苦辛，你苦辛！”这静夜里凄凉哀怨的琵琶声，至今还仿佛萦绕在我的耳际。

是的，我们都是“苦辛的”。后来我们先后到了上海。然而，这样无挂虑的会聚是日渐稀疏了！大家为了生活忙着，我再与黎锦明到江湾立达学园附近去看他时，他已经成为儿女绕膝的爸爸了，他和他的太太招呼我们喝茶吃西瓜，一面还要忙着给小孩子喂奶粉，扶了这个，那个又哭了；抱了那个，这个又跌倒了。

鲁彦的确是“苦辛”而死的。试看他写给朋友的信：“近来译书销路有点转机否？我还有一部现成的《世界短篇小说集》及莫利哀的喜剧均未脱手，便请代我兜揽主顾。”（《现代作家书简》）可见要靠翻译小说维持生活只是一个理想。

……

战争八年间，一直不曾见过鲁彦，也不曾得过他一封信，不想前年却得到他的死耗！我们同在长沙聚谈，中秋夜湘江泛舟的情景还在目前，而他竟辞去人间了。这些年来，新文艺家死了不少。打开阿英的《中国新文学大系索引》来看，“作家小传”部分著录了一百四十二位作家，去世的倒有二十九人之多。计有王独清、王鲁彦、王以仁、朱湘、沈泽民、吴芳吉、宋春舫、林纾、郁达夫、胡思永、胡也频、夏丏尊、梁启超、梁遇春、徐志摩、张采真、梅光迪、许地山、庐隐、彭家煌、蔡元培、刘大白、刘复、鲁迅、蒋光慈、滕固、谢六逸、罗黑芷、瞿秋白等。就在抗战期间逝世的青年作家也有叶紫、李南桌、邢桐华、东平、蒲风、肖红、陆蠡等人。……真是不忍多想！

（原载1946年7月1日《文艺复兴》第1卷第6期）

悼鲁彦

周贻白

王鲁彦，是一个世界语学者，也是一个小说家。起初，他是具有改革社会大志的一个斗士，这从他谙习世界语一点上，便可以猜测出来。他的家庭状况不太好，也不太坏，他的父亲是一个商人，世居镇海大碶头，家里还有二十多亩田地，有一所老房子，他没有兄弟，只有一个很早就出了嫁的姊姊。他在宁波一所中学里毕业以后，便从上海的一个远亲那里得到某商店的一个学徒位置。但是他不愿意待下去，随即到了北京。因考北大不成，便转入一所机关里去当书记。那时候，北京正开办了一个世界语学校，揭出了“世界大同”的旗帜。于是，他便以当书记的浅戋收入，攻习起世界语来。同时，他又时常到图书馆里去阅读书籍，孜孜不倦地研读了好几年，终使他在文学上树立了一个很深的基础。到后来，他翻译的小说，多属冷僻民族的作品，便是从世界语转译而来的。而他在创作小说上的成就，便是在图书馆里广泛地阅览的结果。

我和他认识，还是在国民革命军北伐之前；那时他在湖南长沙教书，正和谭昭女士结褵未久，同住在长沙东城柑子园黄华瘦的屋子里。黄为江西人，亦谙习世界语。同时，在长沙也有一所世界语学校，即由黄创办。鲁彦之与黄同宅，便是因为大家都属提倡世界语的同志关系。我为与黄华瘦为旧交，所以常到那屋子里去，因而认识鲁彦。不过，这时候我和鲁彦，只是泛泛之交，彼此都没有什么深切的认识，但记得他在那里住了好几年。谭昭女士连育二子一女，最小的女儿，名莲儿。夫妻间的感情，渐不甚好，时常彼此口角。而谭昭的母亲也同住在一道，故每遇意见不洽时，鲁彦即深感自己的孤立。以后他和谭昭之脱辐，大概种因于此者为多。

民国十九年的冬天，我到福建泉州的西隅师范教书，恰巧鲁彦也到了同安的集美师范。不久，他便转到了泉州的黎明中学。彼些相隔了好几年，相见时他几乎不认识我了。因为大家同客异乡，又可算得是旧雨重逢，因而我们的感情，便一天一天地熟络起来。这时候，他的夫人已换上了覃谷兰女士。覃为湖南宁乡人，父亲是当地某中学的地理教员，覃与鲁彦的相识，系与谭昭为同学，因随鲁彦习世界语，谭昭由疑而妬，致覃不克终所学。由是，鲁彦与谭昭情感愈趋恶劣。终至离婚。谷兰本已至南京考取中大，鲁彦既与谭昭判袂，竟独身赴京访覃，其间几经波折，始得与覃结合。但覃的父亲，始终不赞成其事，当谷兰随鲁彦入闽时，大有“不及黄泉，毋相见也”之慨。然而，谷兰与鲁彦，彼此都有一种知己之感，外来的阻力，是不足以使他们气馁的。故当我与鲁彦在泉州重晤时，谷兰的第一个孩子恩哥，就在这时出世了。

那时候的泉州黎明中学，可以说是人材荟萃。知名者如陈范予、杨人楩、丽尼、张庚、吕骥，都在那里当过教员。同时巴金因那方面朋友最多，也赶来作了一时期的客人。其初期的创作小说如《灭亡》、《新生》之类，好象便是在泉州完成的。但是鲁彦在这样一个集团中，并不曾感到温暖，反之，他却时常离开自己的学校，悄悄地跑到我住的地方来。泉州的气候是属于热带性的，最冷的时候，有一件夹袍也够了，因此，我们一有时间，便相偕出游，常常十里二十里地，边谈边走，专找那些县志上载明的名胜地方游逛着。当时我们去得次数最多的地方，便是离开泉州二十里左右的万安桥。

万安桥，一名洛阳桥，俗传蔡状元造桥，夏得海投文，便是这地方。这条桥，不仅在泉州，就是在福建，也算是名胜之区。全程约有三华里，桥身都是用火成岩石凿成的长条铺成，每条约两三丈长，三四尺宽厚，并排五条为一段，桥基亦为极大岩石砌成，其上满布牡蛎壳，据说，如果桥基上没有这些牡蛎，就禁不住海水的冲激，因而这些牡蛎在法律上是禁止采捕的。然而，万安桥的新鲜牡蛎，在当地仍视为隽品，我和鲁彦时常到那里去，一方面固然是想看看那浩渺无涯的海面，一方面也有点务于饕餮，想吃一点新鲜牡蛎。记得有一次，孙福熙从上海到集美师范来看朋友，顺便到了泉州，出游的第一个目标，便是万安桥，同行者有鲁彦和我，还有一位好象姓李，我们在那里还同照了一次相。现在想起来，真是“回首前尘，渺然如梦”！转眼之间，已经是十多年了！

鲁彦的性情，固然近于孤僻，但其孤辟的由来，却是因他胸中蓄有一种极端的正义感的缘故。他不满意现社会的制度，他憎恨着这狗苟蝇营的人生。他虽然是镇海人，却没有普通宁波人那样圆通，他的一言一动，都似乎有着北方人的刚直、憨猛。在外貌上，他是一个瘦瘦的身材，圆圆的面型，戴着相当深度的近视眼镜，看起来完全是一个书生的样子。可是，当他觉得某人某事和他不对劲时，立刻可以提出抗议。因此，他在许多学校里教书，往往是一言不合，就拂袖而去。比方他在泉州的黎明中学，便是因学校当局对学生的措施不合，他同情学生没有自由发展的机会，因而怀着一种不平的心理，赌气辞职的。

我们在泉州分手以后，他又到福建莆田的涵江镇去教过书。随后我也因事离闽，由沪转汉，循平汉铁路到郑州，到北平，再从北平走津浦线转南京而至上海。这一个圈子绕过来之后，已经是民国二十四年的春天了。起初，我以为他或者在镇海，有一天，忽然在路上遇见谷兰，问起他们的近况，才知道鲁彦在陕西郃阳教书。几年的阔别，他的父亲已经去世，谷兰又添了一个女孩子，名叫丽莎。而且鲁彦的母亲也从镇海来到上海，正要找房子。于是，我便义不容辞地陪着谷兰到处觅屋。说起来还遇着一件惊险的事：记得好象是在贝勒路的永吉里吧，我们刚走进一所房子里去找房东说话，忽然隔壁发生盗案，房东把我们推出来，而手持武器的强盗，竟直冲我们而过，追捕者的枪弹，却拿我们做了目标，幸亏我们赶快贴近墙壁，不曾受伤，否则诚难免“池鱼之殃”了。

觅屋的结果，她们不久就搬在霞飞路嵩山路附近一家籐器店楼上。因此，我与鲁彦又通起信来。陕西郃阳，我虽然不曾去过，但我知道清代出土的曹全碑，就是在郃阳发见的。因而在信中请他替我寻到原碑代拓一份，等到放暑假的时候，鲁彦从陕西回来，行囊中果然有一份曹全碑的拓本带来送我。这件事虽然很小，但由此可见他的为人的诚挚。现在，这份曹全碑拓本还由我保存着，可是鲁彦的音容，只能凭诸想象了！吁！

鲁彦回沪以后，我们的往来，又恢复了在泉州时的亲密。有一天，我去访晤他，忽然看见一个十一二岁的女孩子，陪着他的恩哥和丽莎在一道玩耍着，谷兰笑着问我："你认识她吗？"我仔细向那孩子看看，觉得她眉目之间，似乎有点和鲁彦相象，我猜她是鲁彦的外甥。但是谷兰说："不对，比外甥更要亲近点。"我怀疑地不知道说什么好，于是鲁彦说："这是谭昭的莲儿，新近跟她母亲来到上海的。"谭昭和鲁彦的这段公案，我本来不曾怎么留意，但因莲儿之来，我才知道他们并没有经过正式的离婚手续，彼此仍以朋友的立场，互相来往着。我当时觉得他们这种态度很不错。可是，经过了两个星期，鲁彦跑来同我说："谭昭来沪，目的在索取赡养费。"要我去替他向谭昭转圜一下。因此，我在其中颇费了一点唇舌，总算把谭昭打发走了。平心而论，这时的谭昭，已经有了新对象，她来找鲁彦，不过是想结束一下以前的关系，藉以杜绝后患。鲁彦说她"过于刁狡"，但照我的看法，谭昭此举，明明是不懂得鲁彦的为人，即令不为谷兰而离开，迟早也是不能合作下去的。

民国二十五年的春初，他们又搬家了。新居的地址，是曹家渡信义邨，一所一上一下的假三层楼房。前面有院子，后面有天井，一个人数不多的家庭住着这点屋子，在上海说来，是宽舒有余了。于是他的姊姊带了外甥也来到上海省亲，而鲁彦则埋首于这个幽静的环境中，努力写他的小说。他的唯一长篇创作《野火》，便是这一时期写成的。但是很不幸，他的七十多岁高龄的母亲，就在这一年的夏天去世。他的母亲是一个慈祥而又和蔼的老太太，我因为在他家里来往颇频，他的母亲也当我一个自己的子侄看待，记得他母亲弥留前，因听得楼梯上的脚步声，还问谷兰说："谁，是周先生来了吗？"谷兰含着眼泪告诉我："老太太在问你哩！"我撩开帐子看了看，知道情形不对，便嘱鲁彦不要出去，而我也留着不走，一直等到她咽了最后一口气。我还替他们忙了两天，才带着一种悲哀的情绪离开那所屋子。

对日抗战事起，鲁彦仍住在信义邨，因为那一带接近铁路区，不时有流弹和飞机轰炸。于是鲁彦便把他的书籍和笨重家俱，分寄在几个朋友家，我的家里因住在法租界，他也搬了一些东西寄存在我那里，匆匆忙忙地在我家里住了一夜，同谷兰带着两个孩子，乘着一艘拥挤不堪的宁波轮船回到镇海去。我记得我们分手时，是深秋时候的一个早晨，天好象还没十分亮，满天的重雾，冷风吹扑到面上来，引起一阵阵的寒噤，我送他们走出大门，他俩一人抱着一个小孩，可爱的丽莎，还沉沉地睡着未醒，鲁彦只向我说了一声："再会了！"他的面上虽然装出笑容，可是和周遭的空气全不相称。因为那时不知道是那方面开始进攻了，隆隆的炮声，夹杂着可可可可的机枪声，正向我们耳边传来，不由人意识到在这种环境之下，生命如同草芥。我们的相别，真不免"别时容易见时难"了！故当我把他们送上黄包车转过头来时，不期然地有点凄惶了！

抗战的阵地一再转变，我仍在上海租界地区留住着。民国二十八年的夏天，谷兰同她的妹妹，忽然由桂林转香港到了上海，说是鲁彦要她们回来的，把他们寄存在我家里的家具之类取去，在榆林路租了一间房子住下。这时谷兰又生了一个男孩，取名恩弟，也带到上海来。谁知住了两三个月，鲁彦在桂林来信，又催她们回去，同时写信给我，要我设法子帮助她们动身。我又为她们忙了一阵，好容易买着香港船票，谷兰又带着孩子们重上征途。从此以后，我就再没有接到过他们的来信。直到去年中秋前几日，我在报纸上看到说是鲁彦已经在桂林因肺病去世，身后萧条，一时间许多回忆涌上脑际，我虽然不至痛哭失声，但我对着报纸呆视了一刻之后，我的眼角却渐渐有点潮湿了。

鲁彦离沪以后，在大后方曾干了些什么工作？我不大仔细。他患病一直到死，其间的经过，我当然也不知道。但他既然患的是肺病，则积劳或积郁，当为其得病的一部分原因。我之所以历述我们过去的种种交谊，不过借此阐明他一个时期的生活程序，让人家知道这位有名的小说作家，究竟是一种怎样的人生。在我未认识他以前，他是如何地艰苦奋斗，我虽然不能说得十分清楚，但在我认识他以后，这许多年来，他的生活实在是太流动而不安了。关于此点，在他的作品里，也表现得很明白。因为他的许多短篇小说或散文，差不多都是他一己生活的反映，比方他的处女作《柚子》，便是在长沙时写的。《狗》、

《小雀儿》其背景便是五四运动以后的北京。《小小的心》、《安舍》是泉州的事实。《兴化大炮》则采取莆田的民间传说。《驴子和骡子》则为在郃阳时一种经历。他如《黄金》、《伴侣》、《阿长贼骨头》、《惠泽公公》、《鼠牙》之类，便完全是他故乡——镇海大碶头——的社会情况了。

鲁彦的小说，过去早有定评，如茅盾在《小说月报》所写的一篇《王鲁彦论》，虽仅就其初期作品《柚子》、《黄金》两集，给予相当的评价，但已认其描写乡村小资产阶级心理为最成功；而《出嫁》一篇，更称许为“不能不说是可以惊叹的作品”。不过，同时也指出其作品的缺点，“最大毛病为人物的对话常常不合该人身份。”而于《小雀儿》、《毒药》两篇，也觉得教训主义的色彩太浓重一点。关于此事，我曾经问过鲁彦，他说：“我并不一定要人家说我的作品怎样好，我只要写出我所要写的就行了。”这意思，仿佛是“文章千古事，得失寸心知”。有人了解他固好，但他决不求人了解。所以我说他的性情近于孤僻，自有由来。比方他在《鲁彦短篇小说集》卷首所写的《我怎样创作》一篇里说：

> 我有时很讲理性，有时一点也不讲；有时极其谦虚，有时极其骄傲；有时非常热烈，而有时又非常冷酷，……我的作品倘能保持这种的不一致，我倒是喜欢的。……我不愿意受任何人为的拘束和限制。

的确，他的作品，多数是任性发挥，有时说出话来，极为天真，如《驴子和骡子》一篇，他觉得骡子日遭鞭挞，生活太辛苦，因而联想到人类的生活，也象一条鞭子。但反而自己安慰自己说：“这是一种辛苦的生活，但因为我是一个聪明的人，我有着诗人一般的感觉，我感觉到快活，觉得世界是属于我的。”这好象是他在表示一种骄傲，然而却是冷酷地在奚落自己。

鲁彦是个没有宗教信仰的人，于当世种种社会主义，亦无所左右。因为他肩上挑着一副家庭的重担，一年到头吃着粉笔灰，而为生活奔忙。因此，他的人生观，几乎消极地否定着一切。比方他在《病》一篇结尾时说："我只有一句话可以肯定的告诉你，无论是真是假，假的真的，全是笑话。因为从古到今，从今到古，不是笑话的人生，还不曾出现过。而故事，是笑话的笑话！"照这样说，便连他自己所写的小说，也在否定之列了。又如《秋雨的诉苦》一篇，他摹拟着秋雨的说话："地太小了，地太脏了，到处都黑暗，到处都讨厌，人人只知道爱金钱，不知道爱自由！也不知道爱美，你们人类的中间没有一点亲爱，你们人类，夜间象猪一般的甜甜蜜蜜的睡着，白天象狗一般的争斗着，厮打着。……"这种声口，虽然有点愤激，而其意义实亦同于把人生看成笑话，而且态度绝不含混，指斥得非常明白。至于他究竟有否中心思想，我想读过他作品的人，一定可以认识他所希望达到的是一种什么境界吧！

鲁彦的人生观，虽因不满于现社会制度，一切都感到消极，但他究竟是一个感情丰富的人。对于这世界上的事物，却不能全无爱恋。他爱小孩，爱猫狗，爱音乐，爱自然景物。如《小小的心》、《伴侣》写的都是小孩。《父亲的玳瑁》写的是猫。尤其是狗，在他的作品中有《亚猛》一篇，便是专写一只狗的可怜的命运。而于其他小说中也常常提到狗，如《童年的悲哀》里有阿成之被狗咬，《黄金》里有一只狗叫来法，《狗》，因自愧缺乏人类同情心，竟自比为狗。固然，他有时也把狗来作为龌龊人物的象征，但事实上他对于这可怜的动物，是并不十分憎恨的。他爱音乐，在他的作品中只有《童年的悲哀》一篇，曾写到他自己制作胡琴，但他本身却会吹口琴，也会弹琵琶，不过他的琵琶只能小曲，不工大套。而他最喜欢弹的曲子，却是一支《迭断桥》。至于他爱好自然景物，则在他的小说中时时可以看到，用不着再来指出。

有人说鲁彦的文笔，是学鲁迅，其实不然，虽然他的《阿长贼骨头》一篇，仿佛是受了《阿Q正传》的影响，但据我所知，他于一切小说家当中，最崇拜的是波兰的显克微支。他译过显克微支的小说，其尤为欣赏的一篇，却是周作人译的那本《炭画》。同时，张友松译的一本《地中海滨》，他也向我特别提起过。我曾经拿显克微支的作品，和他的小说相比较，觉得他的话确有几分可靠。不过最可惜的，他不曾写出《你往何处去》那样具有历史意义的巨著，倘天假其年，我想鲁彦一定可以臻于那种地步。因为我知道他于我们最后分手的那年，正在研究着清代史，似乎便是着手于写小说的准备。乌呼鲁彦！

（原载1946年《文章》第1卷第2期）

鲁 彦 琐 记

湘 渠

偶读《鲁彦选集》，引起我一点追念之意。

王鲁彦先生是浙江镇海人。他生于一九〇一年，抗日战争时期（大约一九四四年）在广西桂林逝世。

鲁彦先生是一个认真的小说家。他自己说："虽然从十七八岁起，我就踏入了紧张的生活的战场，尝尽了许许多多的滋味，看见了各色各样的人，遇到各色各样的事，一直到现在还不曾有过片刻的休息。"正是如此，他的生活无论怎样的穷困，政治上的压迫无论怎样的沉重，可是从没有向国民党反动派屈膝，而且一直坚持着文学事业，用他的笔来鼓舞人民对祖国美好的未来不息地追求。

他的短促一生，却留给我们不少作品。他是以描写农村生活见称的作家。他的作品有：《柚子》、《黄金》、《童年的悲哀》、《屋顶下》、《小小的心》、《河边》和《愤怒的乡村》等。他还从事翻译工作。鲁彦作品的特点，正如周立波同志所说："虽然也有奔放的、呼号的诗篇，但大多数作品，是对于旧社会的现实生活的细致的刻划。他生活在中小资产阶级的环境里，凭锐敏的眼力，他看透了旧社会的不合理，目击了在封建主义和帝国主义压迫之下的贫苦人民所受的恐怖与灾难。"

可惜的是，他的作品至今还未见有人加以整理和研究。

我和鲁彦先生不大熟悉。但从几次的接触中，却留给我难忘的印象，至今回想起来，还活跃在记忆中。

是一九四〇年的夏天，学校放暑假的时候，鲁彦先生到了桂林。那时，桂林文协分会主办一个暑期文艺讲习班，邀请在桂林的作家担任讲解专题。参加讲习班的有爱好文艺的青年一百余人。鲁彦先生担任《怎样写短篇小说》一题。他演讲那天，我去听讲，这是我第一次认识他。鲁彦先生长长的个子，清瘦的脸，脸上有很深的皱纹，看上去是四十多岁的人。他的态度很和蔼，举止文质彬彬。他的说话声音不很高，清朗而悠扬，听来明晰悦耳。

他举了莫泊桑的短篇小说《项链》来分析短篇小说的特点，我们都读过这篇杰作，因而感到亲切有味。他讲得很详细和有条理。他先讲解一个作者必须从生活中积累大量的创作的素材，而又要在很多的素材中吸取题材。他再讲到作品开头的重要和困难，一个作者需要有很大毅力克服这个困难。他特别要大家注意小说中场面变化和发展情况，着重指出创造人物的典型性格的重要。他又说，一篇好的小说，需要有一个最能激动人心的“顶点”，作者应该把自己的力量在这个“顶点”上表现出来，使主题达到充分的深刻为止。他说，文学是语言的艺术，作者必须斟酌每一个用字，只有不断锻炼词句，才能使作品达到优美而精炼。他告诉我们，福罗贝尔如何教导莫泊桑用字，要做到“一字致人以力”——鲁彦先生把这句话重复了好几遍。

这是我第一次在讲堂上所见到的鲁彦的印象和记忆。

一个月以后，是月光照耀下的晚上，在桂林群乐路青年会草地上，有二十多个著名的作家和一群爱好文艺的青年，在那里开联欢晚会。我又看到了鲁彦先生，他也没有什么变化。那晚上，是文艺讲习班结束联欢晚会，我们每个人缴了二角五分钱，还吃到一点糖果。

会议主席是黄药眠先生，他在报告中提出要大家对讲习班提点意见。我记得我当时提出了两点意见，一个是许多先生讲解的范围太广泛，缺乏系统性，只有鲁彦先生讲得较好，用一篇作品来具体分析，使人易懂而便于记忆。另一个意见是宋云彬先生讲解《怎样研究鲁迅杂文》，虽然内容很好，但因说话里有浓重的浙江方言，使广西、广东的听众不容易接受，只有我这个浙江人，才完全听得清楚。我这么一说，会场上发出了笑声，不知谁在说“那是没有办法的”。

散会时，许是同乡的关系吧，鲁彦先生和宋云彬先生都走到我的前面，问我什么时候到桂林，在什么地方工作，非常亲热而关切。于是我对鲁彦先生的印象又加深了。

大约又过了半年多，那时我在文化供应社编辑部工作。同事中有一位鲁彦夫人的妹妹，她也是搞文艺的，对鲁彦先生的生活和工作情况很熟悉，我们常常谈起他。

“他的生活很艰难，”有一次，她提起鲁彦先生，感喟地说：“孩子多，单靠他一个人卖文来维持一家生活。最近，他又病了，真是贫病交迫，使他的性情也变得不好了。他常常一个人关在屋子里，不许别人吵扰，也不愿说话，和往常大不相同。平日他很喜欢朋友，又爱好音乐，对世界语有特殊的兴趣，碰见年轻人，总是介绍这种语文，鼓励人家学习。他常说，年轻人最有希望，最可宝贵，要帮助他们成长起来。其实，他自己就怀着一颗年轻人的心，对文学事业作不倦的努力。可是，生活无情地打击他，疾病又常常折磨他，使他的创作的情绪受到很大的影响。……”

是的，在那个黑暗的岁月里，一个正直的作家，受到的苦难是很深重的。

另一次见到鲁彦先生是在他编《文艺杂志》以后了。有一天，他到艾芜先生家里，我们正在吃饭。他扶病而来，左手拐着一枝手杖，右手下夹着一束校样。我仔细看着他，果真不是第一次所见的鲁彦先生了。他的精神很萎顿，背也有些伺偻，说话声音很缓慢。这个变化，使我惊讶。

“要一本杂志编得很好，确是不容易，”他一边坐下，一边说，“内容充实果然重要，编排形式也不能马虎。”这天，他是从“三户”印刷厂校对《文艺杂志》回来走到艾芜先生的家。那时，他的痔疮发得很厉害，行动异常不便。从他的住处走到观音山，约有五里路，实在是很费力的。但他不肯轻易把校对的工作委托别人，这种认真负责的精神，使人永远难忘。

他走后，艾芜先生对我说：“鲁彦对一切事情都很认真的，他主编的杂志取稿很严正，形式也力求精美。所以《文艺杂志》一出版，便受到广大读者的欢迎，第一期还重版了一次。每期销路激增起来，他也更重视自己的工作。可是他的健康情况很不好，叫人担忧。”

这以后，有一次我和艾芜先生一起进城，顺道去看鲁彦先生。那时他病着，也就是我最后一次见到他。

一九四四年的秋天，我在浙东的一个山城里编报，接到艾芜先生的来信，带给我鲁彦先生病逝的消息。这个一生忠实于人民的作家，终于在穷困里寂寞地死去了。

"未来究竟是有的。"现在我读到他在《厦门印象》这篇作品里的一句话，这一句预言，也是鲁彦先生毕生所追求的人民的美好的未来，今天已经变成了现实。我想，如果鲁彦先生能活到今天，他一定以无限的欢乐之情与人民一起参加祖国社会主义的伟大建设。他不幸早逝，不能不引起人深深的悼念。

读《鲁彦选集》，从他的作品里使我对他所描写的旧生活更加憎恶，从而更懂得我们今天的幸福得到非易，并激励着我们创造更美好的未来。

二月十六日晚

（原载1957年3月《东海》第3期）

关于鲁彦的回忆琐记*

艾 芜

一

鲁彦这个人，富于情感，而情感又容易控制着他，可在思想方面却十分含蓄，不轻易吐露一些使人惊异的话语。我和他在上海和长沙，都是偶然会过一两面，没有多谈过几句话。第一次到他住处去看他，是1940年，他在桂林做事情的时候，远离家眷，住在集体宿舍里。当时是晚间，他穿着短裤、木拖鞋，立刻带我上三层楼的晒台去纳凉。高临桂林城上的秋空，正是一天灿烂美丽的星子，和漓江两岸的灯火，互相辉映着。他同我谈着秋天的星座，并且带着小型望远镜，放在眼睛上，对天空极有兴味地望了起来，随即也叫我拿望远镜看。要我先看天琴座中一颗最明亮最美丽的星子。他用很熟悉的声调介绍地说："那是秋天星空中的天王星，我们中国人叫做织女星的，看起来是一个，在望远镜内却是两个。"我觉得鲁彦这个人兴趣很高雅，但似乎太远离现实一点。

二

在桂林七星岩的一处草地上，笼罩着春天的温暖的阳光，我和鲁

* 这篇回忆录初发表于1945年11月17日《周报》（上海版）第11期。

彦却因躲警报躲疲倦了，日本飞机没有来，而警报又未解除，便去那里晒太阳。偶然谈到一个我所不熟悉的人，鲁彦就小声地静悄悄地说：

“他思想很好，一点也不显露，甚么人也不疑惑他。”

这样的一个人，倒并不使我怎样注意，而我却留心到在我面前说这样话的鲁彦，算是对我现出了他的内心一角。从他脸上表现出的神情，以及说话时候的语气，可以说他是在深深感到找到了同调者似的。

三

他的书桌上，没有摆过一本革命的书，给人感到他纯粹的拘束在文艺这个小圈子里面似的。但后来同我住在施家园一个院子里面，偶然碰见他打开箱子，翻译的社会科学如普列汉诺夫的《社会科学的基本问题》，莫斯科出版的《政治经济学》，高尔基的文艺论集等书籍，都打眼底现了出来。我拿起来翻翻，里面却有用红铅笔写的一个草体字“彦”。

四

他在桂林中学教书的时候，有一天我去看他，一道出来在桂西路上走走。书店门前的新书广告，以及玻璃厨窗里面的摆着红绿封面的新书，都不时使我们略微停下了足步。在读书出版社的店前，他对那些精装巨册的译本《资本论》，凝望了好一会，脸上露出热望的神情羡慕地说：

“这倒该买一部来看看哪！”

于是我怂恿地说：

“你就买一部吧！”

鲁彦踌躇一会，才说十六元一部太贵了一点，身上又没有多少钱，必须等到学校发了薪水才能买。我和读者出版社的经理刘尘君是认识的，就立刻介绍鲁彦去跟他会面，用了挂账方式替鲁彦赊到了一部精装本。以后两三年之间，我常到鲁彦住处去，却从没有看见他那用愉快的脸色抱回去的这部大书了。我想他一定深藏在他的箱子里了。在重庆会见他的夫人覃英，偶然问到鲁彦以前买的那部大书，才知道日本兵从湖南长沙向衡阳进攻的时候，鲁彦抱病由茶陵逃到粤汉路上，因行李无法多带，装那本巨书和稿子的箱子，已给一个学生带到湖南耒阳的乡下去了。

五

时代的阴影笼罩在这个作家身上，但他也不止于悄悄读书就算了，蕴藏在身上的丰富的热情，不容许他单装在脑子里面。桂林文协分会的成立，鲁彦一个人是尽了最大的劳力的。在分会筹备期间，有一个人想全揽在手里，鲁彦非常气愤，同他大吵一顿，将他赶开了。这人用外国文写过一点文艺作品，向文艺青年演说，必然要提到他的大作，而且自称是巴尔扎克的先后同学，而平常则以国际问题专家的姿态出现，当德国法西斯进攻苏联的时候，则公开预言：三个月内，德军必定会打下莫斯科和列宁格勒。鲁彦和他大吵的第二天，愤愤地对我说：

“这坏蛋！他还想跑来把持哩！……我们文艺界根本就不能要这样的人！”

这时我觉得鲁彦在进步的立场上，是坚强而且很有力的。

六

曾有一个人要到广西三江去做一个中学的校长，尽力设法把鲁彦拉去教书，好衬托他的地位。鲁彦觉得既然对方讲得诚诚恳恳的，不好意思不予以帮助，便慨然去了。结果却是遇见了一个骗子，做的事情和嘴里说出的话相反，而且一些思想进步的教员都遭到歧视。鲁彦对此是绝对不能忍受的，他不但辞职，而且写信给广西国民党教育厅免他的职（广西的中学，由校长推荐教员，再由教育厅加以委任），教育厅方面的熟人，劝他不必如此，因为免职一事，是对教书的人一种严重的惩罚，加在一个优秀的教育者身上是不适合的。但鲁彦对教育现状愤愤太深，决心不再苟合下去，坚持要求免去他的职务。这是给国民党教育界一个尖锐的讽刺，他宁愿挂着被免职的名声，让公道的有正义感的人们去评判一下，到底谁是谁非。从此他结束了他多年来的教师生活。

1946年

（原载北京出版社1959年版《浪花集》）

在魑魅的追逐下

——记鲁彦的病和死*

王西彦

文章憎命达，魑魅喜人过。

——杜甫

一

我和鲁彦的交往，说来历史很短暂。一九四一年秋天，那时我在福建战时"临时省会"永安，正准备摆脱《现代文艺》的编务，离开去湖南；九月初，接到鲁彦从桂林寄来的快信，说他创办了一个《文艺杂志》，要我给他寄稿子。在这以前，我只是他的读者，从他作品给我的、以及朋友们谈话中得到的印象，知道他是一个诚恳质朴的人，所以对他的创办杂志，心里十分高兴；不过当时心绪不很好，加上行前匆促，没有给他寄稿子去，只写了一封简短的回信，说明原委，请他原谅。离开永安，到湖南东部一处乡间住下以后，竟把这件事情淡忘了。到十一月初，又突然接到他一封快信：

前得复书，知即将来湘，现在想早在那里住了很久了。我因病在医院住了将近二月，开刀数次，现始渐见痊愈，不日当可出

* 这篇回忆录初发表于1946年《文艺春秋》第2卷第6期，题目是《一个朋友的病和死》。

院。杂志事因此耽误了很久，到最近始能发排第一期。又因印刷迟缓，出版恐在年底，就索性把它当作一月号了。你的稿子希早日赐下，以便在十二月初将第二期稿发排。……

这信是三日写的。过了几天，又接到他九日寄的信，大意是说，第二期快发稿了，我的稿子要从速寄去，还问我打算在湖南久住否，计划如何。接到这样的信，稿子自然是非写不可了，但在写作时，同时也臆测着他的为人。从信上看来，他不仅是一个诚朴的人，而且还应该是一个热忱的人；但他病了，住了两个月的医院，还开了几次刀，究竟是什么病呢？对于文人生活的困苦，遭遇的悲惨，我是早已体验到了的。我很觉怃然。不过稿子终于写成了，马上寄给他了，那就是我的第一个长篇小说《古屋》的第一部分。

接到我的稿子，他立刻来了一封较长的信，给我预支来稿费，告诉我杂志第一期的阵容，开列了很多熟人的名字。说是为了赶日期，是“三家排两家印”的；又说第二期已付印，第三期正在集稿，要我再给他赶写一篇小说。这封信给我的印象是，一个刚出医院的病弱的人，苍白着脸孔，冒着寒冷的天气，奔走于印刷所和印刷所之间，又忙碌于给相识和不相识的朋友写信约稿，把自己的全副心力都灌注在那个即将出版的杂志上面。我很有几分感动，并且焦灼地期待第一期杂志的寄达。我相信这将是一个质朴充实的好杂志。

不久，杂志寄来了，果然是一个好杂志。形式朴素大方，内容充实精采，一如我所预料。因为庆幸这个好杂志的出版，我更关心主办人的健康，就在写给他的祝贺杂志出版的信里，询问了他的病情。这使我最初知道，他患着一种对于一个作家来说是最可忧虑的病——结核性痔漏。

二

我们的见面，是在大约两个月之后。

收到《文艺杂志》创刊号后不久，突然接到他一个电报，约我到广西某学校去教书。当时我已经答应另一个朋友到另一个学校去教书了，就给他回了一个电报和一封信去婉谢。谁知道他立刻写来了一封长信，辞意恳切，要我一定到广西去，还列举出种种必去和可去的理由，以稀有的坦率，说我如果去广西，能使他的工作计划得到一些支持。当时彼此还是新交的朋友，这封信使我很为难。显然，如果我依然谢绝他的邀约，是会叫他不愉快的。而且，如果我去广西能对他的杂志有些帮助，也是义不容辞的事。因此，没有多加考虑，我就回电答应了；自然，同时却不能不对另一个朋友失了信。

我到桂林那一天，记得是一个下雨天，空中淅淅沥沥的。鲁彦住在福隆街一间狭窄的楼房上。我去看他时，他正病卧着。

“呵！你来啦！”他高兴地从床上撑支起来，“好极啦，好极啦！”一面说，一面便打算下床。

“莫起床，躺着谈好啦。”我阻止他。

“不要紧。今天刚刚大便过，肛门创口发作了。医院里开了刀，并不曾奏效。不过，只要创口不发作，是跟健康人一样的。明天我陪你游七星岩去。”

说这些话时，一个过了中年的人，却有着小孩子似的神情。不过，家庭的重累和生活的艰苦是很显然的，楼房很狭窄，拥挤着一群小孩子——最小的一个刚出生不久——什物也很零乱，一望而知家庭生活的窘迫。正好那个学校的校长在桂林，这时也来探望他的病。他把我们介绍了。校长是个小小的政客，显出一副圆滑的样子，仿佛很性急，一见面就要我第二天跟他同去学校所在地。床上的病人马上抗议道：

“不行不行！他刚来桂林，总得会会朋友，游游七星岩，多住几天；你等不及，就一个人先回去！”

我在桂林留了三天。不凑巧，天天下雨，虽然七星岩近在咫尺，也未曾去游。第二天晚上，在正阳路某酒家以文艺杂志社的名义宴聚文艺界朋友，客人中间，记得有刚从香港脱险回国的茅盾同志。作主人的鲁彦谈笑得很起劲，完全是一个健康人的样子。在宴会上，他用刚从印刷所取出来的第三期杂志分赠朋友，大家谈到杂志前途，都充满着乐观和期待的口吻，他自己更显露出愉快和自信。第三天，他到我的住处找我，我们并肩在马路上走着时，他给我诉述一些桂林文艺界的近事，态度很愤慨。这些话，大致和他在小说集《我们的喇叭》

后记及《文艺杂志》第二期《告读者》里所说的差不多。他说他的创办《文艺杂志》，是对当时某种风气的挑战和反抗；他说他今后要多写作品了，能够多写些作品，也是对当时某种风气的斗争，等等。我很吃惊于他的率真与乐观，总觉得事情不会象他说的那么简单容易。当时正当皖南事变之后，抗战的形势在急剧变化，斗争尖锐复杂。反映在文化思想界，各种政治力量的较量，往往呈显出一种扑朔迷离的状态。被称为西南文化中心的桂林，集中了很多文化思想界人士。即以文艺界来说吧，的确是泥沙俱在，鱼龙混杂。处身这种漩涡之中，单凭率真和热情，当然是很难应付的。

第四天从桂林去学校，一清早又是雨。为了欣赏沿江风景，我搭了一只大木船，取道水路。鲁彦冒雨到江边送行，匆促间还要我到校后别忘记多写文章，至少一个月要写一篇，寄给他的杂志发表。我也满口应允了，并且也十分兴奋。

但事与愿违！我到那学校后，由于生活不习惯，加上别的原因，心绪很坏，除了每一周上四五点钟课以外，慵懒得不想执笔，在几个月的时间里，只给鲁彦的杂志写了一个中篇小说《风雪》。而且一到那里，便打算离开。桂林那边呢，也很少来信。《文艺杂志》第四期出版后，两个多月还不见第五期。写了信去问，才知道鲁彦又进医院去了，病情很不好；同时杂志也搁浅了，杂志社和出版的书店发生纠葛，闹得简直要涉讼了。他的来信写得很草率，是在床榻上写的，字里行间充满着愤怒和悒郁，不过并不十分绝望。他认为自己的病是暂时的，和书店的纠葛也是暂时的，一切都有待将来的重新开始。

三个多月过去了。到了六月底，我辞去教职，回到湖南东部的乡间去。经过桂林时，到芙蓉路一家私人外科医院去看望鲁彦。当时，他正在施行痛苦的手术，却红光满面，精神显得很好，一看见我便嚷嚷道：

“你来啦，快给我送只肥鸡来，要母的，医生说我需要补品！”

接着，我们谈到杂志，他的愤慨又来了，给我详细叙述杂志跟书店起纠葛的起因和经过。病床前的桌子上，在大小药瓶中间，堆积着发表有《风雪》的第五期杂志的纸型。病床上，挤满着朋友的来信和稿子。他是一面病着，一面仍然在为朋友写信（躺着写），在看稿，在给杂志校对的。他说，杂志的销路很好，各方面影响都不坏，稿件也充足，正是有为的时候，偏偏纠葛发生了。自己也病下来了。……

“不过不要紧，”他仍然富有自信，“道理在我这边，不怕他不讲理，他害不死杂志……害不死……”

“要紧的还是身体呵！”我提醒他。

“唔，”他苦笑道，“身体，不错，开刀这是第三次啦，医生说再过个把星期就会好。且看吧，也许真会好的。”

他要我住到他家里去，他说他要和我详细谈谈杂志的事情。第二天，我便从旅馆搬到福隆街他家里，在离开他所住那小楼不远的一个菜园里，有一间空着的小楼房，便成了我临时的寓所。这时节，因为杂志的脱期，医药费用的浩大，他的经济状况愈益窘迫了。四个孩子四张小嘴，连女佣人是七口之家，编辑费的收入一经落空，在物价高涨的大城市里，怎么能够维持下去呢？他的妻子覃谷兰同志，每天要从东江的福隆街赶到桂北路的芙蓉医院照料病人，家里还放着一个未满周岁的婴儿，又得张罗粮食和医药费用，弄得憔悴不堪。这不仅是一个杂志的生存问题，而且是一个家庭的生活问题了。因为对杂志社和书店闹纠纷的内幕究竟不十分了解，我首先到观音山去跟艾芜同志商量，他是杂志创办时出力较多的人。随后我又去找过书店的负责人，希望能够得到一个合理的解决。只因自己能力薄弱，我的奔走竟然全无效果。

于是，在病人出医院以前，我就匆匆离开桂林。

三

关于鲁彦和书店为了杂志闹纠纷的是非曲直，我自然无力作什么判断。要求书店负责人完全无私地为文化尽力，为作家和读者服务，这在当时当然是一种奢望。不过由于这件事情，我也看出鲁彦是一个固执的人，一个小孩子似的负气的人。一碰在他的固执上，他就连较亲近的朋友的善意劝告也不顾，自然更谈不到衡量自己的利害得失了。

我离开桂林后，他和书店的纠葛，仿佛愈闹愈剧烈了。第五期的《文艺杂志》虽然勉强印出来了，第六期的却杳无消息。这时节，我在湖南接到他八月十一日的来信：

……弟因第四次开刀，又半月不能行动，而病仍难速愈，决计日内出院了。近得友人支持，集款数万，并有经验丰富而可靠的人任发行，除继续出版杂志外，拟出丛书。版税百分之十五，八千本以上者酌加，三个月一结账。一切求对得起作者读者，杂志内容与形式将有所改善。杂志社现已改名为“文艺杂志出版社”矣。……

接到这封信，使我很惊异。第一，他的病竟如此缠绵。原来三四个月来毫无好转模样，实在使人焦灼。第二，杂志社竟扩大为出版社，除着手编第二卷外，还准备编丛书；难道和书店的纠葛已经解决了？和他合办出版社的友人又是谁呢？读了这信，真使我有几分一则以喜，一则以惧了。

正当我为他准备稿子和编小说集时，他的信又来了。一反以前乐观自信的口吻，一开始便说，他出院已两月余，病迄未见愈，月初且又转恶，又在医院里住了一星期，现在虽稍有好转，行坐仍然不便；又说，为杂志事，心绪恶劣已极，出版社本已筹备有绪，不意遭人威吓要挟，那位合作的友人不敢合作了，出版社不得不宣告流产。“然弟朋友多，皆加支持，今又得集款五万元，已将二卷一期付印，丛书事仍在计划中，要看能否再集款五万元，大约必可成。事业既无法停止，移住湖南不可能，单送孩子来，以身体弱总觉不放心，只好暂时作罢。”这里所说移住湖南，是我在桂林时对他建议的，我认为病如不好，事业无法顺利进行，不如移住湖南，暂时脱离所谓文化中心的恶浊空气，先把病医好再说；不然，也应该把小孩子送到湖南的难童保育院里去，减轻家庭负担，集中全力医病。谁知道他竟回了我这样一封信。那情形，正如一个打沙袋的人，一双拳头要对付好几个无情的沙袋，看起来难免要被撞得头破血流。想象到这种景象，我只有怃然。

和这信差不多同时，他又寄来一卷油印启事，共七大张，是报告杂志创办经过和跟书店发生纠葛的情形的。这时节，一卷六期的杂志仍未见印出，市政当局出面调解，结果是要他依旧和原来书店合作，再订第二卷合同。我知道他决不会接受这种调停。随后，我又接到书店方面的启事，各持一理，互相攻讦，纠葛显然无法得到比较合理的解决。于是，我写了一封信给他，劝他向书店让步，看在杂志和健康份上，放弃一些不必要的争执。这封信却意外地许久没有接到回信。他是一个固执的人，一定是不肯接受我的劝告。一直到了十二月，他的信才来，说是病较好了，二卷一期的杂志已在装订，是自己独力印行的。又说，出版社仍在进行，丛书年内可以先送审两三本，催我赶快寄书稿去。同时并说最近搬了家，已从东江福隆街搬到西外街来了，新住处是个“三家村”，周围的风景很不错。

看情形，一切都好转了。尤其是信里还说到要写一篇恋爱小说，分明是体力见好的证据。虽然信里还有些不愉快的话，只要事业能顺利进展，想来心境也会渐趋开朗和愉快的吧？

四

《圣经·旧约》上记着一个故事，说是乌斯人约伯，为人完全正直，敬畏上帝，远离恶事，上帝却命令撒旦去试验他，老是使他在自觉命运好转的时候，又遭遇到新的不幸。鲁彦的情形，很有几分相似。

为了支持他的创办出版社，我编了一本小说集寄给他，这是一九四二年年底。满以为他的出版社该能顺利办起来了，私心正为此暗暗欢喜；可是回信来了：

> 来信及书稿已收到，当即将书稿送审。杂志社事得兄鼓励相助，衷心甚感。惟弟殊不幸，杂志纠纷已了，社事始上轨道，个人忽患重病矣。盖前患肛门内症，据医云名属结核性，故累次开刀，至今未痊，且连创口亦不肯收复。前因未见有何特殊症候，仅请医听诊数次，并作痰与血液之检查，结果皆无所得，未与重视。乃近两星期忽患咳嗽，喉痛，哑嘶，夜热，昨作X光透视，则证明系两肺尖发炎，喉医检查，则又认为喉头结核合并症。病情严重。眼前倘能平安度过，据云亦须静养半年，现医已禁止工作与谈话，心中殊苦。……

这封信是一九四三年一月十日写的，字迹潦草，写信人显然是躺在床上。在这以前，我曾经在一本医药书上看见过，痔漏如果割治不愈，便多属结核性；跟他见面时，也曾经几次想向他提醒，不过怕增加他的忧惧，始终未敢启口。谁料我这种疑虑竟不幸为事实所证明了。过几天又接到一封短简，关于自己的病，他写道：

……弟病已多方证明系肺结核。现隔日注射葡萄糖钙一次。药费甚贵、不知能打几针，亦不知能见效否耳。

景象是可以想见的。虽然杂志在出版（这时二卷第一、二期已出），出版社也在进行，但鲁彦本人的病情既然如此，一切困难便只有增加。就拿杂志来说，第二卷的内容显然比不上第一卷了，这也是主编人情绪不安和精力衰退的表现。至于出版社，我即使不十分明了合作者的情形，不过象鲁彦那样的人，在经营商业的事情上，总是不会十分相宜的吧？何况又患着那样讨厌的重病呢？我的推测没有错，因为此后他的来信变得很简短，很少提起自已的病情，仅只要我给杂志寄稿。如果事业顺利，心境愉快，病情好转，他的信一定会不同些。他是一个有些孩子气的人，最喜欢朋友能分享他的喜悦。记得他刚从东江福隆街搬到西外街朱紫巷时，曾经给我写来一封长信，把自己的住处描写了一通，把近郊的环境说得简直佳胜异常，有如人间天堂，字里行间，充满一个天真无邪的小孩子似的欢愉。因此，每次接到他简草的信，我便惴惴不安，暗暗地为他摹拟一番穷困窘迫的生活和凄楚绝望的心境。

这以后的一个时期，他索性不来信了。在桂林，跟我经常通信，而且也跟他经常接触的朋友，只有一个艾芜；但就连艾芜也很少在信里提到鲁彦的境况。当自己的生活也陷入穷忙中时，在信里老是报告朋友的病况，怕是一件极不愉快的事情吧？也难怪艾芜来信的简略。

到了四月间，鲁彦的信终于来了：

来书久未复，以诸事不如意故，劳远念甚歉。弟病仍如故：喉哑，咳嗽，隔日发烧。此间不乏名医，但多固执为肺结核，除疗养以外云无他法，对咳嗽发烧亦未能制止。弟疑病不简单，发烧尤似疟疾，乃医多不听。盖未能尽心尽力为人医治也。弟自发病至今，已逾三月，病状未见轻减，颇为绝望。且住在桂林，烦恼生气之事太多，殊难静养。前更议去湖南，将杂志停办，或请兄接编，乃意见未能一致。人多云此间医药便利，不宜离开。实则弟已屡为医药所误矣。且家中吃饭人多，米价近已狂涨近八百，有趋千元之势（梧柳早过千元），维持为难，心中苦虑，亦实非疗病之道，奈何奈何？今年出版界不景气已降临，读者购买力弱，银根紧，成本高，桂林出版家已有数家倒闭。文艺杂志社前曾集有股款六万元，一方面因受总经售书店之影响，三期竟至无法从印刷所取出。结果只得解散，交与侨兴出版社代印代发。《风雪》因此在这里搁了许久。上月×××所办××书房索稿，觉得既无另外可办之处，久搁亦多损失，就介绍了给他。想能得兄同意（弟自选集亦交渠出版），以兄云将来桂，故未与订立合同。今日之出版家无一可信任者，作者殆无法不受剥削与欺侮。……弟极想移家至衡山、攸县或茶陵，甚至即使个人也想到湖南小住，望将那边物价医院情形，见示一二。……

读了这封信，自然更增加我的不安。病情始终未见好转，出版社又宣告解散，杂志重新回到书商手里，家庭生活的负担更加沉重，这一连串不如意事，使得他的心境越来越坏，竟至埋怨到医生的未能尽心尽力为人诊治，想把杂志停办，而且认为“今日之出版家无一可信任者”了。这种偏颇态度，以前仿佛从未形诸笔墨。尤其使我不快的，是把我的书稿交给××书房去出版。我并不认识×××，不过从他所编刊物和所写作品上，知道那不会是我能接近的人；鲁彦竟和这样的人去交往，恐怕将来的问题，决不只是什么“无法不受剥削与欺侮”而已。我决定尽快到桂林去一躺，只写信要求书稿的出版合同，须待我自己来自去订立，并且拒绝预支××书房的版税。

他的回信马上来了：

知兄将来桂林一游，企盼之至，希能迅速启程。弟病近日稍痊，然尚不知能恢复否？杂志事弟殊难亲自处理，精神甚不佳，仍须长期休养。兄来桂决将以杂志编务相托，如能见允，可再作一卷的计划，否则弟愿停刊。如何祈即电复为幸。……

我当时就回了他一个电报，请他对杂志作“长期抗战”，对疾病也作“长期抗战”；电报发出后一周，我便匆匆启程去桂林。这时是五月初旬。

五

我到桂林时，是一个雨后的深夜，旅馆全告客满，我只好一径找到朱紫巷去敲门。在一道竹篱笆墙里面，我看到一个小窗口的灯光，同时听到一阵剧烈的咳嗽。不待我大声呼唤，覃谷兰同志便出来为我开门。

他们住着一座小小洋式木房子，旁边有一块小小草地，围着一道短篱笆。孩子们都已入睡，鲁彦则因为夜咳，说是照例无法安眠。我的到临，使病人大感兴奋。他重新穿衣起坐，忘记自己的痛苦，微笑着向我道着欢迎。可是，他声音瘖哑，人瘦了，须发却长了。在昏黄的油灯光下，一望而知，病魔已经残酷地夺去了他的健康。

“你来啦，”他竟下床来了，“你才来！这两天，我天天拿了望远镜向车站那边张望，刚才还和谷兰谈到你——呃咳咳！你才来……”

“你莫讲，让我来讲吧，”覃谷兰同志阻止他。

“不，我要自己讲！我非自己讲不可！——呃咳咳！我闷够啦，我要讲！呃咳咳！我要自己讲……”

于是，他便用微弱而瘖哑的喉音，说出版社的成立和解散，说杂志的将来，说自己的病情。他语调迫切，情绪兴奋，虽然不时为咳嗽所阻，却仿佛有千言万语，需要不待选择也不能节制地倾吐出来。说到后来，他几乎要手舞足蹈起来了。

“哦，”他忽然想起，“你知道吗？雪峰来桂林啦！他来啦，你知道吗？他这次吃的亏太大啦！他患肋膜炎，人家给他开刀，连麻药也不用，就这样抽去他两根肋骨！[1]明后天他就会来看我，你们可以

---

[1] 当时给冯雪峰动手术的，是他在上饶集中营坐牢时的难友，一位新四军的军医。手术是“凭一把剃刀，一碗清水，而且就在牢房的地上”做的。见《诗刊》1979年第7期冯夏熊的文章《父亲留给我的》。——编者

仔细谈谈，关于杂志，还有关于我的病——”

又是一阵剧烈的咳嗽，使他不得不停止说话。

冯雪峰同志原来住在浙江义乌老家佛堂镇。我在福建编《现代文艺》时，他用“冯福春”的名字和我通信，用“维山”的笔名在现代文艺》上发表论文。皖南事变后不久，他本来答应给我寄一篇新写的评论文章，到期不见寄来，却忽然接到他夫人何爱玉同志的一封短简，说“福春先生已离开，文章不能写了”。一看就知道，他已经遭到国民党反动派的逮捕。鲁彦所说的给他开刀的“人家”，指的是上饶集中营。这时节，他被从上饶集中营释放出来，过桂林到重庆去。在这样的时候和这种情况下，得到这位久别旧友的来临，自然是一件值得高兴的事情。因此，病人纯然变成一个小孩子，简直眉飞色舞，完全忘记了自己的病苦。被父亲所惊醒，孩子们也起来了，揉着惺忪的小眼睛，躲在门边窥视。病人这一场兴奋，持续了一个颇长的时间，才以我再三劝阻而平静下去。这一晚，我就跟他的儿子搭铺，许久许久还听到他的剧咳声。

第二天，他拿出一副喷射器，用药水喷射了一通喉咙，开始跟我作长谈。为了补助发声的不足，他同时用笔写。除了把昨夜的说话重新详尽地复述了一遍外，他终于谈到出版家不可信任的事情上面来了。在这些事情上，我的看法跟他不尽相同。老朋友是老朋友，有长时期的交往和社会信用作保证，不能因一时的意气，遗弃宝贵的友谊。出版家良莠不齐，也有长时期的交往和社会信用作保证，不能因一时的意气，就一概加以否定。人终是人，各有自己的处境，朋友之间，应该互相谅解。我这些话，他自然听不进去。唯恐他太激动，我几乎默不作声。

大概就在这一天或下一天，我在丽君路邵荃麟同志家里的后楼上，和雪峰同志见了面。回来把见面的情形告诉给鲁彦听，他又高兴得象个小孩子似的，还对时局发了一大通牢骚。但我们的谈话，主要还是关于杂志和出版家。我直白地告诉他：

“我不赞成你和×××那样的人去交往，也不赞成你把书交给他去出版。”

一丝微笑掠过他颊边，他提笔写道：

“你不要看不起×××和他的××书房，他不是好人，我并非不知道，但正因为他不是好人，我才和他去交往。”

“你这个奇怪的逻辑，我不懂。”

“你自然不懂。”他写道，又笑了笑，把笔放下。

其实，我是懂的。我懂得一个病人的心理，也懂得一个象鲁彦那样的人的偏激态度。对于×××，我未曾见过面，还不能下断语。他是××书房的老板，同时还是侨兴出版社的副经理。侨兴出版社是某资本家的贵公子开的。资本自然很雄厚，《文艺杂志》所以会归它发行，完全是×××的关系。知道我到桂林，侨兴出版社在中北路老正兴饭馆招待我，出席的是正副经理和一位出纳员。正经理是一位某大学讲师，出纳员是一个足球健将，副经理就是开办××书房的这位老板，据说是一位“诗人”。席间的谈话，戏剧式地进行着，四个人只听见“诗人”一个人的声音。在饭馆里坐了两小时，我告辞回到鲁彦家里。

“印象怎样？”他在床上坐将起来。

“我想明天去讨回书稿。”我简单地回答。

病人摇摇头，苦笑着，不再作声。

这时节，杂志第四期已出版，第五期正在排印，我到桂林后，就由我负责编校。杂志社和侨兴出版社的关系，名义上虽为总经售，实际上却由侨兴出版社出资印行，杂志社只按月领取编辑费和稿费，由杂志社将稿费分寄给作者。侨兴的经理们，对出版事业非常“热心”，例如×××之另有××书房自不必说了，那位正经理也在另外开办出版社，鲁彦便是合作人之一。我看过他们的合同，四人合订，另外两个便是副经理和那位足球健将。鲁彦怕我生活成问题，特地由他们所组织的出版社聘我当编辑，每月支领编辑费。这事情是没有征得我的同意的，好在当我到桂林时，这个出版社已经无形解体了，原因是侨兴的老板忽然发觉出版社内部有问题，正准备请会计师细查帐目，弄得那位“诗人”副经理地位不稳当了。这件事关系我个人很小（或竟可说无关系），影响《文艺杂志》可大了。第五期全部大样校对完毕，打成纸型，侨兴出版社却既不送到印刷所去，并连编辑费和稿费都不发了，一耽搁就是半个多月。

这时我已经从鲁彦家里搬到青年会宿舍去住，离侨兴出版社比较近。为了杂志的出版，我天天跑出版社找正经理交涉。“诗人”副经理已经匿不露面，店内正在清查帐目，那位大学讲师劝我“稍安毋躁”，一切都不会有问题。果然，大约半月之后，副经理“诗人”的辞职启事登出来了，大学讲师和足球健将再三要聘我做编辑，而且送来一份由老板具名的聘书。和鲁彦商量的结果，认为为了杂志，我应该“屈就”一下。

但“屈就”并不能解决杂志的困难，因为这时发现正副经理和出纳员三人，虽然在订合同时是由文艺杂志与侨兴出版社出面的，实际上却瞒着大老板，另外假设一个出版社，用侨兴的钱付印刷费、编辑费和稿费，再拿现成的杂志批卖给侨兴，一转手之间，截取了发行杂志的全部利益。现在大老板既在清查帐目，怎么能有钱再来买纸，付印刷费、编辑费和稿费呢？

杂志既已耽搁，编辑费和稿费又杳无消息，寄稿的朋友们虽不加责备，作为一个编辑人如何能自安呢？这结果，是病人的病情骤地加重，热度增高，不得不进医院去了。在这时期里，鲁彦的经济状况是可以想见的：不仅医药费无着，连买米钱也发生恐慌。女工辞退了，孩子辍学了，饭由三餐减为两餐，覃谷兰同志一身充当病人的看护、孩子们的母亲、家庭的主妇和女工，整天东奔西走，刻无宁暇。病人的脾气越益变坏了，有时简直不可理喻。在这种情形之下，病情好转的希望，自然是很渺茫的。

费了无穷力气，我的稿本总算讨索回来了，鲁彦的自选集则依然杳无消息。××书房关门了，因为已没有存在的价值。×××依然匿不露面，侨兴出版社的账目也一直查不清楚。这样又是一个月过去了，肥的人肥定了，病的人病却更沉重了。……

我无法详细叙述这个月中的情形，因为我毕竟太不懂世故、太容易激动了。在堂皇的文化事业的外衣下，掩盖着怎样的卑鄙和丑恶呵！鲁彦是一步一步地离开了朋友，落入群小的陷阱里去的。为了这些纠葛，在我和鲁彦之间，发生过好几次不快，意见总是相左。

“你太年轻，”他总是笑着说，“有些事情你不懂！”

也许他的话是对的，我是的确太年轻了。

六

在这里，我还应该特别提到一位善心的朋友，那便是艾芜同志。

自从病发之后，鲁彦的心境非常寂寞，在桂林经常和他来往的朋友，寥寥数人之中，艾芜便是一个。鲁彦要把杂志编务转交给我，也是和艾芜商量过的。这次我到桂林，艾芜便来鲁彦家研究病人的诊治休养，主张先把较大的三个孩子送到湖南的难童保育院去，不仅可以减轻负担，更可以避免疾病的传染。保育院这方面，由我去想办法，一切都可放心。

但鲁彦拒绝了：

“你们的打算很好，不过我还不到骨肉分离的时候！”

说这话时，他的语调很恚愤，仿佛站在他面前的不是焦灼地为他策谋设法的友好。在朋友中间，艾芜最乐于给别人帮忙，从《文艺杂志》创办以来，他一直是帮忙最多的。听了这样的话，他笑了笑，退出房门，低声对我说：

“鲁彦太固执，我们不要再劝他了。病人有病人的思路。”

此后，艾芜对杂志和病人一直倾注着关心。他远住观音山，离市中心约有五六里路，每次进城，总提着个小布袋，到青年会来看我，谈的几乎多半是关于鲁彦的事情。为了鲁彦几本旧稿的出版，他不知跑了多少路，看了多少书店老板的脸孔。在为鲁彦的打算上，他和我意见很相近；在对鲁彦的认识上，他比我更深切。我很少看见象他这样心平气和并且以助人为乐的人。

杂志一直耽搁到七月底。侨兴出版社清查帐目的结果，反而变成经理们三人的私产。编辑费和稿费总算付出一部分，纸型依然冻结在印刷所里，不知道什么时候才能与世见面。于是，又轮到艾芜同志来奔走了。那时正当桂林霍乱流行，我住处附近，时常看到被人拉着手脚拖走的尸体。艾芜几乎天天进城来，约我一起去找各书店接洽。后来，终以艾芜的努力，和三户图书社谈出了眉目，为了一纸合同，真不知流了多少汗，费了多少唇舌。

合同刚刚订好，我忽然病倒了。

我病势转剧那天，正好艾芜来青年会。我扶病和他去朱紫巷。我的病状是咳嗽和发烧，到鲁彦家时简直不能支持了。于是艾芜又陪我去看医生。医生吩咐我去医学院作胸部透视，仿佛怀疑我有肺病。第二天热度骤然高达四十度，是用担架抬进桂林疗养院的。经过十天的诊治休养，稍有好转。出医院后，为了健康关系，也更为了和那些经理们交往的过于痛苦，便起意离开桂林。这时的《文艺杂志》二卷五期即将由侨兴出版社移给三户图书社，六期的稿子也由我匆匆编好送审了。鲁彦决意把杂志社完全交给我，他自己移住到湖南去。但我认为，不论杂志怎样，他自己总以留在桂林为宜，因为他的病不能缺乏医药。艾芜也和我同感，并且认为要留鲁彦在桂林，最好是我离开桂林；杂志的事情，仍由鲁彦负名义上责任，他则在事实上尽量相助。尤其是为我自己着想，留在桂林已经没有什么意义。

于是，不管鲁彦怎样不快，我决定去湖南。当时我的病还没有痊愈，还发着微烧。临走之际，又把一大堆事情和一本书的出版托给了艾芜。

七

到湖南乡间后，我很快恢复了健康。同时，接到几个朋友的信，知道他们原也反对我去接编《文艺杂志》的，他们并不是不重视这杂志，而是预料到象我这样缺乏经验的人，决不能应付那些“诗人”之类的经理们。回想起这次三个月在桂林的痛苦日子，真只有叹息的份儿。

但是，鲁彦和杂志怎样了呢？

正想写信去询问时，忽然听说鲁彦一家已经到湖南来了，是有人在耒阳汽车站上碰到的。我大吃一惊。几乎在同时，艾芜的信来了，才知道鲁彦突然把杂志的编务托给端木蕻良同志，不顾一切离开桂林了，覃谷兰同志已经接受茶陵某中学的聘书。他们的三个较大的孩子，也自主地送进湖南难童保育院。

于是我立刻写信到茶陵去。信刚发出，谷兰同志的信便来了，约略说到离开桂林完全为了依顺病人的意思，说到病人非常挂念孩子们，要我告诉他们多给病中的爸爸写信。过了几天，鲁彦的信也来了：

六日快信收到，医生知我的病，故累次劝我不再工作，不再讲话。我喉哑今已十个月，自己亦越来越怕惧，所以终于离开了桂林。来此非求乐土，无非可以略避烦扰与经济的煎迫，勉求温饱之外，希望能有益于身体而已。今幸尚有棉力自作摆布，且得友人之助来到茶陵。因初到稍感不适，又遵医生节劳之嘱，故许多信未写，或由谷兰代写。杂志事我离桂林前均已安排好，三卷一期都已编好审好发排。以后由端木蕻良接代，所有稿件均交端木。关于杂志，我从此告一段落，自问亦已无愧于心了。病中不拟再提这些麻烦事，病好了，再计划更有意义的工作。我现在所最关切者乃是孩子们。儿女过于稚弱，今忽远离，恍如弃之，心中愧恨，梦魂难安。此间景物甚美，明春如得病痊，当约兄来此度暑。……

这是他给我最后一封信，是一九四三年十月十六日写的。从信里看来，他对自己的病情转生希望，但对我的未能接编杂志，好象还有些不快。他热爱这个杂志，如果杂志停办，在他将是一个大打击。再说，杂志的存在，也是他经济的一个主要来源，单靠覃谷兰同志微薄的薪俸收入，怎么能够维持生活和供给医药呢？以后我去信时，除询问病情，其他一字不提。他也就没有亲自回信，仅由谷兰同志代写，报告一点简单的生活情形而已。

大概是十一月吧，他忽然托一个人到保育院里来接孩子。从这人口中，知道鲁彦的病非但没有好转，反因医药缺乏，越益增剧了；而且经济状况也越益恶劣，杂志虽然还在桂林继续出版，在经济上对他仿佛并没有太大帮助。这一次，他接回去了两个孩子，大孩子拒绝了爸爸的好意。

一九四四年年初，以朋友的邀约，我又到桂林去小住。临行时写了一封信给鲁彦，希望他好好养病。到桂林后，很多朋友在口头或写信来询问鲁彦的病情，竟使我不知道怎样回答才好。那位“诗人”副经理，也曾经见过面。他正在大兴土木，宣告要从事教育事业。他声称：他从资本家手里弄来的钱，如今用在教育事业上，也决不算冤枉。自然，他哪里会冤枉呢？冤枉的应该是别人呵。

八

五月初，我重回湖南乡间，便从覃谷兰同志信里，知道鲁彦的病更加沉重了，肌肉羸瘦不堪，已经不能躺着写信；虽曾住过一次医院，但因没有钱，不久便出院了。覃谷兰同志自己已经转到城内另一个学校里教书。留在保育院的大孩子，也在我离开时被接回去了。

正在这时，湘北战争突然发生了，长沙迅速失守。为安全计，我移避到茶陵。一到茶陵，就立刻跑去看望病重的鲁彦。我看到他一家人住在一个充当学校宿舍的破旧祠堂里，病人完全变了，躺在床上，几乎是奄奄一息了。原来红润的脸孔，变成瘦削而苍白；须发蓬松，两眼深陷；伸出的胳膊和腿，只剩着皮包骨，好象枯柴杆子。看见我时，微微一笑，眼睛里随即闪现出隐约的泪光。

"你……来啦，"声音微弱得几乎听不见。

谈到战事，他认为日本人一定要占领茶陵，学校已经临近放假，成为无政府状态，必须自行设法逃避。谈到病情，据说曾经昏厥过几次，至于有没有痊愈的希望呢，病人只摇摇头，半晌没有言语。空气难堪地沉滞。

"不要焦虑，病也仍然会好过来的。"我笨拙地安慰他。

"不，"他摇摇头，"肖红，还有刻木刻的万湜思……都是一样的病，他们都死啦，都死啦！"

第二次我再去看他时，他发烧了，只默默对坐了一通，未曾交谈。其实，即使他不发烧，还能有什么话好说呢？关于逃难，彼此同样束手无策；关于病情，他自己比谁都明白，徒然的安慰，已经完全无济于事了。

几天之后，覃谷兰同志突然派来一个人，给我一封信，说病人决定冒险冲过衡阳，到桂林去；虽然变卖了衣物，仍然筹不起旅费，问我能否想点办法。我简直愣住了。办法？什么办法？以病人的病情和战局的发展，冲过衡阳去自然是一种冒险的行动，但不冲过衡阳去又有什么办法？我临时借到一点有限的钱，又写了一封信，一起给垂危的病人送去之后，我恍惚如在梦中。

第三天他们一家便走了，搭乘的汽车，是茶陵到耒阳的最后一班。

不上一周，敌人逼近茶陵，我便匆促离开那个小城。

这以后，随着敌人的进陷茶陵，我则自茶陵而酃县，而桂东，而汝城——三个多月里，每天都在万山丛中辗转奔走，心身交瘁，几乎和一切朋友断绝了信息。记得在酃县一个小镇上，我曾写了一信给艾芜，询问鲁彦到达桂林后的景况。其实，这只是询问而已，自己踪迹无定，根本没有收到回信的可能。半个月后，我到达汝城，一个湘粤赣交界处的小山城，有机会见到从曲江寄来的报纸了；第一天便看见一则小消息，说桂林正在疏散，艾芜已携眷去重庆，并说病卧在湘北宁乡的张天翼也已幸而逃避到湘西边境去了。但是冒险冲过衡阳去桂林的鲁彦呢？

我的心情十分沉重，紧压着一个不祥的预兆。

一天黄昏，从一家商店里借到一张当天寄达的报纸，刚一展开，便看见一个黑线框子，一个证实不祥预兆的标题，一个从桂林发出的电讯，说鲁彦“因旅途劳顿，至桂林后病情转恶，但以囊空如洗，无钱打针，终于二十日晨逝世，厥状至惨，享年四十四岁。”……

那是一九四四年八月尾，在这小小山城里，已经有着萧瑟的秋意了。

九

鲁彦是文学研究会的会员。他的作品虽然不多，在上面提到的《我们的喇叭》以前，我只知道他的三个短篇小说集《柚子》、《黄金》和《童年的悲哀》，都曾受到读者的欢迎，产生过相当的影响。此外还有一部长篇小说《河边》。鲁迅在总结中国新文学运动最初十年间部分小说作家和作品的成绩时，把鲁彦的作品归入“乡土文学”的行列。而鲁彦自己，则认为他的作品，最初是“咒诅一切，攻击一切”；接着是对“所厌恶的放松了，而去求另一方面的善的好的”；随后却“又渐渐改变了，而倾向于体验一切坏的恶的一面”（《关于我的创作》）。这自然是指所反映的社会内容说的，是对作品内容的概括。

因为是提倡“为人生的艺术”的文学研究会的会员，鲁彦的作品遵循现实主义的传统，着重于日常生活的描写和人物心理状态的分析。这和他的接受近代欧洲特别是东欧文学的影响有关。鲁彦精通世界语，他曾从世界语翻译过《波兰小说集》和《显克微支小说集》等多种外国文学作品。他创办编辑的《文艺杂志》的时期，因为正要重印显克微支的《老仆人》的译本，曾和我谈起过他在创作上受到东欧作家的影响，他对显克微支的爱好。这一点，不仅表现在他所采用的表现手法，尤其表现在他所反映的社会生活。例如，在《柚子》里，他把被刽子手砍下来的人头譬作柚子，揭露了封建军阀屠杀人民的凶残；在《李妈》里，他描写一个流落到大城市充当娘姨的农妇，反映了农村社会的破产；等等。他的作品，在阴暗的色彩里，显露出微讽，在朴素的描写里，夹杂着欧化，形成了他自己的特色，在我们的新文学史上占有一定的地位。

鲁彦创办编辑的《文艺杂志》，也有它的特色，可以说是抗战时期出版于西南文化中心桂林的几种文艺刊物中的翘楚，在对抗当时文艺界恶浊空气的斗争中，作出了贡献。境遇尽管极端困难，他对编辑工作却十分认真严肃，对作者更是热情负责，所以朋友们都乐于给他寄稿。在他主编的两三年里，单在《文艺杂志》上连载的长篇巨制就有张天翼的童话《金鸭帝国》、艾芜的长篇小说《故乡》和端木蕻良的长篇小说《科尔沁旗草原》第二部，等等。茅盾在太平洋战争爆发后从香港脱险回国时所写的几篇以圣经故事为题材的短篇小说，有的就发表在《文艺杂志》上。

但在这里，我并不想对他在文学事业上的成就，多发议论。我所深深惋惜的是，直到病魔缠身，死期将近，他还没有忘记自己的创作，还在作创作计划，还在起意写恋爱小说。而且，还在打算扩大杂志社，改办出版社。我想，如果他不是生活在一个黑暗窒息的社会里，如果不是时刻处于魑魅的追逐下，如果天假以年，鲁彦将在创作上开拓出新境界，为文学事业做出更多更好的贡献。他去世时才四十四岁，还是壮年。我比他年轻近十岁，但在我眼里，他却是个大孩子，永远有着一颗年轻的心。

我和鲁彦交往的历史很短暂，也够不上是他的“至交”，只是在他生命的最后几年中，以他创办《文艺杂志》的机缘，总算知道一些他的病情和生活，他的挣扎和受挫。现在，我把身经目睹的情况，趁记忆还没有淡薄，草草记述在这里。非常凑巧的是，他的创办《文艺杂志》，几乎是和他的病同时开始的，而杂志的遭遇也和创办者的遭遇正复相同。在这黑暗尚浓、空气窒息的世代里，在这光明待临、方生未死的间隙之中，在这全世界的生命有如草芥般被杀戮毁灭的时刻，一个不愿向魑魅屈膝、和恶浊同流的作家的病和死，或许是一件十分平凡的事，那么我的记述反而成为多余的了。

死的已经死了，但活着的人呢？死者的遗孤呢？终有一天，我们的社会将会变成公平而仁慈的吧！

一〇

上面关于鲁彦的病和死的一些情况，还是前年秋天在湘赣边境一个小小山城的一个小镇——汝城土桥写的，时间是一九四四年九月十九日。当时，衡阳已经沦陷，茶陵也已被日军侵占，在一种风声鹤唳的情况下，我辗转奔走于万山丛中，处境的困难和生活的狼狈，非身受者所能想象。我伏在一间土屋子的一盏桐油灯下，怀着悲苦的心情，匆匆地写下那么几段未免过于简略的文字。我写下的只是一些自己和死者交往的经过，无法隐饰，也不想夸张，我只知道自己有责任那样做。放下笔后，我感到心头的重压轻松了许多。

去年夏天，在福建永安，我读到巴金同志一篇题为《写给鲁兄》的哀悼鲁彦的短文。作者用他那支热情横溢的笔，采取给死者倾诉衷情的形式，对鲁彦的性格，他的为人处世，作了非常真切的描述：

> 在我们分多于聚的十三四年中间，……我都不曾看见你有过十分畅快的笑容。生活的担子重重地压在你的瘦削的肩上，它从来没有放松过你。这些年你一直在跟它挣扎，你始终不肯屈服，你要畅快地吐一口气。可是你愈挣扎，愈透不过气来，好象这就是对你的惩罚一样。我知道，要是你肯屈服，肯让步，肯妥协，你一定会过得舒适、安乐。你并不是不喜欢舒适和安乐的生活。然而你的性格不让你有片刻的安宁。你的性格使你拖着一大家儿女在各处漂流。在某一点上，你有些象罗亭。这并不是说你能说不能行，我是说你不能适应环境，你不能为自己建立一个安定的窝，

你不能为了个人的安乐，忍受任何不公平的待遇。你到处撞，到处碰壁，可是长期的困苦并不曾磨去你的锐气。……

我想，凡是认识鲁彦的人，读了我抄引的这段话，总是没有人不会点头同意的吧？巴金同志说鲁彦赋有若干罗亭的气质，因为他和屠格涅夫笔下那个人物一样“不能适应环境”，“不能为自己建立一个安乐的窝”。有些人把“罗亭”完全看作一个可诟骂的名字，实在是极大的错误。罗亭的热情无伪，还有他那种不知疲倦的事业心，我以为闪发着人类最可宝贵的美德，是对那些聪明过了分的伪君子们的一个鲜明的对照。鲁彦的确和罗亭有相似之处。巴金是和鲁彦相交近二十年的老朋友，对鲁彦的认识自然十分深切。“你到处撞，到处碰壁”，这样的语句和字眼，也只有真正了解鲁彦的人才说得出。稍后，我又在一份重庆出版的刊物上，读到一篇艾芜同志记述鲁彦生前生活情形的文章，尤其是里面提到鲁彦阅读社会科学书籍的事，也可以作我们了解死者的帮助。对身处困境的鲁彦，艾芜是尽了他的可能来“相濡以沫”的，他在纪念文章里给鲁彦说了很多真切的话。据我所知，鲁彦对抗战时期的社会现实，十分痛恨，满腹牢骚。他阅读社会科学书籍，当然出于对改造社会的热心。他从来没有和社会现实的黑暗丑恶相妥协。他的性格不仅有些和罗亭相似，我以为，还足以使人联想起堂·吉诃德。在这里，堂·吉诃德绝不是一个坏名字，写了《罗亭》的屠格涅夫不就曾热情地歌颂过那位西班牙骑士吗？拿这种情形，去和那些喊着漂亮的口号、实际却做着难以告人的丑事的人相比，真是不可同日而语。鲁彦是一个诚实的人，甚至应该说是一个勇敢的人，一个赤膊上阵的战士，身上伤痕累累，甚至倒在地上，还在捋袖挥拳，顽强挣扎。这样的人，生在当时的中国，恐怕是很难避免悲剧的命运的吧？

最近，从报纸广告上，知道在抗战胜利后上海出版的一些刊物上，也有很多人在写纪念鲁彦的文章，可以证明他是一个不会被人遗忘的人。他用自己的生命培植出来的《文艺杂志》，听说自从湘桂战役后，已由邵荃麟同志设法在重庆复刊。鲁彦死而有知，大概是会露出他那孩子似的笑容，引为最大的安慰的吧？

一九四六年四月二十日初稿于福州

一九七九年五月补充重写于上海

（原载1979年11月《新文学史料》第5辑）

鲁彦夫人覃英同志访问记

刘增人　陈子善

一九七九年十月二十日下午，在上海师范学院教工宿舍十号楼三楼的一间朝南的房间里，鲁彦夫人覃英同志热情地接待了我们。这是卧室，也是会客室。书，堆在门后一个角落，蒙着一张旧被单。我们对坐在木床边，真正是“促膝而谈”，开始了对过早逝世的“乡土作家”王鲁彦的追忆。

覃英同志是教育界、文艺界的老前辈。在旧社会，她主要精力用于教书，也曾协助鲁彦写过文章，编过刊物。解放后，她致力于党的教育事业，曾与魏金枝先生共同主持上海师院中文系；现在她是上海师院科研处党支部书记兼古籍整理研究室主任。她今年七十二岁了，身体还好，不见有龙钟之态，几十年的若干情景，她还历历在目。她掠一下额前那绺略显灰白的头发，点上一支烟，边回忆边对我们侃侃而谈。

一九〇一年阴历十一月三十日，王鲁彦诞生在浙江镇海大碶头杨家桥一个贫寒的店员家庭里。大碶头现在叫做大碶公社，是典型的江南水乡。那里的木板桥、轧米船，每每在鲁彦的小说和散文中出现，成为必不可少的背景、道具；而那里农民的贫穷愚昧、悲苦愤激又几乎渗透进鲁彦的所有作品，成为它们的血肉和灵魂。鲁彦从小就是呼吸着和农民一样的空气长大的。

鲁彦的父亲王宗海，从小当学徒，长大当店员，终年在宁波、扬州等地奔波，不到腊尽岁尾，是不能回家探望的。鲁彦曾有一位长兄，在他出生前已病死，后来，一个妹妹也由于肺病而夭折，于是鲁彦只剩下一个姐姐。姐姐没有读过书，后来嫁给一个店员，也是过的穷日子。贫穷、疾病，如影随形一般追逐了鲁彦一生，戕害了鲁彦一生。

鲁彦因为是男孩，独子，父亲挣扎着送他读书，六岁进了私塾，后来到一所初等小学插班，不久又转入家乡的灵山小学。散文《我们的学校》就描写了这所给他深刻印象的建造在灵山边上的高等小学。他读到高小二年级，还差一年毕业，终于因家庭经济困难而辍学。十六岁那年，鲁彦被送到上海一个同乡开设的经营纸张、印刷事务的商店当学徒。显然，他的父亲希望他走自己的老路。但他不甘于失学，便去读补习夜校。心里原来压着一团火，在补习夜校又接触了新思潮，鲁彦便决心开拓出一条新的生活道路来。

"五四"以后，怀着一颗追求真理的赤子之心，鲁彦瞒着家里人跑到北京，加入了蔡元培、李大钊、陈独秀等人创办的工读互助团，一面刻苦自学，一面靠着给大学生们洗衣服、洗被子维持生活。后来他进了北大文学系当旁听生。他如饥似渴地吞着知识，吞着文化，吞着新的思想。他听鲁迅讲中国小说史，从爱罗先珂学世界语。他勤奋好学，很快掌握了世界语，后来还当过爱罗先珂的世界语助教。鲁彦到北京后，七八年间没有回家一次。正是在"五四"民主革命精神的鼓舞下，鲁彦拿起笔，开始了自己的文学生涯。随着《秋夜》、《秋雨的诉苦》、《许是不至于罢》等作品陆续问世，鲁彦崭露头角，成了"五四"文化新军中比较突出的青年作家。他的作品引起了鲁迅的注意，鲁迅后来在编选《中国新文学大系·小说二集》时，对他这时期的创作给予肯定的评价，称他为"乡土文学的作家"。茅盾也很重视鲁彦的作品，后来也专门写了《王鲁彦论》，肯定他擅于描写乡村小有产者和农民生活的创作特色。鲁彦加入了文学研究会，加入了胡愈之等人创办的世界语学会，他抱着文艺应该为人生、为社会的信念严肃认真地进行创作和翻译。

作品陆续发表了，但贫穷并没有撤退。为了谋生，一九二四年初鲁彦到湖南长沙，在协均中学任教，同事中有赵景深、汪馥泉等人。当时协均中学实行男女同校，很为封建卫道者所不容，学生收不满，经费又缺少，很快就办不下去了。鲁彦只教了一学期书，就和与他自由恋爱而结合了的协均中学学生谭昭一起离开长沙，经上海、杭州回到北京。

他在北京继续从事著译，写出了他早期的代表作《柚子》，对湖南军阀横行、杀人如麻的黑暗现实作了有力的揭露和抨击。同时，他开始得到鲁迅的指导和帮助。据《鲁迅日记》记载，鲁彦在一九二五年五月十四日首次拜访鲁迅，向鲁迅请教。鲁迅曾把《呐喊》送给鲁彦，并在为鲁彦译作《敏捷的译者》所写的“附记”中亲切地称他是“吾家彦弟”。

一九二六年，他又到长沙第一女子师范教书，与周世钊先生和陈子展等人同事。不久他重返北京。北伐战争爆发后，他向往革命，多次计划南下。一九二七年五月底，他应聘到武汉编辑《民国日报》副刊。一九二八年，他又到南京国民党政府国际宣传部搞世界语翻译，负责编写对波兰、芬兰等东、北欧国家的宣传小册子。但他对蒋介石集团的倒行逆施十分不满。当济南发生“蔡公时惨案”时，鲁彦在对外宣传中作了实事求是的报道，结果触怒了国民党政府而被撤职。后来国民党又引诱他到王平陵等人搞的书报检查机关工作，他不愿去干这种坏事，于一九二九年夏偷跑到上海。

我原来在长沙女师读书，但鲁彦来女师任教时我已在毕业班，所以并不认识。我因参加进步学生运动而被捕，出狱后在长沙呆不下去，就到南京进伪中央大学读中文系，这时才同鲁彦相识，他已与谭昭离婚。鲁彦从南京出走时，我又因参加进步学生运动在伪中央大学站不住脚，便相约到上海，在上海结婚。婚后我们打算去日本留学，当时任钧先我们一年到日本，来信约我们也去，后来因申请不到公费，日本之行只好作罢。

这样，我们就在法租界萨坡赛路一条弄堂里赁屋住下来。很巧，丁玲和胡也频是我们的邻居，大家很快熟了起来。他们当时正在办《红黑》杂志。接着，我们又同巴金、沈从文、姚蓬子等文化人陆续结识。在上海这一阶段，我一度到刘海粟办的艺术学校学习音乐，鲁彦还是笔耕度日，继《柚子》之后，出版了他的第二本小说集《黄金》。鲁彦这时的作品，思想更加冷峻深刻，艺术手法也渐趋成熟，这当然使人高兴。但是，贫穷仍然紧紧追随着我们。

说到这里，覃英同志从床上拿起我们刚交给她的《鲁彦著译系年》

补遗部分，一面翻阅一面感慨地说，鲁彦投稿的范围广，出书的书店杂，从来没有自己的“根据地”。所以，现在要找全他的作品，恐怕不是一件容易的事。鲁彦写作甚勤，作品数量同他写作的历史相比还是很可观的，但毕生穷困，并未因作品多而有所缓解。因为穷，他无法选择稿酬较丰的书店，也因为穷，他往往只好把版权卖断，书商们无论翻印多少，他都得不到半点好处。又因为出书的书店太杂，鲁彦的全部作品竟没有一个系统，这就大大削弱了他的影响。在那个社会里，这些都是无法可想的事。

一九三〇年秋，由于生活所迫，我们从上海到了厦门。经巴金同志介绍，鲁彦为华侨办的厦门《民众日报》编副刊。同时在厦大兼课，教授中国文学。后来他又到集美教过短时期的书，他的好朋友吴文祺当时也在集美教书。鲁彦喜爱厦门的四季如春，风光旖旎，但对国民党统治下的天灾人祸，却极为愤慨，他后来在《厦门印象记》中真实地记下了当时的所见所闻所感。

一九三一年下半年，我们又飘泊到泉州。鲁彦在泉州中学教书，我在华南女中教书。当时泉州聚集了不少文化人，如巴金同志、已故的翻译家丽尼，还有一些朝鲜革命者。巴金同志正在研究克鲁泡特金等人的学说，还组织世界语学会，鲁彦欣然加入。朋友们时常聚会，交流思想，论文谈诗，是鲁彦一生中少有的快活日子。

一九三二年春末，生活又把我们带到福建莆田的涵江，两人一起在涵江中学教书维持生活。涵江中学的校长何尚友，到过美国留学，思想开朗，热衷于开办学校，鲁彦曾把他写进散文《船中日记》中。鲁彦在课余，仍然致力于创作。《兴化大炮》所描写的风土人情，就是从涵江取材的。他同学生们的感情也很好，离开涵江后师生之间还鱼雁频繁，直到抗战爆发。

涵江是个码头，水路直通上海。一九三二年十月，我们乘船去上海，途中在镇海老家留连二个月余。这时鲁彦的父亲从病重到去世，鲁彦恰在身边。经过十多年的飘泊又回到故乡，故乡农村经济的凋敝，贫苦农民的悲惨命运，勾起了鲁彦的文思。长篇小说《野火》就是在这时开始酝酿的。

安葬父亲之后，我们奉母来到上海。鲁彦先在江湾立达学园任教，因不足以维持生活，不久就辞职，专事译著。他在《东方杂志》、《文艺月刊》、《文学》等刊物上投稿，仍是勤奋地创作，坚韧地翻译。贫穷和劳累，使他的身体日益衰弱下来。

一九三四年初，他又远走陕西，先在郃阳县立中学任教，一个学期后到西安高中任教。我也在一九三五年春到西安，在三原女中教书。这时他的作品，大都发表在他朋友郭青杰编辑的《西京日报》副刊上，其中不少是诗，用笔名发表的。陕西的新生活开拓了鲁彦的眼界，他还写下了《西行杂记》、《关中琐记》等作品。

一九三五年底，我们重又回到上海，住在梵皇渡路，茅盾、黎烈文、孙师毅等人都住在附近，经常来往。第二年春夏之交，我们见到了老朋友冯雪峰同志。他那时是党中央特派员，但仍然诚恳热情，没有一点盛气凌人的派头。当时上海文艺界正在开展两个口号的论争，鲁彦因为早就不在上海，未加入左联，又长期埋头创作翻译，不写理论批评文字，所以没有直接参加论争。但他在鲁迅先生发起的《中国文艺工作者宣言》上签了名。鲁彦一直十分敬仰鲁迅，他不止一次地说过鲁迅是他的导师。事实也确是如此，从鲁彦许多作品的表现方法和艺术意境上，可以明显看出他受了鲁迅的影响。鲁迅病重时，鲁彦曾去探望；送葬时，鲁彦是扶棺的八个人之一；追悼大会，鲁彦始终在场；鲁彦沉痛悼念鲁迅的文章，发表在《中流》上，题为《活在人类的心里》。

这一阶段，是鲁彦创作上的旺盛时期。他发表了不少短篇和中篇，较优秀的有《屋顶下》、《岔路》、《李妈》、《乡下》等。但他的主要精力却用在创作他构思已久的长篇《野火》。他计划写出以浙江农民生活为题材的三部曲：《野火》、《春草》和《疾风》，他要在小说中暴露地主阶级的贪婪和凶残，反映贫苦农民受难、不满、觉醒、反抗、直至斗争胜利的全过程，这在现代文学史上无疑是一个有益的尝试。《野火》出版后，得到了进步文艺界的好评，记得雪峰同志就专门撰文，认为这部小说无论在思想性上还是在艺术性上，都是鲁彦创作上的一个“突跃”。可惜的是，芦沟桥的炮声，打断了他继续写作《春草》的计划。

与此同时，鲁彦还完成了长篇历史小说《法老》的翻译。鲁彦精通世界语，他一生在翻译上也有不少建树，向我国读者介绍了大量东欧、北欧弱小民族的进步作品。记得他当时还与一位波兰作家（我已记不起他的名字）建立了密切的联系，他的一些作品也曾由这位波兰作家译成世界语。《法老》是波兰著名作家普鲁斯的代表作，小说借用古代埃及的历史资料，反映当时波兰农民的贫苦生活和教士的反动面目，是鲁彦翻译作品中最后也是最重要的一部长篇。全书译成后交给生活书店，拟作为"世界文库"单行本出版，在报上登了出版预告，纸型也已打好，因"八一三"战事而耽搁下来。后来生活书店把纸型运往重庆，准备在重庆付印，不料船驶至三峡时触礁沉没。而寄存在文化生活出版社的译稿底稿也在该社被日寇查封后不知下落。这部花费鲁彦不少心血的译稿竟落得这样的结局，真令人心酸。而今只剩下一本鲁彦当年翻译时用过的原版《法老》保存在巴金同志手中。

一九三七年上半年，鲁彦曾到沪江大学教过一学期书。"八一三"以后，鲁彦离开上海，开始了新的流浪。十月份，到了醴陵。一九三八年春节前后，鲁彦又来到长沙，住在桔子洲，为田汉同志主持的《抗战日报》编副刊。当时郭老和廖沫沙同志都在长沙。周恩来同志请郭老就任政治部三厅厅长以后，鲁彦和刘季平等文化人又应郭老之邀到了武汉。《抗战日报》副刊就由周立波同志接编。鲁彦编副刊的时间虽然很短，但他大力提倡文艺大众化，为宣传抗日救国做了不少工作。

到武汉以后，鲁彦加入了中华全国文艺界抗敌协会，写下了《炮火下的孩子》、《伤兵旅馆》等揭露日寇暴行的作品。一九三九年十月，武汉撤退，鲁彦从武汉到桂林，在桂林高中任教。同时，他担任了文艺界抗敌协会桂林分会的主席，并兼任文化供应社编辑，参加了《中学生战时半月刊》编委会，为宣传抗日而四出奔走，积极工作。在此期间，鲁彦还不顾自己虚弱的身体，挤出晚上时间继续写作长篇小说《春草》，其中部分章节曾在《广西日报》副刊上连载。

到了一九四〇年秋天，桂林经常遭到敌机轰炸，鲁彦的身体也更差了，我们就迁居柳州附近的丹江县，在柳庆师范教书糊口。次年夏天，鲁彦在那里染上瘴气，高热几十天不退，又无医无药，我们只得重返桂林。当时，巴金、艾芜、张天翼、黄新波等许多文化人都集中在桂林，大家深感应该办一个象样的刊物来宣传团结抗日，反对分裂投降。巴金同志看到鲁彦有病在身，又拖着一堆孩子，实在是贫病交加。为我们的生计着想，他便主张由鲁彦编辑刊物，由我以三户书店的名义出面作发行人（实际上是生活书店发行），大家共同支持。这就是后来于一九四二年初创刊的《文艺杂志》。在极其艰难的条件下，鲁彦以顽强的毅力，扶病组稿阅稿，许多工作都是一人苦撑，经常忙到深更半夜。我一面理家一面帮他编校。由于鲁彦始终不懈的努力和艾芜、张天翼、王西彦、端木蕻良等许多同志的帮助，《文艺杂志》居然时出时停，坚持了三个年头，成为抗战期间影响最大的文艺期刊之一。

不久，由于鲁彦抱病坚持编辑《文艺杂志》，他的痔疮又并发了，必须开刀治疗。这样，我们一家人的生活就更为困难，主要靠我在成达师范微薄的薪水勉强维持。后来，鲁彦痔疮几次开刀未愈，再加出版事务上的一些纠纷，使他身心受到进一步的打击。为了改换环境，我们就到了茶陵，我在茶陵二中教书，生活稍为安定，鲁彦的身体也略有好转。谁知湘北战争突然爆发，日寇逼近茶陵，学校被迫疏散。在兵荒马乱中，幸得开明书店的路善涛先生相助，我们才二返桂林。一路上颠沛流离，受尽折磨。国家的破败，民族的危亡，亲历身受的苦难，再加一家老小啼饥号寒，使鲁彦的病情急剧加重。一九四四年七月回到桂林时，他已奄奄一息，不能起坐了。终于拖到八月二十日，病逝于桂林医院。他去世时开刀后的痔疮还未收口，肺部溃烂一直到喉头，令人惨不忍睹。

鲁彦病逝时，日军已开始进攻桂林，桂林文协早已疏散，作家们大都前往柳州。但为料理鲁彦后事，他们又冒着危险重聚在桂林。邵荃麟、曾敏之、端木蕻良、司马文森等同志四出奔走，在报上刊登讣告，撰写悼文，发起募捐，救助遗孤。经过一番努力，文艺界的同志终于在四四年八月底的战火中为鲁彦举办了追悼会，记得参加者有二百多人，由邵荃麟同志致悼词。会后，桂林文协在七星后岩买下墓地一方，为鲁彦营葬，墓碑上刻着："作家王鲁彦之墓"。那浅葬的坟墓，背山面田，环境清幽。也许由于几经战乱，解放以后我大儿子出差到桂林，去凭吊父亲墓时，已无法找到坟碑。不过我想，如果现在让我亲到桂林，我还是能找到鲁彦墓的旧址的。前不久接到现在香港担任《文汇报》副总编辑的曾敏之同志的来信，信中写道：“我们自湘桂大撤退而分手。当年在兵荒马乱之中为鲁彦先生安葬的情景犹历历在目，可是一晃就是几十年……”是的，随着时间的推移，地上的坟是会湮没的，但心里的碑却永远矗立，不可磨灭，鲁彦有知，也会在同志亲友们的忆念中感到欣慰罢。

得知鲁彦病逝，敬爱的周恩来同志十分关注，亲自发来唁电，安慰家属，叮嘱要“善抚遗孤”，并请冯雪峰同志转送我们抚恤费伪法币一万元。周恩来同志还亲自安排要都匀、昆明、贵阳等地负责护送文化人的招待站把我们接往重庆。周恩来同志对一个普通作家的家属这样无微不至的关怀和照顾，时隔三十五年，我仍怀着深深的感激！

鲁彦去世后，我在桂林不能安居，便匆匆由水路逃亡，竟没有从都匀走，冯雪峰同志和招待站都没有找到我们。当时身边四个孩子，我一人照顾不周，便把女儿和小儿子分别寄养在生活书店丹江分店和在柳州的妹妹家中，只带能跑路的两个儿子绕道苗族地区到了都匀。一路上住难民营，没有饭吃。直到在都匀遇到田汉和安娥同志，才知道周恩来同志早设有招待站，并且早就在找我们，这才和他们同车经昆明到重庆。在重庆，我终于见到了冯雪峰同志，他带来了周恩来同志给的一万元，带来了党的关怀、党的温暖，使我们一家在饥寒交迫的危难中找到了依靠，找到了希望。

说起冯雪峰同志，覃英同志开始激动起来。她用力捺灭刚吸了不久的烟，告诉我们说，雪峰同志是鲁彦的至交。他们早在北京相识，在上海时过从更密。一九四三年，雪峰同志从上绕集中营出来，路经桂林时还特地来看望鲁彦。“文革”期间，我在“牛棚”里隔离“审查”，有人来调查雪峰同志的材料，说他是叛徒。这完全是无中生有的诬陷。记得雪峰当时曾亲口告诉我们，在上绕集中营里，他肺病加重，再加胸部伤口溃疡，已经奄奄待毙。国民党匪徒见他昏迷不醒，误认为已经死去，把他丢在破庙里。幸亏难友发现了他，用竹片刮去他胸口的烂肉和脓血，把盐水浸的布带裹在他胸前，才把他从死亡线上抢救过来。后来经党组织营救，得以脱离虎口。鲁彦正好也患肺病，听了雪峰这席话，就和他抱头痛哭，雪峰同志还解开衣服让我们看胸前的伤疤。雪峰同志历经磨难，九死一生，并没有颓唐，更没有向反动派献媚，他又去找党，在坎坷的道路上更加忠心耿耿地为党工作。他去重庆前还再三鼓励我们要坚强地生活下去，奋斗下去。见我们生活困难，他到重庆后自告奋勇为鲁彦的《野火》寻找重版的书店，因为姚蓬子的作家书屋拒不接受，他才只好介绍给另一家书店，以解决我们的燃眉之急。冯雪峰同志坚持革命一辈子，也吃苦吃了一辈子，是党性很强的一位优秀文艺战士，党不会忘记他，人民不会忘记他，历史不会忘记他。

当我们询及鲁彦的子女时，覃英同志逐渐平静下来了。她向我们介绍说，鲁彦共有子女七人。谭昭所生两个女儿都随母亲改姓。她膝下四子一女，除了一个儿子是喝着农民的乳汁长大的以外，其他几个都毕业于陶行知先生创办的育才学校，一直得到党组织的关怀和培养。现在，他们中有的是科学工作者，有的是乐队演奏员，有的搞美术，有的在教书，都在为实现四个现代化尽自己的力量。说着，她打开抽屉，找出许多照片给我们看。从照片上，我们欣喜地见到了几十年前的鲁彦的形象。其中有几张还未发表过，照片虽已发黄，但鲁彦神情宛在，潇洒可亲。

谈话已进行了三个多小时，为了不致使覃英同志过份疲劳，我们不得不提出告辞了。但覃英同志兴致很高，又硬拉着我们坐了一会儿。她深有感触地告诉我们，鲁彦虽然没有能活着见到他所希望的新中国诞生，但是他的作品在解放后得到了党和人民的重视。打倒“四人帮”以后，鲁彦作品又获得了第二次解放。他的代表作《柚子》、《黄金》等已收入《中国现代文学史参考资料·短篇小说选》；他的童话《小雀儿》等已收入《“五四”以来优秀儿童文学选》；上海文艺出版社也将出版研究鲁彦作品的专著《王鲁彦论》。覃英同志本人也老当益壮，开手整理鲁彦遗著，打算在巴金同志的支持和协助下，编选一部较完备的《鲁彦选集》。她还想到北京、广州等地遍访旧友，核实材料，写一部翔实可靠的《鲁彦生平和创作》。最后，覃英同志一面和我们握手道别，一面意味深长地说：“一个作家不是属于他的家属的，而是属于整个社会，属于人民的。今天，我们终于能够对鲁彦这样为人民而创作的作家作出历史的公正的评价了，我感到高兴和欣慰。”的确，我们现在不是强调要继承和发扬“五四”新文学的现实主义光荣传统吗？鲁彦的作品就是一个很好的借鉴。可以预料，鲁彦那一系列真实地反映现实和深刻地发掘人生意义的作品将赢得更多的读者，鲁彦作品的研究工作也将进入一个新的阶段。

本记录经覃英同志审阅

（原载1980年5月《新文学史料》第2期）

鲁彦在莆田

柯文溥

著名作家鲁彦原名王衡，浙江镇海人，一九〇一年出生。一九四四年贫病逝于桂林。平生著译二十多种，主要作品有短篇小说集《柚子》、《黄金》、《童年的悲哀》；中篇小说《乡下》和长篇小说《愤怒的乡村》；散文集《旅人的心》、《驴子和骡子》等等。他还从世界文学的宝库里翻译出《显克微支小说集》、《犹太小说集》、《肖像》（俄国果戈理原作）等等。一九二八年一月，茅盾发表《王鲁彦论》[1]，特别赞扬他那些以乡村生活为题材的作品。一九三五年三月，鲁迅曾选他的《灯》、《柚子》编入《中国新文学大系·小说二集》，并在《序言》[2]里对他的创作做了深刻的评论。鲁彦的创作在现代文学史上有一定的影响。

从泉州来涵江

鲁彦于一九三二年春末到莆田涵江中学（今莆六中）任教。一位在文坛上已负有声名的作家，竟然来到偏僻的闽中小镇，对此，人们似乎难以理解。其实鲁彦一生所经历的是一条曲折坎坷的道路，他秉性耿直，富有强烈的正义感，对统治势力嫉恶如仇，所以每到一处，总为黑暗的环境所不容，住不上多久，就得愤然出走，正如他在《西

[1] 刊于《小说月报》十九卷第一号。其后又收入《作家论》，1935年生活书店出版。

[2] 见《且介亭杂文二集》。

行杂记》所说："几乎没有一年不捆被包，有几次，一年中还捆了三四回。"一九三〇年秋，鲁彦偕夫人覃英（谷兰）携带才两岁的恩哥来闽南，起初在厦门集美中学任教，后又担任厦门侨办的《民钟日报》副刊编辑，并兼厦大中文系教职。次年夏天，鲁彦执教于泉州黎明高中，短短一年多，工作数易，都是不容于当地乌烟瘴气环境的缘故。

一九三二年初，正当鲁彦不满于泉州现实，处于贫穷困厄之际，出于涵中一位总务主任的推荐，校长何尚友（一吾）聘请他去任教，于是鲁彦携眷来到涵江。当时，何尚友很客气地说："你是有名的文学家，到这个偏僻的小镇教书，未免太受委屈了。"鲁彦不禁喟然长叹："呵！是无情的生活把我赶来的。"短短的一句答话包含着一个被旧社会冷落的知识分子无限辛酸的心情！

何尚友，莆田人。一九二八年毕业于美国芝加哥大学。他对鲁彦一家照顾得颇为周到。有次恩哥得病，何尚友为他延医治疗。鲁彦很感激他，称他是"一个忠厚而坦白的人"，"曾给我最有益的大的援助"❶，以致鲁彦离开涵江后，还念念不忘他的情谊。

清贫、俭朴的生活

当年鲁彦一家住在青璜山涵中一院楼下，原是一间教室。他对生活很不讲究，房间里只有木板床和几张普通的桌椅，何尚友心里过不去，想设法弄张大藤床给他，鲁彦却婉言谢绝，他微笑地说："我已过惯了贫穷流浪的生活。"

清贫、俭朴是鲁彦的生活特点：他穿的是一身褪色的西装，夏天也只有普通的衬衫，连棉被也钉上补丁。但是鲁彦也有一笔财富，那就是书。走进他的住房最惹人注目的，就是到处堆着外文书。鲁彦精通世界语，二十年代初，俄国盲诗人爱罗先珂来中国讲授世界语时，鲁彦曾担任过他的助教。一九三二年他又参加过巴金在泉州发起的世界语学会。他到涵中后，仍然孜孜不倦研读世界语，他不追求生活上

❶ 见《船中日记》。此文收于《鲁彦散文集》，1960年新文艺出版社版，以下引文未注明出处者，皆出于此。

的享受，初来不久，就把课余的精力花在译事上，果戈理的中篇小说《肖像》的译文，就是在这里重新校订的。这个译本是他在一九三〇年在厦门时根据世界语译本翻译的，曾在《民钟日报》上连载过，直到他回上海后，才由亚东图书馆排成单行本。

鲁彦夫人覃英原是中央大学（现在的南京大学）中文系学生，来到涵江前曾在泉州华南女中教过书，到涵中后曾任《世界史》教师，后因流产入院。他俩都不谙兴化方言，生活上极不方便，后来雇了个褓姆名仙游（仙游人），由她照顾小孩兼买煮琐事，但鲁彦除了爱莆田特产荔枝、龙眼之外，平时饭菜仍然做得简单。

鲁彦课余有时也上街浏览闽中古镇风光，他曾驻足于河傍，望着悠悠的河水里飘着一艘艘篷船，觉得这里的风光多似他那江南秀丽的水乡！

丰富、生动的教学

鲁彦进入涵中后，仙游、泉州、厦门一些爱好文学的学生因慕其声名，转学来涵中。鲁彦在“日记”里写着，仙游的吴际汉、集美的清辉、泉州的继业是“为了我在这个学校才转学而来的”。但鲁彦从来不摆作家的架子，对待青年总是十分热情诚恳，他那透过近视镜的眼光显得和蔼可亲。他那丰富生动的教学，循循善诱的精神更给人们以深刻的印象。

三十年代初期，涵江还显得闭塞，青年们对新文化虽然如饥似渴，但新书刊并不多见，学生在课堂上所接触的更多是古文，作文教学也脱离不了八股的陈腐气息，但鲁彦却富有革新精神，他在课堂上大力介绍过“五四”以来的著名作家与作品，他向学生推荐过鲁迅、茅盾、叶绍钧等人，选了《鸭的喜剧》、《明天》等为教材；还介绍过外国进步作家果戈理（俄国）、显克微支（波兰）等等。他讲课时纵横中外、援古证今，有如和同学亲切谈心，他那丰富、生动的教学大大开拓了学生的眼界，丰富了他们的知识。在三十年代初期墨守成规的教学中，难得有他那样思路纵横，敢于创新的老师。

鲁彦在作文指导上也别开生面。他经常结合作文指导介绍中外作家的创作经验，文学知识等，他重视记叙和抒情的文体，认为作文应从学生常见的事物出发，少发空洞议论，他鼓励学生到码头看看苦力者的生活，多描写劳动人民的疾苦。他还注重于实际生活的观察。有次，他和几位学生在青璜山之麓漫步，他指着附近苍笼的林木，远处碧绿的田畴说："写文章要讲究词语的选择，你们看看那树木、田野，要用什么词语形容才妥当？"这里鲁彦是以习见的事物为例，启发学生注意观察。接着他又以自己在厦门所写的短篇小说《小小的心》（发表于一九三一年《小说月报》）为例，说明作品中的那个四、五岁的阿品就是他细腻地观察了许多小孩的性格、心理特征之后写成的。

鲁彦也很重视人才的发掘和培养。在涵中任教时，他曾把青飞等人的文艺习作代荐寄给厦门《民钟日报》发表。虽然由于环境不顺心，鲁彦脾气躁厉，但是他同爱好文学的同事、同学始终相处怡怡，他曾把自己的译作《忏悔》等赠送给同事方辉绳，还盖上"王鲁彦之印"。他离开涵江后，仍同青年学生保持通信联系，有时寄赠书刊，直到抗战爆发才中断了来往。

鲜明的阶级爱憎

鲁彦的一生虽处于流离颠沛的穷困中，但他没有丝毫奴颜媚骨，从不肯向统治阶级乞怜，正如巴金在追悼文章里所回忆的："我知道，要是你肯屈服、肯让步、肯妥协，你一定会过得舒适安乐。然而你的性格不让你有片刻的安宁。"[1]鲁彦这种正直的性格、高尚的气节在涵中时也有所表现。

当时国民党曾采取集体登记办法以引诱人们参加，还散布谣言说是"参加了国民党，饭碗摔不破"。有些对国民党缺乏认识或抱有幻想的教师受了骗，但是鲁彦始终沉默。不久，就有个党棍来规劝鲁彦也去"登记"，突然，鲁彦脸色严峻，双目炯炯，厉声怒色地说："我不干，四年前我在南京官办的国际宣传部工作，他们强拉我参加国民党，就是我不干，才跑了！"

[1] 见《怀念·写给彦兄》。1947年开明书店版。

有次，当局派了一个督学之类的官员到涵中“视察”，何尚友出于他的身份、地位，招待颇为殷勤。事后，鲁彦却以不屑一顾的语气说：“哼！对这种人有什么好奉承！”

但是，对于劳动人民，鲁彦却怀着深厚的同情。他的褓姆仙游身世悲惨，儿子或死于兵祸之中，或被土匪绑去，她负了一身债务，孑然飘流到涵江。她为人忠厚纯朴，对鲁彦一家始终怀着真挚的感情，鲁彦曾以感激的口吻写着：“她的性格，我完全明白了。她是一个多么忠实的、能干的女人！这半年来要是没有她的帮助，我们便象大海中无人驾驶的扁舟。”鲁彦慷慨解囊为她偿清债务，临行前又给她一些钱，叮咛她另找生路，仙游感动得掉下眼泪。直到去沪途中，鲁彦还念念不忘这个遭遇不幸的劳动妇女，他喟然叹息：“可怜呵，她的身世，孩子死的死，被土匪绑去的绑去，可怜的仙游，你将怎样的了结你忧郁的残年呀！”

又有一次，鲁彦在街上遇到一些衣服褴褛的难民，他不由双眉紧蹙，对同行的青飞连连摇头说：“天灾人祸，何处是安身之所，最苦的就是老百姓！”

对于穷人，鲁彦具有一颗同情的心。

取材于莆田的创作

鲁彦在涵中前后约九个月，他的短篇小说《兴化大炮》、散文《船中日记》中的一部分皆取材于莆田社会现实。

《兴化大炮》以莆田龙眼栽培种植为题材，运用民间传说形式写成的。在鲁彦创作中，这是别具风格的一篇作品。它曾被选入各种不同版本的《鲁彦选集》中，周立波曾扼要指出它的艺术特点：“在这篇作品里，鲁彦虽然没有展露他所擅长的对于日常生活的细致的描写，但这种有头有尾的故事性较强的结构也颇引人入胜的。”❶

作品开头写古代兴化有个斫柴的人名叫朝云恩。有一天，他偶然在兴化谷看到一棵小小的奇树，上面结有累累的果实，他无意中斫下

---

❶ 《鲁彦选集·序》，1951 年开明书店版。

晒在自家草场上，他的儿子阿毯偷吃了那枝上的果实，感到甜美无比。从此云恩幻想把这奇树化为摇钱树。于是他把树根、果核种在屋前屋后，三年后结成果实，因为“样子正象龙的眼睛”，就称之“龙眼”。由于“它能祛热除寒、健脾、补身、壮筋骨、活血脉”，名传遐迩。云恩死后，子孙为了争夺这棵龙眼，闹得“四分五裂”，甚至枪刀相斗，造成流血烧屋的悲剧。以后聪明的子孙采用“嫁接”方法，“使兴化府到处都有龙眼树了”，但龙眼一多反而销不出去，朝家子孙桂元便把它晒干，想尽生财之道，甚至把赝品冒充上品，年年运往宁波。

鲁彦在“日记”里写着：“龙眼，……福建省许多地方都有出产，唯兴化的最有名。就因为它出了名，有利可图，所以兴化人到处种起龙眼来。”这段话可以看做《兴化大炮》的注解。鲁彦对那些投机商人，进行了入木三分的讽喻，同时他无情地揭露了以金钱为支配中心的社会里人与人之间的冷酷关系，把矛头指向私有制的黑暗社会。《船中日记》写于离涵去沪途中，鲁彦对当年莆田社会的黑暗，人事的倾轧，人心的险恶都表示强烈不满，他以讥讽的口吻记述当地对外来者的排斥：“兴化人材之多，也许是智果（即龙眼——引者）吃出来的吧？不看见大学生、留学生之多，弄得学校里全是本地人，外来人还有法安插吗？”

他还讽刺了社会上人情的淡薄：“兴化茶房（指船中的服务员——引者）招呼客人的功夫太不及了，他们每天只给客人倒三次开水，一次脸水。此外你要问他们一句话，他们都回答你不知道，甚至船停在那里，他们也回说不知道。”

对那些精神麻木，浑浑噩噩的人们，鲁彦也有幽默的讽喻：“每次吃饭的时候，我总要想到兴化的饭菜。……四碟照样的荤不荤，素不素的不曾盖满碟底的菜。那味道，既不苦也不甜，没有辣也没有酸。有人问我兴化人的脾气怎样，我愿意他去吃一餐兴化饭。兴化的一切都在这里了。”鲁彦对当年莆田社会的观感都流露在这篇散文里。

离开涵江

鲁彦在涵江定居后，随着日子过去，越来越感到苦闷，他不满于当时污浊的社会环境，他曾这样回顾："……自从到这里一年光景[1]，我过去的好印象全被抹掉了。……我不知道我再是一年半年以后，将变成什么样子，'在福建那么久，觉得很好吧？'上海的老朋友不将这样的问我吗？我将怎样回答他们呢？'没有趣味！'……不错，我见到了太多的社会，我增加了太多的经验了。"

所以，他在涵江日久，心情就显得寂寞。他说："……这样的春之国可能产生热情与幻想？可能产生伟大的灵魂与思想？既没有强烈的热的刺激，也没有严酷的冷的压迫。在它这里只有淡淡的，平凡的光。而这光，既不能催动一切蓬勃的生长，又不能使一切颤抖的死。"从这些自白里不难看出鲁彦如死水般的心情。

鲁彦本来具有旧知识分子洁身自好的癖气，他性格孤独，再加上不通兴化方言，所以和同事落落寡合，平时少有言谈，处处流露出被旧社会冷落的苦恼和寂寞。这样，他终于离开了涵江。

一九三二年十一月十九日，鲁彦在三江口下轮船，二十六日到上海。动身之前，吴际汉为他买船票，定舱位，还送他到涵江车站，鲁彦认为"这算是我离开兴化前最好的印象了。"他称赞吴际汉是"平日所喜欢的，认为性格与学问都有可取的四五个学生"中之一。可见鲁彦对那些要求上进的青年印象始终是良好的。

附记：

一九六五年，我曾就鲁彦在涵江的一些情况，访问了何尚友先生，承蒙何先生提供许多宝贵材料。其后，我又参阅青飞的《忆鲁彦师》（原文刊于抗战期间的《青年世纪》，因抄稿于十年浩劫中丢失，故忘其期数，不知作者是否即鲁彦"日记"中的晴辉）。草拟成初稿，去年偶然从废纸堆里找出这篇幸存的残稿，略加补缀。蒙陈长城、方辉绳诸先生提出宝贵意见，谨此志谢。

一九八二年旧历除夕，记于厦门

（原载《福建新文学史料集刊》1982年5月第1辑）

[1] 这里所说的可能是约数，鲁彦在涵江实际未及一年。

写给彦见及附记*

巴　金

在报上看到你的死讯，我觉得心里很空虚。我躺了几个钟头，没有讲一句话。这时候我愿意我能忘记一切，但十几年前的往事偏偏来到我的眼前。是的，我的眼睛不肯休息，它们找回来那些我以为我早已忘却的事情。我看见你穿着一件白衬衫带着一个本地小孩走到鼓浪屿一家滨海的旅馆里来。在二楼那间宽敞的房间里，畅谈了一点多钟以后，我们成了朋友，那是十四年前的事。那次并不是我们第一次见面，而我知道你的名字，却更早六七年。在中学读书的时候，你的《灯》、你的《狗》，感动过我。那种热烈的人道主义的气息，那种对于社会的不义的控诉，震撼了我的年青的心。我无法否认我当时受到的激励。自然我不能说你给我指引过道路，不过我若说在那路上你曾经扶过我一把，那倒不是夸张的话。我们十三年的友情就建立在这一点感激上面。我始终没有让你知道我这小小的秘密。其实我何必要告诉你呢？在我们这些分多于聚的十三四年中间，我们也曾一同经历过苦难的日子，分享过友朋畅谈的欢乐。不论在泉州黎明高中的教务室里，上海法租界华北公寓的小房间里，或者上海信义村的住家，或者桂林福隆街的寓楼，我没有看见你有过十分畅快的笑容。生活的担子重重地压在你瘦削的肩上，它从没有放松过你。这些年你一直在跟它挣扎，你始终不肯屈服，你要畅快地吐一口气。可是你愈挣扎，愈是透不过气

* 这篇回忆录初发表于1945年5月《文艺杂志》（重庆版）新1卷1期，题目是《写给彦兄》。

来，好象这就是对你的惩罚一样。我知道，要是你肯屈服、肯让步、肯妥协，你一定会过得舒适、安乐。你并不是不喜欢舒适和安乐的生活。然而你的性格不让你有片刻的安宁。你的性格使你拖着一大家儿女在各处漂流。在某一点上，你有些象罗亭，这并不是你能说不能行，我是说你不能适应环境，你不能为自己建立一个安定的“窝”；你不能为了个人的安乐，忍受任何不公平的待遇。你到处撞，到处碰壁，可是长期的困苦并不曾磨去你的锐气。就是在患病以后，不管躺在床上，或是拄杖缓行，你还是昂着头在撞，你还是因碰壁而恼怒。后来你的声音哑了，结核菌蚕食着你的咽喉，肉体的痛苦，跟随死亡的逼近一天天在增加着，你还是不肯放下你的笔，你还是不断地为你创办的《文艺杂志》焦心。到最后，你只能用铃子代替你的语言，你还是没有失去对生命的热望，你还是没有失去求生的意志。在先，没有人称你做一个战士，事实上许多年来你一直在奋斗，你想为你自己，也为别的一些人创造一个较好的环境，可是结果你终于痛苦地死在寂寞和贫穷里，象一个死在战地上的兵士，你没有看见胜利的希望就闭了眼睛。即使有人说你没有留下光辉的战绩，（其实你一部分的作品不也就是光辉的成就么？）但谁能否认你是一个勇敢的战士呢？

虽然我们之间有着十几年的友情，可是我没有资格论断你。我这里说的只是一个朋友的意见。认识你的人都有着他对你的一种看法。不管他看重你的好处，或注意你的缺点。你两样都有，因为你是一个人。而且我们谁又没有更多的缺点呢？况且作为一个十几年的朋友，我在你的苦难中给过你够多的助力么？我分尝过你些许的痛苦么？我做过什么减轻你苦难的努力么？那么我有什么资格在这里絮絮地谈到你？夸张地诉说我们的友情呢？

不，彦兄，你多少知道我一点，那么你会明白你的死使我失去了一些什么东西。正是在两年前，有一天傍晚你从桂林三家村寓所把我送到洋桥，我要你陪我进城，到一家小馆里吃点东西，多谈个把钟头，你因为天晚身体不舒服，不肯进城。我们站在洋桥头，随便地谈了一刻钟的闲话，然后你支着手杖一拐一拐地走了。我望着你那歪斜地走着的身影，在逐渐加浓的夜色中消去，我的心忽然隐隐地痛起来，泪水迷糊了我的视线。彦兄，我不是在为你哭，我是在哭自己。我那时就想到在你身上也活着我一部分活动，快乐的岁月，它们快要跟着你死去了。这些年我哭过世弥、哭过范兄、哭过憾翁，现在又轮着我来哭你。每次我都在埋葬，我不是在埋葬你们（自有你们的亲属来使你们的遗体得到安息），我是在埋葬我自己的一部分。那就是跟着几个朋友遗体埋葬了的一些岁月，在那里面也许还有些少金沙似的发光的东西。现在即使年光能够倒流，我也找不到象你们那样的印证的人了。

今天，我坐在那间陈设凌乱的书店办公室里，对着一盏昏暗的电灯，给你写这封诀别的信，这一封你已无法看见，而我不得不写的信。门外是一条热闹大街，隔壁戏园刚刚散场，一大群人的脚步和笑语，潮水似的在门外流过。接着又是小汽车急驶的声音，然后又是一男一女在大声相骂，一个卖炒米糖开水的小贩走过了，两个女人叽哩刮啦地走过了，又有人在大声喊"煮两碗抄手"。只隔着一堵墙！在门外，人们在享乐，在活动、在笑、在吵。在我这里却只有老鼠啃字纸的小声音，伴着我的，是寂寞，是一些折磨着我的回忆，还有一颗饱受熬煎的痛苦的心。永别了，我的亡友，在敌骑践踏的星子岩的土地中，你的睡眠不会是安适的吧。但是我们不久就会回到你身边来的。那时我要在你墓前背诵《灯》里面求母亲收回那颗爱人类的心的哭诉；《狗》里面那些漠视弟兄痛苦的自责。我还要告诉你，我怎样在我们两人都喜欢的地方"鼓浪屿"去寻找我们的脚迹。当你知道你是怎样地活在朋友们的心中时，你或者会原谅这个未能在你最痛苦的时刻来到你身边的友人吧。

一九四四年八月重庆附记

附记：

覃英同志编成《鲁彦选集》，有人建议找我作序。她知道我身体不好，写字困难，一时无法写出什么，打算重印我在三十几年前悼念鲁彦的文章。她来征求我的意见，我认为覃英同志是最适当的写序的人。她同鲁彦在一起生活了那么些年，在艰苦的日子里，她都在他的身边，安慰他，帮助他，支持他。她熟悉他的作品，编选他的集子，也最了解他。但是她谦虚，一定要让鲁彦的老友先讲话，我怎么好推辞呢？！

作为序言，即使是"代序"吧，我的文章也不够标准。它既未介绍作品，谈鲁彦的为人也谈得少。在这两方面可谈的本来很多，但我已经没有精力再写什么。不过关于鲁彦，我相信会有人写出更多的文章。好的人，好的作品是不会消亡的，作家鲁彦将永远活在读者的心中。

一九八二年十月七日巴金记

（原载《新文学史料》1983年第1期）

评介文章选辑

王鲁彦论

方璧[茅盾]

一

谢谢我的朋友郢先生，替我搜集了最近几年来国内新文坛的收获。已经是很丰富的一堆了，虽然所搜者尚仅限于小说。

在那一堆美丽的或朴素的封面下，我仿佛看见各位作家的不同的面貌，不同的方言，不同的性格；然而有一个共通的精神：努力要创造出一些新的美的，以点缀这枯寂灰色的人生，使它稍觉可爱可安。又有一个共通的心：努力要诉出他们的悲哀，描画他们的希望，声述他们的理想，以期取得一个两个同样带着人生苦斗的伤痕的心的共鸣，使他自己暂时觉得并不是完全住在荒凉的沙漠里。

我惘然看着那一堆美丽的或朴素的书面，不禁踌躇满志地油然起了快感。虽然我们这人生照旧的毫无可以兴奋的影象，但是毕竟我们中间已有了不少的希望未死理想未死的人们在那里滋长蓓蕾，努力要撤去旧的换上一些新的，我就觉得凡是新的，不论是如何幼稚，未成熟，总是好的，起人敬爱，发人兴感。

“王鲁彦”三个字从那一堆书面中跳出来接触我的视线。哈，王鲁彦！新近我在《小说月报》上看见了他的短篇小说《黄金》；而这里却又有他的短篇集《柚子》。哈，王鲁彦！我似乎看见过他一面。似乎就是那可纪念的7月，他带了妻子，正要离开某处的前夕，见过他一面。这种回忆，使我冒昧地自荐地和这位小说家生了亲密的情感；

于是我就从一大堆的作品里抽出了《柚子》，开始从头的读下去了。于是我又不免要献丑饶舌，援例写了这一篇。

二

假使你是一位科学家，用精密的科学方法，来分析来剥脱中国社会的人层，你总该不至于失望你的工作的简单易完。从最新的说洋话吃大餐到过外国的先生们起，到“士食旧德之名氏，农服先畴之畎亩，商循族世之所鬻，工用高曾之规矩”的老中国的儿女们，你至少可以分出十层八层的不同的人样来；或者是抄一句漂亮话，可以分出十层八层的“文化代”来，过去五十年，一百年，二百年，三百五百年，甚至于一千年，人类的思想方式，生活方式，都像用了“费短房”的缩时术（我以为中国传说上的精于缩地术的费长房该有一个兄弟短房，懂得缩时术）似的，呈现在现代的中国社会内，使我们恍如到了历史博物馆。呵！中国。神秘的中国，正是如何的广大复杂呵！这大概是西洋某学者的惊叹，此时在我心上也僭窃似的来了回响。

而我此时感到尤其欣慰的，是我们的作家原来并没辜负这神秘的祖国。在我身边这一堆美丽的或朴素的书本子里，藏着整个的中国社会在着；我们社会内的各“文化代”的人们都有一个两个代表站在这一大堆小说里面。或许有人要嫌我这话太夸张了些，以为他们并不是公意产出的代表，只是些“自任”的代表，至少不是全权代表；可是我以为至少是代表。而王鲁彦也描写了一两个，至少也是无疑的。

王鲁彦小说里最可爱的人物，在我看来，是一些乡村的小资产阶级，例如《黄金》里的主人公，和《许是不至于罢》里的王阿虞财主。我总觉得他们和鲁迅作品里的人物有些差别：后者是本色的老中国的儿女，而前者却是多少已经感受着外来工业文明的波动。或者这正是我的偏见，但是我总觉得两者的色味有点不同；有一些本色中国人的天经地义的人生观念，曾是强烈的表现在鲁迅的乡村生活描写里的，我们在王鲁彦的作品里就看见已经褪落了。原始的悲哀，和Humble生活着而仍又是极泰然自得的鲁迅的人物为我们所热忱地同情而又忍痛地憎恨着的。在王鲁彦的作品里是没有的。他的是成了危疑扰乱的被物质欲支配着的人物（虽然也只是浅淡的痕迹），似乎正是工业文明打碎了乡村经济时应有的人们的心理状况。

这乡村的小资产阶级，很明显的是现代的复杂中国社会内的一层，我以为在王鲁彦的小说里，有着一个两个的代表；作者大概并未自己意识到这一点，所以并未抓住了这一点用力的描写，但是或许因为自身经验的关系，他的作品中时或流露这色彩。

在这里，也就有了我所最喜欢的几篇。

连带的又想起叶绍钧对于城市小资产阶级的描写来。城市小资产阶级，或civilian，他们的思想方式和生活方式，自然又是一个；在我们这社会内，自然又是一层。在叶绍钧的作品里，我最喜欢的也就是描写城市小资产阶级的几篇；现在还深深地刻在记忆上的，是那可爱的《潘先生在难中》。这把城市小资产阶级的没有社会意识，卑谦的利己主义，precaution，琐屑，临虚惊而失色，暂苟安而又喜，等等心理，描写得很透澈。这一阶级的人物，在现文坛上是最少被写到的，可是幸而也还有代表。

三

就全体而观，王鲁彦作品中之关于乡村小资产阶级描写者，只有很少的一份儿。短篇集《柚子》和未收入的各篇内，很有些抒写作者个人的感想和企图讽刺这混乱矛盾的人生的作品。例如《柚子》中最长的一篇《小雀儿》，便是一篇教训主义色彩极浓厚的讽刺文。发表在《小说月报》上的最近的《毒药》也是这一类。不敬得很，我不大喜欢这两篇。我以为小说就是小说，不是一篇“宣传大纲”，所以太浓重的教训主义的色彩，常常会无例外的成了一篇小说的menace或累坠。各人的趣味不同，许有人特别喜欢这两篇，但在自囿的我，总以为不如其他的各篇。同样的，我也承认《秋夜》、《狗》、《秋雨的诉苦》等篇是能够动人的随笔，但亦不是我所最喜欢的。

然而有一种共通的情调，隐藏在这些作品内，却也是很显然的。这便是作者的锐敏感觉所发见的人生的矛盾和悲哀。作者的向善心，似乎是在常常鼓励他作一个人类的战士，然而他又自疑没有那样的勇力；《秋夜》里边似乎便有着这种的苦闷的叹息。我们看见作者说：

罢了，亲爱的。不要悲伤，起来痛饮一下，再醉到梦里去罢。

我们又看见作者说：

不能救人，又不能自救，没有勇气杀人，又没有勇气自杀，咒诅著社会，又翻不过这世界，厌恨著生活，又跳不出这地球，还是去求流弹的怜悯，给我幸福罢！……

（《柚子》十八页）

在《狗》这篇随笔里，我们又看见作者的更热心的自讼。从他的颇为锐敏的感觉上所发生的向善的焦灼，使他时或对于一切看出悲观的黑影来。我以为《美丽的头发》和《毒药》便是这种心情的产物。《小雀儿》内的太失望的讽刺，似乎也是同样的来源。我好象看见作者的太赤热的心，在冷冰冰的空气里跳跃，它有很多要诅咒，有很多要共鸣，有很多要反抗，它焦灼地团团转，终于找不到心安的理想，些微的光明来。或者有人要说，象这样的焦灼的跳动的心，是只有起人哀怜而没有积极的价值；但在我，却以为至少这是一颗热腾腾跳动的心，不是麻木的冷的死的。

我以为这种样的焦灼苦闷的情调是贯彻在王鲁彦的全体作品内的。

四

在描写手腕方面，自然和朴素，是作者的卓特的面目。我们读这些故事，就好象倾听民间故事，好象它们从老妪嘴里吐泻出来的一样自然而朴素，同时又是深深抓住我们的心灵的。这里，有作者的一篇的开端：

有谁愿意知王阿虞财主的情形吗？——请听乡下老婆婆的话：

“啊唷，阿毛，王阿虞的家产足有二十万了！王家桥河东的那所住屋真好呵！围墙又高屋又大，东边轩子、西边轩子，前进后进，前院后院，前楼后楼，前衖后衖密密的连著，数不清有几间房子！”

就这样借了乡下老婆婆对她孙子阿毛说的艳羡，作者写了王财主的富足和致富的原因；满是自然的朴素的。

《秋夜》的开端也是很可爱的：

“醒醒罢，醒醒罢，”有谁敲着我的纸窗似的说。

“啊，啊，——谁呀？”我朦胧的问，揉一揉睡眼。

黑沉沉的，看不见一点什么，从帐中望出去，也没有人回答我，也没有别的声音。

“梦罢？”我猜想，转过身来，昏昏的睡去了。

我不禁要用一句很熟的话，像《秋夜》的描写是“诗意”的，诗的旋律在这短篇里支配着。然而一切又都是自然而朴素的。

轻松的humor也时常照耀在王鲁彦的作品内。这里有一段：

“咳，咳，为了天下的第一奇事，就爬罢，就如狗一样的爬罢！”我没法，便决计爬了。毕竟，做了狗便什么事情都容易，这五六尺高并不须怎样的用力，便爬上了。

（《柚子》四九页）

这是一个例。作者的诙谐大都带一点冷讽的气味，所以虽然只是些瘦瘠的诙谐，也还有咀嚼的余味。

至于描写方面的缺点，也不是没有的。最大的毛病是人物的对话常常不合该人身份似的太欧化了太通文了些。作者的几篇乡村生活的描写，都免不了这个毛病。小说中人物的对话，最好是活的白话，而不是白话文；有人主张对话绝对不得稍有“欧化”的句子，这自然是对的，但我以为假使是一个新式青年的对话，那就不妨略带些“欧化”的气味，因为日常说话颇带欧化气的青年，现在已经很多，我就遇见过许多。不过假使人物是乡村老妪时，最好连通文的副词如“显然”等也要避去。譬如王鲁彦的《黄金》的背景是宁波的乡间，如果把篇中人物嘴里的太通文又近于欧化的句子改换了宁波土白，大概会使这篇小说更出色些。

五

王鲁彦的短篇小说，到现在似乎也不过十多篇：我只见了《柚子》中的十一篇和《小说月报》十八卷上发表过的《黄金》、《毒药》、《一个危险的人物》。在这中间，我最喜欢，并且认为思想技术都好的，只有两篇：《许是不至于罢》和《黄金》。余如《秋夜》，是一篇好的随笔，有诗的神韵，却不能算是严格的短篇小说。《狗》也是随笔，似已不及《秋夜》，然尚胜于《秋雨的诉苦》，与《灯》同俦。《柚子》也只能算是不大好的随笔。《小雀儿》因为那太重的教训主义的色彩，落入了浅薄的窝里；并且也不能算是一篇好的童话。《自立》的未成熟，正和《美丽的头发》一样。老实说，我实在看不出《美丽的头发》中间的中心思想是什么。《阿卓呆子》还不失为可读的作品，情调与《毒药》与《一个危险人物》相仿，中间充满着作者对于灰色人生的憎恨；但是作者似乎太有意为之，感动的力量，反倒不及《黄金》。奇怪的《菊英的出嫁》，无疑的也是一篇好小说。死后生存（就是死后的鬼能和活时一样的生长）的原始信仰，活在菊英的母亲的心中，使她十二分认真地留心女儿的阴亲和出嫁；在这里，真与幻混成了不可分的一片，我们看见母亲意念中有真实的菊英在着，我们也几乎看见真实的菊英躲躲闪闪在纸面上等候出嫁。像这样的描写真与幻的混一，不能不说是可以惊叹的作品。

再谈到《许是不至于罢》和《黄金》——作者的最好出品。

《许是不至于罢》描写土财主的忧虑。土财主并没有什么享乐，除了乡下人见面时的恭维，也没有什么威风，他反正是过着humble生活。当他的三儿子成婚的时候，他在欢笑的包围中独自忧虑着强盗要抢他的未来的媳妇；他这种愁闷，是没有人来为他分担的。当儿子的婚事总算平安的过去以后，又逢到半夜的小偷，那半夜的慌乱的锣声正表示着土财主的惊悸的心的抖颤；然而他这种惊悸，也是没有人来为他分担的。人类的自利，人类的对于别人祸福的不介意，很渲染得明艳。可是土财主并不因此怨恨他的同村人，他以为“他们现在并不来破坏”，就很满足了。他更加客气地感谢那些空口敷衍来“慰问”的乡邻。但是土财主却不是象大哲学家懂得“谦逊”之必要，所以这般做的；所以使他谦逊的原因，就是金钱。财产成了他的负罪的记号，使他不得不格外谦虚了。

这就是乡村小资产阶级的心理；他们的处世哲学。

在《黄金》中，我们看见静的悲剧的发展。主人公的如史伯伯，是一位照例的善良的小资产阶级，他有十几亩田，几间新屋，原不是穷得没饭吃的人，但因在外的儿子不能在年终寄钱来，于是这可怜的老人受到了许多意外的——或许正是意中的，揶揄和侮蔑。乡村小资产阶级的产业观念（以为已置的产业而再出卖就是莫大的倒霉，莫大的灾祸，比没有这产业而穷到要饭还坏些），以及周围人的幸灾乐祸，便交织成了这篇小说的静的悲剧的发展。我们怀着沉重的心，跟随篇中主人公走到无形的悲剧的顶点，结果使我们对于这个平平常常的老头子发生了深切的同情，看了这篇小说，我就联想到莫泊桑的短篇《一段弦线》来：同样的主人公的心理作用，同样的周围的冷酷疑忌的心与眼，同样的静的悲剧的发展。所不同者，在《一段弦线》里，主人公的悲剧成了真实；而在《黄金》里，却有一个梦幻的美满的结束。

乡村小资产阶级的心理，和乡村的原始式的冷酷，表现在这篇《黄金》里的，在现文坛上，似乎尚不多见。作者的描写手腕，和锐敏的感觉，至少就《黄金》而言，是值得赞赏的。

六

最后，来一个总结罢。

王鲁彦不是一位多产的作家，现在只有他的十几篇小说。而在这十多篇中，我认为成功的，亦不过上述的两三篇。然而我对于他有奢望，我以为作者如果完全抛弃了时时有的教训主义的色彩，用他的锐敏的感觉去描写乡村小资产阶级，把他的canvas扩展开来，那么，一定还有更好的成绩。

或者有人要不满意于作者之缺乏积极的精神和中心思想。这个缺陷，自然是显然的，但是我以为正亦不足为病。文艺本来是多方面的，只要作者是忠实于他的工作，努力要创造些新的，能够放大了他的敏密的感觉，那么即使象如史伯伯那样平凡的悲哀，也是我们所愿意听而且同情的。

（原载1928年1月10日《小说月报》第19卷第1期）

《花 束》序

周作人

法国迭崇（Dijon）大学教授拉姆贝尔（Ch. Lambert）用世界语所写的《花束》（Bukedo），是一本很有意思的书，现在经友人王鲁彦君译为中文，就要出版了。这书里一总有三篇论文，都与文艺学术很有关系。第一篇是讲古希腊人在天医庙求治病的事情。亚斯克勒比阿思（Asklepios）本是亚坡隆（Apollon）的儿子，他的父亲有“派恩”（Paieon）的别名，与牡丹有关，知道用粉丹皮止血，给战神医过金疮的，所以他确是世医，有起死回生的本领，一方面却招了冥王之怨，经他的祖父宙斯大神一个掌心雷把他打死了。但是他终于成了医神，受后人的香火，在蔼比道洛思地方的庙最为著名，几乎成为古代人民的医院，每年有许多人去睡在庙里，等候尊神到梦中来开方子或行手术，给他们医治这些疑难杂症。这个名称叫做“睡庙”（Enkoimesis），直译起来是“睡在里边”，是一种很古的信仰疗法，据德国玛格奴思（Hugo Magnus）博士教授在《医学上的迷信》里说，希腊喜剧家亚列思多法纳斯（Aristophanes）的《财神》（Pioutos）里，便已讽刺过这种习俗，这已是过二千四百年前的事了。拉姆贝尔根据了考古学的材料，把它记录出来，成为一篇实益与趣味混和的文字。基督教得势之后，睡庙的办法变为睡礼拜堂了，希腊德诺思岛的圣母最有效验，《希腊现代民俗与古宗教》的作者洛孙（J. C. Lawson）亲见堂中睡满了病人，1917年希腊王君士但丁病时，大主教还曾把圣像迎到宫里去过哩。这类迷信在欧洲也有，中国书上所说的到于忠肃祠求梦，以及江浙老妪的“宿山”等，也是同一类，不过不限定是治病罢了。

第二、三篇论文都与文艺相关，其一是讲印度名剧《沙恭达罗》（Sakuntala），其二是论法国童话《林中睡美人》的。关于《沙恭达罗》我们且引用曼殊和尚在《文学因缘》序上的话当作说明：

> 沙恭达罗者印度先圣毗舍密多罗（Viswamitra）女，庄艳绝伦，后此诗圣迦梨陀娑（Kalidasa）作剧曲，纪无能胜王（Dusyanta）与沙恭达罗慕恋事，百灵光怪。千七百八十九年 William Jones 始译以英文，传至德，Goethe 见之惊叹，难为譬说，遂为之颂，则《沙恭达纶》一章纶是也。Eastwick 译为英文，衲重迻译，感慨系之。印度为哲学文物源渊，俯视希腊，诚后进耳，其《摩诃婆罗多》（Mahabrata）《罗摩衍那》（Ramayana）二章，衲谓中土名著虽《孔雀东南飞》、《北征》、《南山》诸什，亦逊彼闳美，而今极目五天，荒丘残照，忆昔舟经锡兰，凭吊断塔颓垣，凄然泪下，有“恒河落日千山碧，王舍号风万木烟”句，不亦重可哀耶。

著者把这个沙恭达罗介绍给我们，又论及印度的戏曲，这于我们素不留心亚洲文艺的人是很有益，也是很有意味的。睡美人的故事本来是满天飞的，但是第一个把她捉住，将她的花容描在纸上的乃是十七世纪法国的贝洛耳（Ch. perrault）先生。他那一本小书《过去时光的故事》出世之后，学艺界上发生了好些重要的变化，一种是安徒生（Andersen）派的文学童话之创作，一种是格列姆（Grimm）派的民间故事之蒐集，以及这些故事之学术的整理与解释。即如那《睡美人》，既可作老老少少娱乐的读物，又可以从女仙，法术，长眠，英雄各节作民俗学的考究，得到极有兴趣的新发见，实在是从前的人没有见到的。但是，这种考究也比较地还是很新的学问，安特路兰（Andrew Lang）发刊他的《神话仪式与宗教》至今才四十年，有些人似乎还不大相信他的话。《花束》的著者仿佛也还是气象学派的门徒，容易“到处看出太阳”或是露水，这在我外行的个人看来觉得是不大很对的。正当的解说恐怕要推阑氏，在他所校订的贝洛耳故事集的序论里。

中国近来渐渐有人来从世界语译书了，但向来所译的都是小说或诗歌，翻译论文这还算是第一次罢？使人家知道世界语所写的除小说诗歌以外还有很有兴味的论文，使人家更进一步去读这些论文，这于世界语运动很有关系，是极好的事。鲁彦的书初译成，我就说给他写一篇小引，但是一直拖延至今，原稿又已不在手头，所说的话有些或与原书有点参差亦未可知，地名人名的译音更不免分歧，这都要请鲁彦原谅的，至于序文之做得不行，那是更不用说了。

民国十六年十二月十五日，北京，周作人。

（原载上海光华书局1928年3月版《花束》）

王鲁彦与许钦文（节选）

苏雪林

五四时代之后，在鲁迅作风影响之下，青年从事乡土文艺或为世态人情之刻画者很有几个人，比较成功的则有王鲁彦和许钦文两位。王鲁彦是专在文学研究会发行的《小说月报》上面做文章的。许钦文则为《语丝》、《北新》两定期刊物的撰员。

王鲁彦作品《柚子》、《黄金》、《童年的悲哀》及未曾收集的短篇甚多。作品感伤灰色的气氛极为浓厚，但其善于描写乡村小资产阶级和农民心理与生活，则使他天然成为鲁迅高足了。他是宁波人，写宁波民族气质的浇薄势利，极为深刻。象《自立》那一篇记他父亲告诉他兄弟祖上某太公造屋子卖屋子的故事，便是一个好例。太公因有钱要造一所大屋，被一个平日极其和睦的嫡亲哥哥王大眼去告了一状，说他墙脚放出太多，侵占了官路。于是打了多少时候官司，他的太公不单卖完仅有的九十九亩田，用尽了现款，而且把大屋的一半基地也卖掉了。王大眼打官司时，忽而从家里跑到县里，忽而从县里跑到家里，两条腿跑得不要跑，渡船钱化了不要化，一个破铜钱也没有到他手中，袋袋装得饱饱的是县官！记者或者要说这样梼杌蛇蝎一类的东西人间一定不会有，作者未免形容太过吧？不过我相信世上有这样人，也有这样事。要知道王大眼之所为，是为了嫉妒，嫉妒的毒焰是可以烧毁情谊，恩爱和理性的呀！又像《黄金》那一篇，史因为儿子一时没有寄钱，大家猜疑他破了产，便加以种种讥嘲，种种轻侮，甚至散布关于他不利的谣言；屠夫又无故砍死他的狗，叫化子到他家强讨，把老夫妇急得几乎想寻死，后来儿子写信来说现已任秘书主任，先汇上大洋二千元，再亲解价值三十万元的黄金来家，以前那些刻薄过他的人立刻蜂拥到史家磕头贺喜。炎凉的世态，反覆的人情，被作者用拉杂如火的笔写来，不教人笑而要教人哭了。

《阿长贼骨头》系中篇小说，与许钦文的《鼻涕阿二》同学鲁迅的《阿Q正传》，而王鲁彦比许的技术似乎更超卓。这是一幅绝妙的“小瘪三行乐图”，文笔之轻松滑稽，处处令人绝倒，也有些仿佛《阿Q正传》。阿长是易家村一个穷苦阶级的人，自小顽皮狡狯，喜欢说谎，偷窃、拐骗、赌博、调戏女人，作一切坏事，受了许多教训还是不改。长成后干过卖饼、卖洋油等小贩生活。后来娶了个丑陋不堪的老婆，堕落做了刨坟贼，被人发觉逃亡了事。作者形容阿长好窃的天性道：“到了十二三岁，他在易家村已有了一点名声。和他的父亲相比，人人说已青出于蓝了。他晓得把拿来的钱用破布裹了起来，再加上一点字纸，塞在破蛋壳中，把蛋壳丢在偏僻的墙脚跟，或用泥土捻成一个小棺材，把钱裹在里面，放到阴沟上层的乱石中，空着手到处的走，显出坦然的容貌。随后他还帮着人家寻找。直找遍最偏僻的地方。”又写他在史家桥拐小孩项圈。他送饼给孩子吃，一面同他谈着话：“啊，你的鞋子多么好看！比你弟弟的还好！那个——谁给你的呢？穿了——几天了？好的，好的！比什么人都好看！鞋上是什么花！菊花，——月季花吗？……”他一面说着，一面就把项圈拉大，从孩子的颈上拿了出来，塞进自己的怀里。孩子正低着头快活看着自己的鞋，一面咕叽着，阿长没有注意他的话，连忙收起盘子走了。作者写阿长这样机警奸诈之处甚多，而且无一不写得淋漓尽致，栩栩欲活，教我们亲眼看见一个小流氓的面影。这面影正是我们在各处社会可以遇着的。阿长还有他种种长技：他虽然常常吃别人的亏，却也能常常教别人吃他的亏；他偷了人家的东西被人发觉能容色不变的否认，能跪在神前发血淋的恶誓；被人殴打急时，能吐口水，能便溺并流地装死。甚至他母亲垂死时他也会假作疯癫假作被鬼拖入河底，在外边躲了一日一夜将殡殓费推到别人身上。总而言之阿长是个天生的坏胚，永远改不好的下流种子，不过在鲁彦温厚同情的笔下，我们反觉他有些可爱，正如我们不大讨厌阿Q一样。

《许是不至于罢》是写王阿虞财主在战氛紧急时娶媳妇请亲邻吃喜酒的情形，《菊英的出嫁》系写冥婚之害，但写法极特别。先用隐约的笔法写菊英的母亲怎样爱女儿，担心女儿，要替她定一头亲事。又接着写如何办嫁奁，如何送嫁，直写到送亲的仪仗中，一口十几个人抬着的沉重棺材，我们才知菊英是已经死了多年的，这大排场的婚礼也不过是冥婚罢了。点明了冥婚之后再倒转笔锋写菊英患病和死的情形。这篇小说的章法是完全倒装的，是作者故示“匠心”的所在。菊英冥婚前，她的母亲，怎样呢？

> 她进进出出总是看见菊英一脸的笑容。“是的呀，喜期近了呢，我的心肝儿，”她暗暗对菊英说。菊英的两颊上突然飞出来两朵红云。“是一个好看的郎君，聪明的郎君哩！你到他家去，做‘他的人’去！让你日日夜夜跟着他，守着他，让他日日夜夜陪着你，抱着你！”菊英羞得抱住了头想逃走了。“好好的服侍他，”她又庄重的训导菊英说：“依从他，不要使他不高兴。欢欢喜喜的明年，就给他生一个儿子！对于公婆要孝顺，要周到。对于其他的长者要恭敬，幼者要和蔼。不要被人家说半句坏话，给娘争气，给自己争气。牢牢的记着……”

我们未读到仪仗中的菊英的棺材而先读这些描写时谁不被作者巧妙的笔所欺蒙呢？然而他这段东西似乎从俄国梭罗古勃《未生者之爱》蜕化而出。

《秋雨的诉苦》，《灯》，《秋夜》，《狗》，《微小的生物》，都是小品性质文字，都是阴森幽丽的散文诗，与鲁迅《野草》风味相似。《狗》的那一篇涵着极显明的“人道主义”，正是五四后青年受俄国文学影响的表现。《小雀儿》是一篇童话，借一个麻雀看出人类的虚伪，奸诈，凶恶，自私，及战争的罪恶，写得似乎不怎样好。

沈雁冰曾在《小说月报》上发表《王鲁彦论》，誉之为“现代典型作家”。那时沈雁冰尚没有用茅盾笔名发表文章，他的批评也没有多少人注意，真正有着创作才能的王鲁彦竟未曾因茅盾这篇论文提高他文坛的地位。作者在《毒药》那篇小说里假设作家冯介检查他自己的小说："他觉得也还不十分粗糙。在这些小说里面，他看见了自己的希望和失望，快乐和痛苦，泪和血，人格与灵魂。"然而这些小说集虽托书店出版，书店经理回答他说销路很坏，"这使他非常的愤怒，对于读者，他眼看着一般研究性的或竟所谓淫书，或一些无聊的言情小说之类的书，印了三千又三千，印了五千又五千，而对于他这部并不算过坏的文艺作品，竟冷落如此。'没有眼睛的读者！'他常常气愤地说。"我们假如略略知道过去八九年文艺界的情形，便知道作家发这种牢骚并不算什么过激。

（原载1934年9月《现代》第5卷第5期）

鲁迅论王鲁彦

看王鲁彦的一部分的作品的题材和笔致，似乎也是乡土文学的作家，但那心情，和许钦文是极其两样的。许钦文所苦恼的是失去了地上的“父亲的花园”，他所烦冤的却是离开了天上的自由的乐土。他听得“秋雨的诉苦”说——

> “地太小了，地太脏了，到处都黑暗，到处都讨厌。人人只知道爱金钱，不知道爱自由，也不知道爱美。你们人类的中间没有一点亲爱，只有仇恨。你们人类，夜间象猪一般的甜甜蜜蜜的睡着，白天象狗一般的争斗着，撕打着……
>
> “这样的世界，我看得惯吗？我为什么不应该哭呢？在野蛮的世界上，让野兽们去生活着罢，但是我不，我们不……唔，我现在要离开这世界，到地底去了……”

这和爱罗先珂（V. Eroshenko）的悲哀又仿佛相象的，然而又极其两样。那是地下的土拨鼠，欲爱人类而不得，这是太空的秋雨，要逃避人间而不能。他只好将心还给母亲，才来做“人”，骗得母亲的微笑。秋天的雨，无心的“人”，和人间社会是不会有情愫的。要说冷静，这才真是冷静；这才能够和“托尔斯小”的无抵抗主义一同抹杀“牛克斯”的斗争说；和“达我文”的进化说一并嘲弄“克鲁屁特金”的互助论；对专制不平，但又向自由冷笑。作者是往往想以诙谐之笔出之的，但也因为太冷静了，就又往往化为冷话，失掉了人间的诙谐。

然而“人”的心是究竟还不尽的，《柚子》一篇，虽然为湘中的作者所不满，但在玩世的衣裳下，还闪露着地上的愤懑，在王鲁彦的作品里，我以为倒是最为热烈的了。

（选自《且介亭杂文二集·〈中国新文学大系〉小说二集序》，题目为编者所加）

《鲁彦创作选》序

陈筱梅

以作品的题材和笔致，活龙活现的形成他是乡土文学家的鲁彦，他姓王，名字叫鲁彦，是浙江镇海县的人。

他一向是做翻译工作的，似乎他所翻译出来的新文艺书籍还不很少；不过，他所著作者也很多。他一共著了有《柚子》，《黄金》，《童年的悲哀》，《小小的心》，《屋顶下》，《雀鼠集》，《乡下》等部小说和散文的《驴子同骡子》。在他创作伊始到现在，便有几十篇文字发表，这却不能不算得很多了。

王鲁彦的作品，关于乡村小资产阶级的描写得特别多，也描写得特别好。他这种描写得和鲁迅（即周树人）的却是同样的对象。鲁迅描写得虽然同是乡村，但是鲁迅描写得却是思想上受了新的煽动的乡村，而不同王鲁彦所描写得纯粹的不折不扣的中国式的乡村。鲁迅是描写一些很少部分的较高的社会上人物，王鲁彦却能深入中国乡村的底层社会，将那些——人生的矛盾和悲哀，以锐敏的感觉去收集来，用自然和朴素的描写之手腕，很自然的刻画出来，展露在读者面前，好象朴素的乡村美女一样，是能深深地抓住每个看者的心灵。他的描写很有点近于不出力的素描，但他决不让你感觉到乏味。

王鲁彦的作品里，大部分都是赤熊熊的燃烧着向善的一股焦灼的热心。他有时对于一切看出悲观的黑影来的时候，而四围的空气总是冷冰冰的毫无生气的静止着的话，只剩得他一颗太赤热的心在这里跳跃着，他便立刻要咒诅，要讽刺，或者共鸣，或者反抗，他终是焦急地团团打转着，没有方法找到安心的门槛，细微的光明来。他这样赤熊熊的焦灼的热心，虽然没有积极的价值，但是，总比那些麻木不仁的，冷冰冰的，灰色的，死的，那些心要来得好！所以我们希望他还是始终的赤熊熊的燃烧着。

鲁彦的作品不见得都是美满的成功的作品，也当然有他的缺点，在态度方面，他不应当有教训的面孔，虽然这些是由他赤热的心理自然而然的结果，但是在我们的作家们的里面，这种态度是不容存在的。在技术方面他还有一个显然的缺点，就是语不称人。研究文艺的人都会讲出这样的话，但是作家不犯这样毛病的人却很少，鲁彦也是其中之一。我们晓得某种身份的人，一定会说出某话，某种职业的人，男人，女人，大人，小人，老人，小孩，以及各地的人都有他们很称身分的说话。决不能听得一个乡村的老太婆可以讲出欧化的句子，因为这样不但使作品价值减价，而且使描写得失真。不幸他也犯了这个毛病。我希望他能痛快的改兴一下。

宣城陈筱梅序于春申江头二十五年十月二十七日。

（原载上海仿古书店1936年11月版《鲁彦创作选》）

《鲁彦选集》序

周立波

我和鲁彦相处的日子很少，但在选编他的遗作时，我常常记起一件事情来。

那是1939年在桂林的事。有一天，我们同到街上走，碰到几个陌生的孩子在路边玩耍，鲁彦就站住，和他们亲切的谈笑。久久不想离开。这事给我留下深刻的印象。中年人是爱孩子的，但大都是爱自己的孩子，象鲁彦一样的把马路上的孩子当做自己的儿女般的欢喜，在旧社会里是很少见到的。鲁彦的这种情感，充分的表现在他的小说《小小的心》里。

鲁彦虽然也有奔放的，呼号的诗篇，但大多数作品是对于旧社会的现实生活的细致的刻画。他生活在中小资产阶级的环境里，凭锐敏的眼力，他看透了旧社会的不合理，目击了在封建主义和帝国主义压迫之下的贫苦人民所受的恐怖与灾难。他也看见了一般小康人家的家庭里，都充满着争吵和不安，人们为个人的利益，为几个小钱，一点小事和一些闲气，往往闹得神鬼不宁，打得头破血流，彼此之间常常只有欺骗和倾轧，人生显得这样的无情，这样的黯淡，缺乏清早的灿烂的阳光，这使怀着一颗炽烈的心的人，无法找到安慰。在《童年的悲哀》里，鲁彦描写了一个雇工，叫做阿成哥。这是一个正派的，愉快的，多才多艺的人物，是他所肯定的旧社会里的好人。他给阿成哥安排了一个悲惨的命运。阿成哥死后，代表作者情感的书中的“我”叹息说：“我过的艰苦和烦恼的日子太多了，我看不见幸福的一线微光。”

“看不见幸福的一线微光”，这也许是鲁彦喜欢孩子的原因之一吧。他爱孩子的“洁白的纸一样的心”，这样，使他看不惯旧社会的骚扰和苦难的眼睛，可以暂时的获得休息。

鲁彦的生活经历并不很丰富，正如他自己说的，总觉得“生活还不够”。又因为没有投身到人民解放斗争的主流里，对于人民用自己的力量来解放自己的可能还没有充分的看清。因此，他一写到战祸与灾难，自己总有救世救人的心愿，而又感到自己的无力，“咒诅着社会，又翻不过这世界”（《秋夜》）。他的这种无力的叹息，也表现在《厦门印象》里，在那篇报告里，他看到了帝国主义侵略的罪恶，看到了帝国主义对殖民地的愚民政策，以及帝国主义强盗统治之下的人口买卖，械斗和鼠疫，人民受着无穷无尽的灾祸与苦难，被压榨得透不过气来。鲁彦叹息道：“天灾人祸，未来在哪里呢？”

追求未来，而又看不见未来在哪里，是表现在鲁彦许多作品里的主要的思想。

鲁彦热烈的同情劳动人民，但对于他们的生活，因为接触不多，理解还不够深刻。他的长篇小说《愤怒的乡村》，在描写旧中国的乡长一流人的时候，是出色的，但是其中的青年农民华生，却未免带着知识分子的一些特有的情感。《黄金》里的泥水匠，不象农村里手工业者，倒象流氓无产者。但是他的《李妈》却是一篇逼真的描写了农妇出身的娘姨的小说。熟悉上海娘姨生活的人，就会惊讶于他的描写的真实。娘姨李妈是一个遭了天灾人祸，从农村里逃难出来的寡妇。为着要养活她心爱的儿子阿宝和她自己，李妈跑到上海做娘姨。开始作工的时候，她正直、努力、日夜劳苦，对主人诚实得和自己一样，东家还不把她当做人看待。往后，她反抗了。她用欺瞒手段，揩油办法，来报复主人，来谋得自己生活的暂时的解决。李妈也想着：“她和她的丈夫命运坏，阿宝的命运也许要好些，谁能说他不会翻身呢？”这和他的别的许多小说一样，也把希望放在渺茫的未来。在这小说里，充分说明了鲁彦对于旧社会的剥削阶级的极端的仇视和对于被压迫者的深切的同情。但他是从他的正直的人道的立场来看这些个别的事例，他看不见阶级与阶级之间的严重的斗争，看不见工人农民的解放运动的胜利的前途。他所写的李妈的反抗，只是个人的对立。李妈的希望，只是渺茫的希望，“阿宝的命运也许要好些，”只是“也许”，而不是“必然”，她看不见工农阶级胜利的必然。

在没有天灾人祸的地方，在平静的乡村，鲁彦描写了一些小资产阶级的家庭，这些人家，也并不平静。象《桥上》中的伊新叔，《黄金》里的如史伯伯，《屋顶下》的本德婆婆，都没有把希望放在未来。他们只想维持现状，但当“工业文明”开始侵入乡村，帝国主义的商品泛滥于中国的时候，小康之家要维持现状，也是很难的。他们走着下坡路，显出不安和烦恼，他们的不安和烦恼，正如茅盾先生所说的：“正是工业文明打碎了乡村经济的应有的人们的心理状况。”（茅盾：《王鲁彦论》）

在鲁彦生活的当时，也有对于旧社会的现状毫无怨言的人物，那就是《胖子》里的大少爷，一个十足的剥削阶级的寄生者。对于这种人，鲁彦是投以讽刺之笔的。这种人物成天不干活，“吃完就睡，睡起又吃。”他所担心的是长得太肥了，太太不爱他。小说的结尾是在大热天里，大少爷慌慌忙忙的从家里走出，为的是找医生打针，使他变瘦点。这就是他的生活的高尚的目的。

一般的说，鲁彦是不长于讽刺的，他的小说《病》暴露了庸医的害人，但也不能算是讽刺的佳品，然而《胖子》却是一篇绝妙的作品。

鲁彦的文章风格很朴素。他对于自己描写的对象都非常熟悉。各种人物，甚至于动物的心理和行动，都写得很逼真而且很深刻。事件发展的过程也写得很好。《屋顶下》的本德婆婆和她儿媳的关系，由互相体贴，到互相猜疑，到互相辱骂，发展得非常之自然。《桥上》中的林吉康，把伊新叔逼得一天紧一天。《黄金》里的如史伯伯的处境，一步比一步紧迫，到最后，简直使人透不过气来。在《小小的心》里，他细腻的描写着阿品的心，为我们展开了儿童的复杂的心理。一枝被压抑的幼芽，有时沉郁，有时高兴，有时多情，并不如我们想象的简单。在《钓鱼》里，鲁彦展露了他的丰富的精密的钓鱼的知识。而在《童年的悲哀》里，他显出自己是一个胡琴的行家，音乐的知己。对于描写的事物，应有细致的体察和精确的知识，是小说家必具的条件之一。

鲁彦的作品，有一些受着鲁迅的影响，特别是对于现实的忠实描写这一点，他是受了鲁迅的现实主义的薰陶的，他所接受的近代西洋文学的影响，也很显著。除了《兴化大炮》以外，他的所有的小说都是采用近代西洋小说的手法。故事性不强，日常生活描画很细腻，人物心理分析很深刻，这些西洋小说的特点，构成了鲁彦小说的主要的部分。《兴化大炮》却是一篇不同的作品，这是运用民间传说的体裁写出来的故事性较强的小说。在这篇作品里，鲁彦虽然没有展露他所擅长的对于日常生活的细致的描写，但这种有头有尾的故事性较强的结构，也颇引人入胜的。

鲁彦是一个认真的小说家。据我所知，无论怎样的穷困，他都没有向国民党反动派屈膝，他始终如一，用文学来鼓舞人们对于祖国美好的未来的不息的追求。由于没有参加人民解放斗争的主流，他未能反映群众斗争的澎湃的，灿烂的一面，但他还是忠实的描写了革命前夜，或是远离革命根据地的城乡的各种各样的人生，而这也是重要的。他是在穷困里寂寞的死去的。在国民党野蛮统治的社会里，这是一个认真的忠于人民的作家的不算稀有的遭遇。

今天，鲁彦追求的人民的美满的未来，在毛主席和中国共产党的领导下，经过了多年的斗争之后，已经变成了现实。要是他能活到今天的话，他一定会怀着无限的欢快凝视着幸福的人民。他不幸早逝，这不能不使知道他的朋友们抱着深深的悼惜之情，追怀之意。

这里所选十五篇，不一定就是他的代表之作，不过读者可以从这里看出他的创作的各个时期的面貌，并且从这里，年青的读者可以了解过去的中国是什么样子，我们是从什么样的状态里，走向幸福的今天的。要是读者对于他所描写的旧生活感到窒息的话，你会更加懂得我们今天幸福的珍贵吧。

一九五〇年十月，北京。

（原载北京开明书店1951年7月出版《鲁彦选集》）

《愤怒的乡村》后记

覃 英

《愤怒的乡村》是鲁彦没有完成的长篇小说的第一部。

和许多忠实于人民的作家一样，鲁彦的创作总是从人民生活中吸取泉源的。我和他共同生活了十多年，对他的创作生活了解得比较深切。

这部小说的写作过程和出版经过是这样的：

一九三三年鲁彦回到了离别多年的家乡——浙江镇海县乡下，他在家乡住了一个时期，认识了农村中各色各样的人物：有男女农民们，进步的农民青年，小学教师；也有地主兼商人的老板，乡长和乡长的狗腿子一流人。他感到封建统治的恶势力压迫的深重，他热烈地同情农民中的反抗精神，对当时现实产生了强烈的恨和爱，因此他开始想要写一部以农民反抗统治阶级为主题的长篇小说，他计划用三部有连续性的长篇来完成它：第一部题为《野火》，是取“野火烧不尽”来象征农民群众反抗的开始；第二部题为《春草》，是以“春风吹又生”来象征斗争的发展和人民力量的壮大；第三部题为《疾风》，是用“疾风知劲草”来象征在斗争的风暴中坚贞不屈的人民英雄。按照这个计划，一九三六年他写完了第一部《野火》，在当时的《文季》杂志上发表后，得到了文艺界的好评，认为这是鲁彦创作过程中的一个跃进。虽然作品中的青年农民华生，还不够一个新型农民的典型，但是比他的短篇《童年的悲哀》里的阿成哥进步多了。

一九三七年抗日战争爆发了，鲁彦和家人开始了长期的逃亡生活，在动乱不安的生活中，他仍然没有忘记他的长篇创作。一九三九年在桂林稍稍安定的时候，他便继续写第二部《春草》，在《广西日报》副刊上陆续发表的。仅写了一半，鲁彦便病倒了，直到一九四三年病殁[1]，这部长篇，终于没有完成。

由于《野火》暴露了统治阶级的狰狞面目，反映了农民的反抗情绪，在重庆出版单行本时遭到国民党文化特务机关的检查，删改了最后农民群众起而斗争的情节，原稿也被没收了。因此，第一次出版的《野火》是有些残破不全的。

一九四六年，为了纪念鲁彦逝世三周年，我和上海一家出版社接洽出版这部长篇小说，改名《愤怒的乡村》，我的意思是：一则使读者不把它和国民党文化特务删改的《野火》混同；一则觉得这个标题更能表明作者的主题思想。

这次重新出版，经过新文艺出版社编辑同志提出意见，个别地方稍作了补充和修正，加上了插图，这是对作者最真诚的纪念和对读者负责的表示。我感到极大的快慰，因此记下了上面这些事实。

覃　英　一九五六年二月于上海

（原载上海文化生活出版社1956年3月版《愤怒的乡村》）

[1] 鲁彦病逝于1944年8月20日，此处系作者误记——编者

《鲁彦散文集》前记

覃英

王鲁彦是“五四”以来的现实主义作家之一，他是一个认真的小说家。从他开始写作到他逝世的二十多年中计出版了三十几种著作和翻译的集子。解放后人民文学出版社出版了他的《短篇小说选集》，新文艺出版社出版了他的长篇小说《愤怒的乡村》，现在又出版他的散文选集，这三本集子可以说是较全面的代表了他的创作。

鲁彦于一九〇一年诞生在浙江镇海一个贫苦的家庭里，父亲学商，从当学徒到当店员，家境逐渐转入小康。鲁彦的童年是在家乡度过的，他在家乡杨家桥附近的灵山小学读过几年书，不到毕业，他的父亲便送他到上海去当商店学徒，希望他走自己的老路。

鲁彦不愿习商，渴想继续入学，他听说北京有个工读互助团，他便写信要求允许他进去，那边接受了他的请求后他独自跑到北京加入互助团半工半读。在团里他接触许多进步的青年和进步的思想，同时他也认识了一批常来往的大学生。通过那些大学生的帮助和自己刻苦自学，鲁彦进了北京大学文学系当旁听生。这时正是五四运动前后，他深受这个运动思潮的影响，开始学习文学创作，不久以后，便成了文艺战线上的一个战士。

生活在贫苦家庭和农村里的鲁彦，心灵里早已孕育着正直的人道主义精神和追求光明远大的未来的理想；从少年时期便开始了流浪的为个人理想而奋斗的生活，虽经历过不少的贫困和挫折，他始终不曾向国民党反动派屈膝。他坚持文艺为人生、为社会的主张而认真严肃的对待创作和翻译。和同时代的忠于人民的作家一样，鲁彦的创作是力求真实地反映现实和深刻地发掘人生意义的。他的小说多半是描写社会阴暗角落里一向被忽视冷淡的人们的生活，他用细腻和深刻的描写创造了他小说里的阿成哥，李妈，陈老奶，华生，小喇叭等这样一些人物的形象，通过他们把半封建半殖民地社会里的人情世态真实地确切地揭露出来。他的作品里充满了对统治势力的极端仇恨和对被压迫被损害者的深切同情。他这种正直的人道主义精神还表现在他的极力提倡世界语运动和努力用世界语翻译东南欧国家的作品上。他在自己翻译的世界短篇小说集序里这样写着：

> ……正因为弱小受压迫被损害，它们的灵魂愈加沉痛愈加悲哀，而从这里所发出的呼声愈真挚、急切，甚至比大国的更伟大。文艺是人类灵魂的呼声，我因此特别爱弱小民族的文艺。在它们的园地里我常常看见有比大国更好的鲜花。世界语还只产生了四十年，而它的花圃竟已开满了这样的鲜花，超过了许多别的花圃，因此我愿做个采花的仆人。

从鲁彦的创作道路和思想倾向可以看出他是一直继承着“五四”的革命传统，为着祖国的民主自由，为着文艺上的现实主义而努力奋斗的作家。但由于他的生活圈子狭小和他的小资产阶级世界观的局限，他的作品不能充分地反映社会矛盾——人民革命斗争的主流。他所描写的劳动人民的形象也还不够自觉和有力量。正如周立波同志在《鲁彦短篇小说集》序里所说的：“……因为没有投到人民解放斗争的主流里，对于人民用自己的力量来解放自己的可能还没有充分看清。……他只从正直的人道主义立场看个别事例，他看不见阶级与阶级之间的严重斗争，看不见工农解放运动的胜利前途。”

在鲁彦的作品中突出的表现了诅咒现实，却突不破现实的黑暗；追求未来，却看不见光明的未来的矛盾。这正反映了进步的小资产阶级知识分子，敢于面向现实，热烈追求民主自由，但实际行动还远远落在广大工农群众革命队伍之后的彷徨寂寞心情。鲁彦的散文，更直接地表现了这种心情，也是更真实的生活记录。他以优美而朴质的语言，抒写着幸福和悲哀的回忆，孤独寂寞的奋斗，探求人生意义的憧憬，还有一些地方风物人情的描述。透过这些作品，我们看到作者在帝国主义封建主义侵略压迫下怎样挣扎和奋斗；怎样热烈地追求着民主自由和受到现实的挫折，而悲观失望。但是他把同时代的他所熟悉的人们的遭遇和愿望真实地深刻地在作品里反映出来了，就因为这样，我们认为鲁彦是一个忠于人民的现实主义的作家。

鲁彦不幸早在1944年，日本帝国主义侵略战争时期，在逃难中逝世了，但是他所追求的光明未来在今天已经实现了。今天我们读着鲁彦的遗著，使我们回忆起过去时代的苦难，从而更珍惜今天的幸福。

覃　英　一九五八年四月

（原载上海新文艺出版社1958年5月出版《鲁彦散文集》）

鲁彦的后期小说

欣　知

晦庵同志在《书话》中，提到鲁彦在抗战时期，似乎在内地出过一本小说《伤兵旅馆》，但他没有见到过。事实上除了这本书以外，鲁彦还出过一本小说集《我们的喇叭》。

《伤兵旅馆》出版于一九三八年，为汉口大路书局“大路文艺丛书”之一，所收小说四篇，计《伤兵旅馆》、《炮火下的孩子》、《留守》、《重逢》。以后到一九四二年巴金编辑“呐喊丛书”时，又由重庆烽火社出版了鲁彦的小说集《我们的喇叭》，计收《我们的喇叭》、《伤兵旅馆》、《杨连副》、《陈老奶》等四篇。

鲁彦在抗战开始以后所写的小说并不算多，到一九四二年初，他约写了十篇左右。作为一个现实主义作家，他没有回避生活，他的大部分作品都是表现抗战的。例如《陈老奶》中的主人公陈老奶，便是一个值得同情的妇女。二儿子去当兵，大儿子染病暴亡，留下她和儿媳、孙子三人相依为命地过活；不仅没人照顾，相反地受尽旁人的敲诈、欺侮，陈老奶还是无可奈何地强打精神支撑着。然而最终她已无力强捱，疲倦地离开了人间。这是鲁彦给国民党统治下的后方村镇，作的一幅真实的图画。

描绘抗战生活，这似乎可以说是鲁彦的后期小说的一个特色，但是就在这些作品里，也暴露了作家的思想矛盾：他热烈地企图歌颂抗战和抗战英雄人物，一方面却又认识不清抗击日本帝国主义的真正领导力量，和广大人民的希望。因此在某些作品里，虽然反映了抗战时期人民的一些情绪，但是塑造的人物却是不可信的，情节上又有很大的偶然性，这也就必然减弱了作品的教育力量。例如《杨连副》中的杨连副，《我们的喇叭》中的小喇叭，便都是这样的人物。鲁彦作品里仍然流露出一种沉郁的调子，他对社会的黑暗进行了鞭笞，对贫弱的小人物寄与同情，他促使人们面向严酷的现实，但他终究不能深刻地揭露出社会的本质。

在鲁彦逝世前不久，当他回顾自己创作的时候，也已经感到了这个弱点。他坦率地承认自己的作品有许多缺点，他说首先是“意识”或“观点”的问题；他明白理论指导创作的意义，读了一些马克思主义的书，读后也很赞成，便硬想把它装进自己的作品里去，然而苦于装不进去，“终于理论仍然是理论”。

从鲁彦的这种自我剖白里，让人们看到了一个追求进步的作家思想上的苦闷，它也让人们想到一个作家正确解决思想和生活、理论和实践关系的重要性。可惜当时鲁彦已处于贫病交加的境地，他那有限的精力都让贫穷和病魔夺去了，虽然他至死为了解决这个理想而苦闷地挣扎，但是已经没有时间了。当我们今天怀念鲁彦，是不能不痛恨戕害了这位优秀作家的可诅咒的旧时代的。

（原载1963年10月11日《新民晚报》第三版
“繁花·现代文史学札记”专栏）

王鲁彦论（节选）

范伯群　曾华鹏

第二章　“怎样也拉不出快乐的调子”

一

在雨暴风急的大革命时期，王鲁彦也到了革命中心之一的武汉，参加了《民国日报》的编辑工作，同时还曾在武汉军分校做了一个短时期的教官。但是在这革命的环境中，鲁彦并没有接受战斗的洗礼。如果要追究鲁彦当时的政治态度的话，那么小资产阶级的没有阶级观点的“正义感”就是他的政治态度。在他的周围，共产党人骑着革命的骏马驰骋于谋求人民解放的战场上，然而鲁彦胯下之驹却跃不过《美丽的头发》中“鲁先生”所设下的壕堑，羁绊着鲁彦前进的幽灵还是《美丽的头发》中的那种政治态度。

一个缺乏阶级观点的小资产阶级知识分子在非常复杂的政治风浪中是容易迷途的，因为在他的灵魂中缺乏强有力的政治依靠，在他人生的航程上缺乏指示方向的指南针。在大革命失败以后，鲁彦曾一度被拉到南京反动政府参加国际宣传部的世界语翻译工作。但是在鲁彦身上毕竟还有着那种被压迫的小资产阶级知识分子的正义感，这使他和血腥的刽子手有着本质的区别，因此在反动当局要进一步拉他参加“书刊审查委员会”时，他毅然拒绝了，他依稀懂得这是一个摧残进步文化的特务组织，而他自认为是“不问政治”的，因此就辞退了国际宣传部的工作。虽然他自认不问政治，但是在大革命失败后的那些云低天暗的日子里，现实却是不容鲁彦不问政治的，正如我们所看到的，在他一生中第一次和政治打交道的时候，就摔了一个大跤，虽然他很快就爬起来，但我们却也能从中看到缺乏阶级观点的小资产阶级知识分子的巨大的局限性。

此后，他流浪到上海，靠翻译为生。他翻译了不少东欧弱小民族的文学，如他在一九二八年所出版的《世界短篇小说集》就是最突出的一例。小说集中十七篇作品除了三篇是俄国小说之外，大都是属于当时的弱小的和受殖民主义者奴役的国家——波兰、匈牙利和保加利亚等。洋溢在鲁彦的心中的人道主义感情，使他更为热爱这些被压迫的弱小国家的文学；而奔涌在这些作品之中的人道主义激情又进一步影响着鲁彦。鲁彦在译序中写道：

> 他们一样的有生活，有人民，有文字，有痛苦与快乐，有呻吟与叫号，有科学与文学——一句话，无论如何弱小的国家都有他们自己的灵魂。或者，我们说，正因为他们弱小，受压迫，被损害，它们的灵魂愈加沉痛，愈加悲哀，而从这里所发出的呼声愈比大国的急切，真挚，伟大。文艺正是从灵魂中发出来的呼声，我因此特别爱弱小民族的文艺。

在这些弱小国家的文学中，特别值得提出的是波兰杰出的古典作家、伟大的现实主义者显克微支，他对王鲁彦创作的影响是相当深刻的。一方面，显克微支的生活道路和创作道路启发了王鲁彦。显克微支在回忆童年时说："最早我从乡村生活和大自然得来的印象使我爱上了土地和人民。"这不能不使鲁彦意识到自己身上也蕴蓄着潜在的创作矿藏，这就是他的童年的农村生活。另一方面，显克微支早期作品中所描写的波兰农民的生活和命运、劳动者所受的不平等待遇等方面的内容，以及所显示的人道主义力量，也都对鲁彦以后的创作发生了影响。这一切使鲁彦怀着无限爱恋的心情回忆着他所熟悉的农村生活，并且开始从中提炼出各种题材来进行创作。

就在这个时候，茅盾在一九二八年一月出版的《小说月报》第十九卷第一号上发表了《王鲁彦论》，对鲁彦以前的作品进行了较为全面的评论，在指出他的若干作品里存在着“教训主义的色彩”和语言的欧化倾向等缺点的同时，茅盾特别赞扬王鲁彦那些以乡村生活为题材的作品，尤其是《柚子》集中的《许是不至于罢》和新创作而发表在《小说月报》第十八卷上的《黄金》，更得到茅盾的好评。茅盾指出：“王鲁彦小说里最可爱的人物，在我看来，是一些乡村的小资产阶级，例如《黄金》里的主人公，和《许是不至于罢》里的王阿虞财主。”又说：“这乡村的小资产阶级，很显明的是现代的复杂中国社会内的一层，我以为在王鲁彦的小说里，有着一个两个的代表；作者大概并未自己意识到这一点，所以并未抓住了这一点用力的描写，但是或许因为自身经验的关系，他的作品中时或流露这色彩。”

茅盾在他的论文的最后对青年作家王鲁彦寄以极大的期望。他写道：“王鲁彦不是一位多产的作家，现在只有他的十几篇小说。……然而我对于他有奢望，我以为作者如果完全抛弃了时时有的教训主义的色彩，用他的锐敏的感觉去描写乡村小资产阶级，把他的Canvas扩展开来，那么，一定还有更好的成绩。”

在显克微支的影响下，又受到茅盾的鼓励，再加上鲁彦在现实生活教训中深切地认识到自己过去作品中那种热情呼号的无力，于是他开始放弃过去的创作方向——写那种借着梦幻而成立的作品，如《秋夜》、《秋雨的诉苦》、《灯》等，而将自己的作品扎根于实际生活的土壤之中，尤其是对他所熟悉的农村生活，更是自觉地“用力的描写”，正如他自己所说的：“此后我的年纪渐渐大了，热情也就渐渐有意无意地减少起来。《黄金》这一集子便代表了我那一时期的改变：其中一部分仍是带着热情写的，一部分是冷静地写的。”“《童年的悲哀》这一集子，是继承着《黄金》那一集子的。《柚子》时期的热情到这时几乎完全没有了。”（《我怎样创作》）

一九三〇年，对于中国的文艺界是不平凡的一年。“中国左翼作家联盟”的成立为中国新文学开辟了一个新的时期。可是正当这文学新时期来临时，鲁彦却在无形的生活之鞭的威胁下离开了党所领导的文艺斗争的中心——上海，而飘泊到遥远的福建去了。

在福建期间，鲁彦过的依然是流浪的生活，在两年多的时间内，他先后在厦门、泉州、兴化等地教书。他的生活面更扩大了，他对福建的风土人情发生了浓厚的兴趣，尤其是厦门的码头工人的反对帝国主义侵略的斗争精神，更给他留下了强烈的印象。然而，福建毕竟远离当时文艺界的斗争中心，鲁彦的贫困和流浪的生活又使他时时感到所肩负的生活重担的压力，因此他的内心是孤独而寂寞的。他后来在日记中曾经写道：象南方“这样的春之国可能产生热情与幻想？可能产生伟大的灵魂与思想？既没有强烈的热的刺激，也没有严酷的冷的压迫。在它这里，只有淡淡的，平凡的光。而这光，既不能催动一切蓬勃的生长，又不能使一切颤抖的死。”（《船中日记》）鲁彦对于这种自然气候和社会气候的不满，正说明了他在这种环境中所感到的内心的寂寞；在一定程度上似乎也还反映了他对于紧张的火热的生活的向往。

从《柚子》集出版以后，到他在福建时期，鲁彦又写出了将近二十篇短篇小说，先后分别收集成《黄金》、《童年的悲哀》、《小小的心》等小说集出版。

二

《黄金》、《童年的悲哀》、《小小的心》这三个小说集所收的十七篇作品为我们说明，鲁彦本时期创作题材的范围已较以前大大扩展了。作者写得比较多的是农村生活的题材，如《黄金》、《一个危险的人物》、《阿长贼骨头》、《最后的胜利》、《童年的悲哀》、《兴化大炮》等；其次，知识分子的生活和学校生活的题材也占有较大的比重，如《毒药》、《幸福的哀歌》、《一篇抄袭的恋爱故事》、《他们恋爱了》、《恋爱行进》、《夜》等都是这方面的作品；此外，象《微笑的生物》主要写作家自己的心情，《祝福》写流落街头的退伍士兵，《小小的心》写一个孩子的悲惨命运，《宴会》则写出国民党特务机关的黑暗内幕。

在这一时期的创作中，成就最大的还是描写农村生活的作品。其中，可以以《黄金》、《阿长贼骨头》、《童年的悲哀》为代表。

《黄金》是通过农村小有产者如史伯伯不幸的遭遇，揭露了陈四桥人们的趋炎附势、世态炎凉的劣根性。作者对如史伯伯寄以无限同情，也狠狠地鞭挞了人们之间的那种可怕而冷酷的关系。

如史伯伯衰老得不堪了，走路也踉踉跄跄，他以一生的劳碌争得了一份家产——几间屋子和十几亩田地，他感到安慰，退休了，将这家庭的担子搁在他惨淡经营中培养出来的儿子肩上，可是这个年青的伊明却被压弯了，尽管他是个“勤苦的孩子”，但是也不曾有多少钱寄回家来，于是如史伯伯的小康之家的局面开始摇摇欲坠了。他想继续出卖自己衰老的劳力，但是“谁喜欢我去做账房，谁喜欢我去做跑街……？”

陈四桥的人们是以势利著称的，金钱多少，财源的兴衰就是是否受尊敬的唯一标准，好象温度计的水银柱遇热冷而变化一般自然。于是陈四桥的人们几乎总动员起来给不幸的家庭以不幸、以冷淡、以奚落。当如史伯母去阿彩婶家串门子时，阿彩婶对她十分冷淡，以为她是借钱来的；裕生木行办喜事时，大家肆无忌惮地嘲弄那昔日被誉为德高望重的如史伯伯，又让他坐在酒席的下位；如史伯伯的十五岁的女儿因为家里没钱，在学校里也受到教师同学的看轻，甚至连她写出的好文章也被认为是抄袭的；如史伯伯的爱犬来法也被屠夫阿灰砍了一刀而死去；强讨饭阿水也知道他们穷了而“故意来敲诈”；小偷也来光顾了他们；而年关迫近，有不少的人已在他家坐索……是啊！一切人与人之间的正常关系都被金钱物质欲所撕毁了。总之，厄运张着翅膀飞进了如史伯伯的家门，如史伯伯觉得“自己仿佛是一匹拖重载的驴子，挨着饿，耐着苦，忍着叱咤的鞭子，颠蹶着在雨后泥途中行走，但前途又是这样的渺茫，没有一线光明，没有一点希望”。他只好点一炷香，对着灶神跪下了……鲁彦真实地描绘了小有产者趋向破产和没落的心理状态。

如史伯伯的境遇是旧中国小有产者的典型的境遇。一个家道小康的局面是如史伯伯一生的勤奋所得的果实。但是在旧中国，小资产阶级的小康生活不是一个平静而不散的筵席。在二十世纪二三十年代的中国，社会经济命脉被国内外统治集团和官僚财阀所掌握，在他们“垄断命脉”的风暴的席卷下，小资产阶级的极大多数都是象风中残烛般的摇摇欲灭，虽然他们本能地企图保持原来的状态，但是危机和破产象前浪接后浪地向他们冲击着，而一生的辛苦的积蓄，经不起这个浪潮的吞噬就付之东流。如史伯伯们已落在生活之斜面上了，无可援救地要顺着这个斜坡滚向破产的渊谷中。“这一部分人好些大概原先是所谓殷实人家，渐渐变得仅仅可以保住，渐渐变得生活下降了，他们每逢年终结账一次，就吃惊一次，说：‘咳，又亏了！’这种人因为他们过去过着好日子，后来逐年下降，负债渐多，渐次过着凄凉的日子，‘瞻念前途，不寒而栗’。”❶在毛泽东同志的这一段话中，也有着如史伯伯的身影和步调。

《黄金》的结尾是一个意味深长的圆满的梦，如史伯伯终于等到了伊明儿的来信：

> “儿已在……任秘书主任……兹先汇上大洋二千元，新正……再当亲解价值十三万元之黄金来家……”
>
> “门外走进来许多人，齐声大叫：‘老太爷！老太太！恭喜恭喜！’”
>
> “阿黑，阿灰，阿水都跪在他们的面前，磕着头……”

鲁彦本意是想凭借此梦来表现他对如史伯伯的“热烈的同情”和说明“这样圆满的结果只有在梦中才能出现”（《我怎样创作》），但这样的结局却也再一次地强调了《黄金》的主调：“你有钱了，他们都来了，对神似的恭敬你；你穷了，他们转过背去，冷笑你，诽谤你，尽力的欺侮你，没有一点人心。”同时在客观上，这个圆满的梦又有力地揭露了小有产者梦寐以求的那种往上爬的幻想，而这个幻想又毕竟是壁上的画饼。

《黄金》不失为鲁彦的优秀的作品。茅盾曾认为它是“作者的最好出品”❷。但是它还存在着缺点，作家鲁彦将一切罪责归咎在陈四桥人们的势利和“没有一点人心”之上，而没有到社会现实中去找出真正使如史伯伯困厄的原因，也没有进一步去追究人们所以会势利和

❶ 《中国社会各阶级的分析》。

❷ 《王鲁彦论》。

没有人心的缘故，因此，他未能将矛头直指整个罪恶的旧制度，这就不能不减弱了作品的思想力量；其次，《黄金》的情节也过多于巧合，在一刹时中，在一个人身上，会突然聚集了这么多类似而又难堪的不幸，这种处理方法也影响了作品的真实感。

在《阿长贼骨头》中，鲁彦企图通过对主人公阿长的塑造，让我们看到：一个具有聪明智慧和普通人的感情的人，在破产贫困的旧农村中，却变成了一个消极人物，他的智慧不可能得到丝毫的正当发挥，于是他只能将智慧通过歪曲的形态显现出来，阿长竟成了一个“天才的小偷”。

阿长生长在旧农村中的一个破产者之家，他具有普通底层人物的伦理感情：如他孝顺母亲，他爱妻子；阿长还有一双能干的手，“他的手会掘地，会种菜，会砻谷，会舂米，会磨粉，会划船，会砍柴……”。

但是阿长的父亲阿夏经常“拿着一条打狗棍，背着一只污旧的饭袋，到处敲着竹板或小木鱼，唱情歌或念善经给人家听……他喜欢在别人不注意的时候，随便带一点东西回家”。至于阿长的母亲，作者写道：“阿长的来源，一直到现在还有点模糊，因此阿夏在阿长还未落地之先，曾和阿长的母亲翻过几次脸。”阿长就在这样的父母的影响下，成了一个农村的消极人物。到了阿长十二三岁时，人们就已经肯定：和他父亲相比，阿长是青出于蓝而胜于蓝了。

> 他晓得把拿来的钱用破布裹起来，再加上一点字纸，塞在破蛋壳中，把蛋壳丢在偏僻的墙脚跟，或用泥土捻成一个小棺材，把钱裹在里面，放在阴沟上层的乱石中，空着手，到处的走，显出坦然的容貌，随后他还帮着人家寻找，直找遍最偏僻的地方。

除了这种世袭的传统之外，阿长的偷窃也是由于沾染了旧社会的恶习和被贫困所逼迫。他“喜欢摸摸牌”，所以手头总是空的，冻饿在他是家常便饭。“最冷的时候，人家穿着皮袄，捧着手炉，他穿的是一条单裤，一件夹袄，别人吃火锅，他吃的是冷饭冷菜。”为了生活，阿长去偷。人们骂他，打他，诅咒他，他还是偷。每次偷窃，智慧是不会不帮他的忙的，黑暗社会容不下他的智慧的正常发展，但是他的智慧依然通过偷窃而散发光采。终于他从偷活人发展到偷死人，成了一个“盗棺者”，他觉得“没有什么买卖比这更好了！安稳而且厚利”。但是事情最终暴露了，人们到处在缉捕他，阿长在易家村是无法立足了，他想，说不定“别的地方更好！”新的希望又生长在他的脑中，在朦胧的夜色里，他赤手空拳的出发了。

最后，鲁彦用同情、关切的泪眼，注视着阿长离去的背影，为阿长祝祷着：

> 新的更好的地方应该有的罢，找到它，在阿长总是可能的罢——给阿长祝福！

《阿长贼骨头》是有缺点和不足之处的。鲁彦对阿长的态度是同情有余批判不足，其实，阿长除了有一个值得同情的命运之外，除了顽强地要生活下去之外，他的身上也充满了消极因素，如他不安于劳动，不正派地辱侮和调笑妇女，他还有极大的破坏性，如纵火焚烧别人房子来报复人家对他的打骂，以挑拨他人夫妇感情使之不睦为自己的快乐的杰作，凡此种种，都应该看作是旧社会盖在阿长心灵上的灰尘，可是鲁彦并不曾给以狠狠的鞭挞，以至从全篇看来，作者仅是“哀其不幸”，而没有“怒其不争”！其次，这个作品的缺点还在于作者过多地欣赏了阿长的歪曲的智慧，因此虽然让读者在阅读时发出笑声，可是在笑声的后面，却缺乏泪光闪闪的痛楚。但是最主要的缺点是，这个作品没有鲜明的社会背景，没有着力去描绘典型环境是这个作品不能写得更深刻的主要原因。鲁彦除了真切地写出了阿长父母对他的影响之外，用在刻划社会背景的笔墨是不鲜明的，作家没有突出地强调，阿长的偷窃是旧社会不让他得到最起码的生活条件，使他只好日日挣扎于生活的边沿，从而表现出阿长的性格是被旧社会扭歪的；相反的，阿长的偷窃有时被处理成不是被迫的，而似乎出自本能，这样无疑是减轻了旧社会的罪责；此外，作者最后提出的“新的更好的地方”在何处？阿长这个人物是否能寻求得到，都是十分渺茫和缺乏说服力的。

《童年的悲哀》是一九二九年的作品，作者以自己的整个心灵歌颂了一个“多才而又多艺的粗人”——农村中的雇工。虽然在这篇作品中流露出过多悲哀和忧郁情绪，但是它仍旧不失为鲁彦当时许多作品中的佼佼者。因为作家开始以自己饱蘸感情的彩笔，来描绘农村中朴实、正直、善良的劳动者的真实形象，这是一个可喜的收获。

翻开作品，读者似乎可以看到一颗早熟而懂事的童心在向你述说和追溯，你能跟着这孩子的欢乐而欢乐，哀痛而哀痛，农村的童年生活象一支深情而哀怨的牧歌在你耳边响起了。

阿成哥是最善良不过的二十岁的青年雇工，虽然是个粗人，但是他非常聪明，他拉得一手好胡琴，在作者的笔下，他真是一个民间的天才音乐家！一支破旧而不美观的胡琴，“到了阿成哥手里便发出很甜美的声音，有时象有什么在那声音里笑着跳着似的，有时又象有什么在那声音里哭泣着似的”。

当十一二岁的“我”害羞地依偎在阿成哥身边对自己的小伙伴们作初次演唱后，阿成哥非常喜欢地赞扬道：“比什么人都唱得好！最会唱的大人也没有唱得这样好！”于是，“就是从这一天起，我的灵魂向音乐飞去了……因此我爱着了阿成哥，比爱任何人还爱他”。阿成哥是“我”童年的第一个不识字的老师，这个不识字的老师将“我”带进了美的音乐的世界中。

在阿成哥的影响下，“我饥渴地希望得到一支胡琴”，但是严厉的母亲却绝对不允许，因为唱歌，拉胡琴，都是“下流人”的游戏，但是“我”瞒住母亲，用各种废旧的材料制成一支胡琴，从此他的琴弦声和阿成哥的琴弦声应和了，这个有产者之家的孩子竟认定阿成哥是他的亲哥哥，世界上没有比他更可爱的人了，“我”感到说不出的幸福。

但是阿成哥终于突然死去了！在他即将举行婚礼的前些天，他被疯狗所咬，病了很多时候离世而去了。“我”心痛地感到：“从此我失去了阿成哥，也失去了一切……”对一颗稚弱的童心说来，这是太深的创伤，太重的打击，从此，“我”的生活就象那支自制的胡琴一般，“怎样也拉不出快乐的调子”了。

《童年的悲哀》是鲁彦创作历史上的一座里程碑。在这里，他将劳动人民写得如此善良和富有智慧，并且将“多才多艺”的桂冠献给一个贫苦的雇工。虽然鲁彦至此还缺乏阶级观点，但是从生活的直观出发，鲁彦努力地去创造劳动者的较为真实的形象，并且对他呈献出自己深心里的赞爱。

但是在这篇小说里，对于阿成哥这个令人可亲的劳动者的悲剧的成因，对于撕毁“我”童年时期如梦一般幸福的真正力量的解释，是不能令人满意的，他以纯粹的偶然性——疯狗咬死阿成哥——来作为答案，这显然是以自己狭隘的生活经验来代替了现实主义所要求的真实，作家以偶然代替了必然，以疯狗代替了吃人的社会制度，而将人物的不幸命运的原因完全归之于自然现象，他没有更深刻地从社会现象中去寻觅真正原因之所在，如果不是我们太苛求，那么可以作一简单的推论：没有这该死的疯狗，“我”的童年的悲哀该成为童年的欢乐了？因此，《童年的悲哀》放弃了控诉旧社会的惨绝人寰的吃人的本质的权利。

以上这几篇小说都是本时期中王鲁彦的代表作。我们可由此而看到他当时的创作水平。王鲁彦和当时的政治斗争仍是离得相当遥远的，因此他仍然未能参加于革命的行列中行进，同时也没有可能通过作品来反映大革命时代的中国社会。这时候，他弹唱的依然是古老的曲调，他从人道主义的笛中吹出了几支同情人民的委婉的曲子，虽然也能够带给受苦人些微的慰借和暖意，但是同这个席卷着革命风暴的时代相比，毕竟显得过于忧郁而苍凉。

三

在本时期，指导王鲁彦进行创作的思想基本上仍然是他的人道主义。如果说，在对世态炎凉的抨击和对不幸人民的同情方面，人道主义能够发挥一定的积极作用，应该加以肯定，那么，在阶级斗争十分尖锐的时刻，作家怀着人道主义的感情，要寻找人间的和谐，要展望未来的前途，或者要处理政治题材，就不能不非常明显地暴露出人道主义的局限性的一面来。

在王鲁彦本时期的创作中，有几篇作品是以爱情为主题的。《一篇抄袭的恋爱故事》写一个十六岁的学生和一个女同学的恋爱故事，他们的全部恋爱生活——等待、会面、赠花、谈情、接吻、拥抱、发誓……全部是从某些小说书中模仿来的，“感谢小说家们，凡他们教给我们的，只要我们记得，我们都一一的学着做了，一一的学着说了。”除此以外，他们的爱情生活也就一无所有了。《他们恋爱了》则叙述了一个更为有趣的故事：平南中学的苏先生和康女士（学生）恋爱了，引起了一些同学和教师的不满，有几个学生就到另一教师夏先生房里商讨对策，结果他们决定联名写一份哀的美敦书向苏先生提出警告，然而就在讨论和起草这份哀的美敦书的短促时间内，反对师生恋爱而自己又已有个“夏师母”的夏老师却和一位潘同学恋爱了，一位方同学和一位彭同学也恋爱了。这个曾经毫无根据地指责苏先生是“爱一个，丢了一个，恐怕是在故意和女士们开玩笑”的夏先生，自己却真的这样干了。《恋爱行进》写一个名叫约生的男学生追求一个名叫曼丽的女学生，但是曼丽想到的是：“女的嫁了人，叫做wife，那个男子便是wife的husband，……wife须听husband的话，跟着husband走。随后wife就不晓得怎样生下小宝宝来，喂奶，洗尿布，把小宝宝养大。”想到这些，曼丽就毅然拒绝约生的爱情。《夜》写一个诗人，才结婚一个月就厌弃自己的妻子，而在花前月下寻求他幻想中的女人，这时候他的妻子忽然出现了，把他骂得狗血喷头，诗人只好对她施展一番虚情假意，于是，“在朦胧的夜里，我们仿佛已经看见他们紧紧地抱在一起”了。

这几篇作品在客观上都具有它们一定的意义：《一篇抄袭的恋爱故事》讽刺当时某些爱情小说的公式化；《他们恋爱了》讽刺夏先生的卑劣伪善和学生的无聊；《恋爱行进》揭示了爱情的美梦和实际生活的矛盾；《夜》则讽刺诗人的虚伪和庸俗。

但是，作者还有一句冷峻的潜台词隐藏在这一组以爱情为主题的作品的深处：人间没有真正的爱。约生的爱情被庸俗的实际生活压碎了；夏先生的爱情是以他的卑劣品质为内容的；诗人的爱情是被虚伪和欺骗所玷污；那两位小学生则只能从书本上去依样画葫芦。鲁彦在血淋淋的苦难的现实面前，从他的困顿的生活经验中，看到了人生战场上的残酷的斗争，他从人道主义的愿望出发所幻想的那种所有人们都象“恋人般的共同生活着”的社会在当时无论如何是无法实现的，在阶级社会里，他所追求的那种没有阶级内容的抽象的爱与人间的和谐，当然也是不可能出现的。于是作家对于生活，对于人生就发出了彻底失望的叹息：在人间没有真正的爱，没有爱的美和爱的诗意，所有的爱都为卑劣、庸俗、虚伪、诳骗所奸污了！因此，虽然这一组作品在艺术上比较松散和单薄，并不是成功的，但是在这些可笑的故事的背后，我们却能够看到作者的忧郁、失望的面容。不过实际上即使是在当时，在现实生活的底层，那种真正纯洁的、动人的、充满着劳动阶级的人情美的爱是存在于劳动者之间的，由于鲁彦缺乏阶级观点，由于他远离革命群众，因而他看不见罢了，这正说明缺乏阶级观点的人道主义的局限性。

在鲁彦本时期的创作中，还有几篇是提出“幸福”的主题的。《童年的悲哀》的主题范围实际上也可以说是属于这一方面的。在阿成哥死后，作者在作品的结尾处有一段忧郁的抒情：

> 最近，我和幸福愈加隔离得远了。……
>
> 青年时代是黄金的时代，或许在别人是这样的罢？但至少在我这里是无从证明了。我过的艰苦和烦恼的日子太多了，我看不见幸福的一线微光。
>
> 这样的生活下去是太苦了。
>
> 我愿意……

因此，《童年的悲哀》所表现的是童年的幸福的破灭，同时又展望不到幸福的未来的主题。如果说，《童年的悲哀》由于写出了阿成哥这个充满诗意的劳动者的形象还能够让读者感受到刹那间的幸福的欣慰，那么《幸福的哀歌》里所弹奏的调子就更为苍凉更为低沉了。这个作品的主人公大学生林子，他从小失去双亲，曾经从一位女朋友身上得到安慰，但后来又被她遗弃了，他失去了人间的一切温爱，于是他觉得“人间并没有欢乐和幸福”，他认为，所谓欢乐和幸福，“那是第一个编造字典的无聊的人私自加进去的字，想加厚他的字典罢了，地上并没有所谓欢乐与幸福这一种事实”。他时时想死，当他因为生病被送进医院的时候，“他欣幸了起来，向来不曾有过的欣幸了起来，他知道自己将复活了：将离开了这一个充满着悲苦与不幸的世界，将走进他所热烈地渴望着期待着的那一个世界了。”然而就在他向死神热烈地招手的时候，有一位名叫新芷的女同学经常来看望他、安慰他，这使他得到了“新的力，新的希望，新的生命”，“他现在愿意活下去，也希望能够活下去”。但是当他强烈地想活，想爱，想“把他那一只已经踏进了死的世界的脚拖回来”的时候，死神夺去了他年青的生命，“他觉得无限的幸福，嘘出了最后的艰苦的气息”。这个林子，在茫茫的生活的海里浮游，没有丝毫的凭借和依托，展望不到哪里是彼岸，于是他失去了继续奋游下去的勇气，就在这个时候，他忽然抓到了一个希望的救生圈，他强烈地希望渡游到彼岸，不料就在这时刻，他却被迎头打来的恶浪所吞噬了。这里所展开的同样也是关于生活的幸福的毁灭的主题。而在《祝福》这个作品里，作者叙述一个在寒风里求乞的退伍士兵陈允才，他由于受到人间的各种欺凌和侮辱，对世界彻底失望了，因而愤怒地诅咒所有从他面前经过的人们，但是当他看见一群孩子，“他们不觉得这诅咒可怕，不吉利；他们只觉得这奇特而且有趣”，于是他被孩子们这种天真纯洁的心灵所感动，“他停止诅咒了。安慰代替了他的愤怒，希望赶走了他的绝望。他发现了龌龊的人类中还有着无数的洁白的心。只有孩子们是无罪的，不该受诅咒，他觉得，他们应该有一个好的命运，好的将来。待至他们掌握世界时，世界将幸福了。”于是，他“开始用他最虔诚的心，对孩子们热烈地祝福了……”从陈允才这一形象中我们可以看到鲁彦的身影，从陈允才的声音里我们可以听见作者的声音。鲁彦本人不也正是经历着这样的过程吗？当他最初登上人生战场时，他对生活也曾充满希望，后来，他受到太多的挫折，感到太多的失望，因而他曾经将自己的作品用来“诅咒一切，攻击一切”，但他毕竟是不甘于沉沦的，他虽然没法看到历史未来的真正主人，但是从他的思想水平出发，他在天真的孩子们身上寄托着自己对于未来的希望，这种进化论的思想使他在《祝福》这一作品里表现了“乐观的希望”，把深情的祝福献给孩子们，献给未来。因而，《祝福》这一作品具有较为浓厚的抒情色彩；但也因为这样，作品的现实感和生活气息就比较差些，陈允才似乎只是作为作者思想情绪的图象化而出现的。

在鲁彦的笔下，童年是悲惨的，没有幸福；现实是充满苦痛的，没有幸福，他只好向未来祝福。这里，表现了鲁彦对于旧社会的黑暗现实的绝望和对于未来的希望，这在当时是有积极意义的。

但是在鲁彦的思想情绪里，却缺乏一种真正的乐观主义。过去、现在都没有幸福可言，鲁彦相信未来会有幸福，但是鲁彦在这时候却是无法看到通向未来的真正道路的，没有从阶级观点出发而是从进化论观点出发将对未来幸福的希望寄托在孩子们身上，这是必然要落空的，因此，未来，未来的幸福，对于他来说，其实也是十分渺茫的，他作品中的幸福主题就始终带着极为浓厚的忧伤色彩。没有以阶级斗争的学说武装起来的鲁彦，他还不可能感受到，即使是在那样的社会，也可以与人斗争，其乐无穷的，那种无产阶级革命者在为推翻剥削制度而进行的斗争中所感受到的战斗的幸福，和由于对明天有着坚定的信心而产生的自豪昂奋的气概，人道主义者的鲁彦是体会不到的。这就不能不使作品笼罩着悲观失望的雾霭。这同样的显示出人道主义的局限性。

在鲁彦本时期的创作中，直接以政治活动和政治斗争为内容的作品是不多的，其中只有《一个危险的人物》和《宴会》是属于这方面的作品。面对着这样的题材，他的思想局限性就更加彻底地暴露出来了。

《一个危险的人物》是以大革命时期为背景的。作品的主人公子平是一个革命知识分子，他从城里回到他的故乡来搞革命，他的越轨的行为引起许多乡亲的不解，因此，虽然他在乡里贴出减租的告示，但并没有人来响应，反而有不少人认为“这样好的年成，要他多管事”！在蒋介石叛变革命，大肆屠杀共产党人的时候，子平的叔父惠明为了霸占子平的父亲留下的家产，就去向县里告密，借县里派来的警察的手将自己的亲侄儿子平枪杀了。

作者对于大革命时期的革命知识分子是不熟悉的，不了解的，他根本看不到他们身上的革命性的真正所在，因而，作家就凭着自己的空想将子平写成一个极为神秘而奇怪的人物，他回乡以后，并没有深入地发动群众起来斗争，而是“象闺阁姑娘似的躲着不出来”，他有时会莫名其妙地跑到山中去喝酒狂啸，有时却在大雨倾盆的时候独自去溪中洗澡，各种行为，都极为荒诞不经。由于作者对当时的革命者不了解，因此他无法塑造出真实的形象。

作家在这个作品中是明显地表现出他的批判和同情的。值得注意的是这个故事发生的地点是“林家塘”，也就是《黄金》里的如史伯伯的故乡，作家在《黄金》里所竭力批判的那些势利的人们，在这个作品中又一次出现了。这些人的精神是麻木而落后的，他们对新回来的子平不仅不了解，而且表现出一种类似本能的不满，无论是子平在外面和一些男女同志合拍的照片，或者是他在家里穿着睡衣，他到野外观看钓鱼，人们都大惊小怪地议论着；子平贴出的减租告示，引起人们的辱骂，特别是当人们知道惠明已经进城告密以后，他们还自动地起来监视着子平，不让他逃走。作者对于群众的麻木和落后是不满的，而对于惠明为了霸占财产而告密，亲手毁灭了哥哥留下的仅存的亲骨肉的卑劣行为，更是愤怒地加以挞伐。作家批判的角度更多的还是从鞭挞人与人之间的冷漠关系出发的。作品的结尾这样写道：

> 几天之后，林家塘人的兴奋渐渐消失，又安心而且平静的做他们自己的事情。溪流仍点点滴滴的流着，树林巍然地站着，鸟儿啁啾地唱着快乐的歌，各色的野花天天开着，如往日一般。即如子平击倒的那一处，也依然有蟋蟀和纺织娘歌唱着，蚱蜢跳跃着，粉蝶飞舞着，不复记得曾有一个青年凄惨的倒在那里流着鲜红的血……
>
> 呵，多么美丽的乡村！

这样的结尾除了继续揭露人们的无情外，同时也流露出作家对于这位凄惨地死去的青年的深切的同情。

但是，可以很明显地看出，作家是站在人道主义的立场来处理他的题材的。他似乎只是从道德的角度来表现他的不平和同情，我们好似听到作者在喊叫：为了霸占产业，害死了亲侄儿；你们这么多人，合伙起来杀害一个无辜的青年，这多么的凄惨，多么不应该啊！这种人道主义立场给作品的思想带来很大的局限性。看起来，子平的死，主要应该归罪于他的叔父的贪心和周围群众的落后，作家这样的结论是错误的，在当时，真正屠杀革命党人的罪魁是国民党反动派。作者将极为严肃的政治斗争当作一般的争夺财产来处理，这样，这个作品在当时就无法发挥其揭露反革命的真面目的战斗作用，相反的还转移人们寻找真正罪魁的视线；而大革命时期的中国农民被描写成麻木的看客或帮闲人物，也是极大的歪曲。

王鲁彦在《我怎样创作》一文里曾经这样说：《宴会》里的“主人公是一个最卑鄙龌龊的人。一直到现在，我仍是很厌恶他，怕在实生活中遇到那样的人。但对于他的性格，我却很喜欢。因为拨开一切卑污，我看见了他的坚强的性格。他在这里虽然几次改变他的态度，都是在使用他的手段，想达到他的目的。目的虽是坏的，而他的坚强的性格是使我喜悦甚至敬服的。”

实际上，《宴会》的主人公邹金山是一个十分卑劣的国民党的特务，他善于运用各种手段来维持他的“科长”的地位，有时他谦虚得象个小学生，有时他粗暴得象个大流氓，当他受到周围特务的联合攻击而四面受敌时，他在表面上仍能和对手谈笑风生，而背地里施展出拉拢、利诱、打击、威胁、离间等卑鄙手段，甚至在敌手们的宴会上，还敢老着脸皮参加，他的敌手们终于佩服他的坚强，甚至称赞他“真是一个英雄呵！”而重归于好。邹金山是一个灵魂发黑的极为卑鄙的反革命分子。可是，鲁彦从人性论的观点出发，抛弃人的性格的阶级内容和政治内容，将人的性格抽象化，从而敬佩这个大特务性格的“坚强”，这种人性论的观点就严重地限制了鲁彦对这一反动人物进行批判，相反的在写作过程中还有意无意地流露出对于这种“性格”的欣赏。这里我们又一次发现，缺乏阶级观点是怎样严重地在限制着鲁彦的创作才能的发展啊！

四

本时期的鲁彦的创作，已脱离了初期的热情而焦灼但又显得无可奈何的呼号，而能够比较冷静比较沉着地来对现实生活进行客观的描绘，在初期创作中以《许是不至于罢》等作品为代表的现实主义因素，在本时期已经发展成为鲁彦创作的基本倾向了。由于将自己的创作植根于现实生活的土壤之中，因此体现在作品的艺术形象里的，也已不再是否定一切或玩世不恭了，在他的作品中渐渐产生了一些用作家的同情和肯定的笔触来描绘的东西了，他同情如史伯伯的厄运，同情阿长贼骨头的流亡，同情子平的惨死，同情林子的幻灭，而当他的作品中出现阿成哥的形象时，作家所唱的，已不止是同情，而是热烈的赞歌了。当作家的人道主义精神从梦幻的空中向现实生活着陆的时候，他终于找到了他所应该同情和应该肯定的对象。鲁彦的创作作风的转变，使他的一些优秀的作品能够较为真实地反映当时农村生活的若干侧面，从而能够在以鲁迅为代表的二三十年代的中国现实主义文学的画廊里占有一席之地；同时也使他成为文学研究会的重要作家，他以自己的现实主义作品显示了文学研究会的"为人生"的文学主张的实绩。

在大革命发生以后的阶级斗争十分尖锐的年代里，鲁彦在揭露黑暗社会的罪恶和不平、在同情受苦的人们的不幸命运的时候，人道主义还是具有一定的力量的，可是当作家接触到未来的主题、爱情的主题、幸福的主题、政治的主题的时候，人道主义精神就不仅软弱无力，而且反而为作家设下了许多深宽的壕堑。作家在政治上分不清是非，对于人生则认为无爱情和幸福可言，对于未来也感到无限的漫远，无限的渺茫。对现实绝望，又看不见未来的曙光，就使鲁彦本时期的创作仍然笼罩着一种忧伤的悲观的气氛。

经过了几年的艺术实践，鲁彦在艺术上也有比较明显的进展。鲁彦在本时期的艺术成就主要体现在以下的几个方面。

鲁彦善于从十分平凡的生活中去发现和提炼它的内在的意义。在鲁彦的笔下所描写的现实并不是十分辽阔的，也很少有什么大波大澜的斗争，相反的，有时候他所写的只是一些看来极平凡的日常生活事件；但是作家却能够从这些日常生活现象中去开掘它的意义，并且通过一些富有表现力的艺术细节的描写比较生动地体现出来。《黄金》这个作品，只是通过如史伯伯在酒席上坐下位，他的狗被屠户杀死，他的女儿被同学教师看轻，连叫化子也敢向他无理取闹这样一些极平常的生活细节，作家就较为深刻地揭示了旧社会的世态炎凉的真实图画；《童年的悲哀》也只是通过雇工阿成哥怎样帮助一个小孩走进艺术的境界的平凡的故事，就真实地在读者面前展开了一个劳动者的诗意的美丽的灵魂。同时，鲁彦所描绘的这些平凡的生活画面，大部分又都浸透着极为浓重的乡土色彩，因此，鲁彦创作的艺术色调就具有一种淳朴的美。

和鲁彦的初期创作比较起来，他在本时期的创作中更注意于人物形象的塑造了。早期的创作，更多的是作家的抒情和呼号，或者是象民间传说一样叙述一个故事，作品中的人物形象往往是模糊的。而这一时期，在他的作品中开始出现一些有血有肉的人物形象了，象如史伯伯、阿长贼骨头、阿成哥等，都给读者留下比较鲜明的印象。我们从《小小的心》这一作品的创作过程，还可以发现鲁彦已经初步注意人物创造的典型化的问题了。

在鲁彦写的散文《厦门印象记》里曾经有如下的一段记载：

有一次，我的老朋友忽然带了一个六岁的小孩来，说是宁波人，要我和他用宁波话谈谈。我很奇怪，我的朋友居然会在这里（指厦门——引者）寻到别的宁波人，而且把他的孩子也带来了。……

于是我便说着宁波话，请他走近来。

但是他没有动，露着怯弱的眼光。

“你是那里人呢？”我仍用宁波话问他。

“呒载！”他说的是厦门话，意思是不晓得。

……

“你姓什么呢，小朋友？”我又问了。

“呒载！”他摇着头说。

“几岁呢？说吧，不要怕呵！”

“呒载！”又是一样的回答。

……

“到底是那里人呢？”我问我的朋友说。

“老实说，不清楚，只晓得宁波那边人。”

“你从那里带来的呢？

“一个朋友家里。他是从人贩子那里买来的。”

“不犯法吗？”

“在这里是官厅不禁止的。化了一二百元钱，就可买到一个。

本地人几乎每家都要买一二个的。”

我给他说得吃惊了。这样的事情，我从来没有听见过。

“这孩子到这里快半年了，”我的朋友继续着说。“他从来不说话，偶尔说了几句，也没有人听得懂。他只知道说‘呒载’，无论他懂得或不懂得，仿佛白痴似的。据说他到这里的头一天，脱下衣服来，一身都是青肿的。显然人贩子把他打得很厉害。他只会说‘呒载’，大约就是受了人贩子的极大的威迫的缘故了。这里是一个人口贩卖的倾销市场，也就是人口贩运的总机关。来源是上海，上海的每一只轮船到这里，没有一次没有贩卖人口。……”

我给这些话呆住了。

这一段记载可以看作是短篇小说《小小的心》的素材来源之一。作家的人道主义感情和素有的对于儿童的热爱，使他根据这一类素材创作出一篇优秀的小说——《小小的心》。这个作品写的是这样的一个故事：在厦门，“我”的房东家里有一个四五岁的孩子，名叫阿品，他非常天真、善良、聪明，没有多久就和“我”建立起深厚的感情，由于他的父母都在外地，因此“我”在感情上就将他当成自己的儿子。有一次，阿品的父母从外地来了，但阿品并不显得如何高兴，引起“我”注意的是当“我”和宁波同乡讲话的时候，阿品似乎能够听懂，“我”问阿品的父亲，但他坚决否认阿品会听宁波话。然而第二天，阿品就不见了。当几天后阿品再出现时，他在和“我”接触中脸上总露有惧色，“我”终于发现在他后面经常有人监视着他。后来“我”才从朋友处知道，原来阿品是被人从宁波骗到厦门来卖的，从四五岁起，他就是一个小奴隶了，以后，阿品随着父亲到南洋去，“我”终于永远见不到他了。

只要将小说和它的原始素材作一简单的比较就可以发现，小阿品已经不是那个只能说“呒载”的宁波小孩了，作家对这一类型的儿童作了较为广泛的概括，这就使得阿品这一形象比他的原型更加鲜明，经过作家的艺术典型化的过程，我们所看到的已经是一个既可爱又令人无限同情的活生生的艺术形象了。

鲁彦在《我怎样创作》一文中回忆了阿品形象塑造的具体过程。

他说："这里的主人公阿品小孩子，原是和我们同住着的。他的性格，我给了他原样。有些事实是从我平日在许多小孩子身上选择过来的，因为合于阿品的性格和年龄。阿品的保护人管束他不让他和我们接近是事实，但那是因为别的缘故，并不是如我所写的。阿品并不是买来的孩子，确实是他的父母自己生的。我是一个最喜欢小孩的人，平时和小孩们很接近。想写一篇关于小孩的天真可爱的生活的故事，这念头远在五六年以前。遇到了阿品，经过一些日子，我这念头又起了。不用说，倘使那时动了笔，决不是象后来所写的那样。然而我没有写。我想留到我更理会阿品的时候。于是过了一些时候，我又遇到了另一个孩子。这个孩子才是真正的浙江人，被人家辗转贩卖到了福建。这时他的舌头才能生硬地说福建话，而同时对于故乡的话也正在若隐若现的趋向于忘却的时期。对于这个孩子，我想另写一篇。但也没有写。时候久了，看到人家买来的孩子愈多，同情心愈深，到了提笔的以前，终于把阿品和别的孩子并成了一个人，把他变成了被卖的孩子。这仿佛是不真实的，原来的阿品的命运并没有这样惨。但我并不是给原来的阿品作传记，而是写更多的孩子。在福建，或是在别的地方，受着同一命运的孩子的确多得很，我用阿品做了代表，应该仍是很真实的，我以为。"正因为阿品这一形象的塑造是经过艺术概括的典型化过程的，所以他就具有较为广泛的意义。

王鲁彦已经初步能够遵循着现实主义的原则，通过艺术典型化的道路来塑造人物，因而他在本时期才能够描绘出比以前鲜明的人物形象。

此外，鲁彦本时期在人物创造上比较注意于人物心理的描写，虽然有某些人物的心理描写略嫌冗长，影响到作品情节的进展，但总的看来还是得体的，这种细致的心理描写有助于人物性格的刻划。另一方面，作者在有些作品中采取第一人称的写法，有的作品虽然以第三人称来写，但叙述人却喜欢插进抒情的独白，这样就比较容易正面地表示自己的同情和憎恶，这一切都使鲁彦本时期的大部分创作仍旧保持着浓厚的抒情气氛的特色。

鲁彦本时期创作在艺术上的缺点，除了某些作品对生活素材的提炼还不够精粹、某些作品的结构还不很严谨、显得松散以外，最主要的是，他往往未能充分地深刻地表现出围绕人物活动的典型环境。也就是说，对于促使人物活动和运命发展的原因，作家还未能作深刻的把握和揭示。例如对于如史伯伯家庭衰败的原因，阿长贼骨头变坏的原因，阿成哥死亡的原因，子平被杀的原因，小阿品的悲惨运命的原因等等，就都未能从社会根源方面去深入地开掘，并在作品中艺术地体现出来；另一方面，由于作者在作品中仍然未能从正面直接地揭开当时农村与城市的阶级关系，因而也就未能更鲜明地揭示人物活动的阶级背景，这也不能不影响作品中人物活动的典型环境的创造。这种缺点，不仅影响了作品的艺术水平，而且在相当大的程度上还削弱了作品的思想意义和战斗力量，而这一切，和作家思想的局限性是分不开的。

第四章　“倘若我有那什么也扑灭不了的火种”……

一

抗日战争爆发以后，王鲁彦告别了上海，到了武汉，在军委会政治部工作。一九三八年冬天，局势渐紧，王鲁彦就带着他的夫人和孩子们经由湖南辗转到广西桂林，参加桂林行营政治部工作，后来在文化供应社任编辑，同时还在省立桂林中学教语文。一九四〇年秋天，他又离开桂林，带着全家到柳州附近的省立柳庆师范学校任教。第二年夏天，鲁彦又离开了柳州，带着病回到了桂林。此后，他参加了“中华全国文艺界抗敌协会”的组织工作，并主编大型的文学刊物——《文艺杂志》。一九四一年以后的几年间，鲁彦的生活仍然极不安定，他几次来回辗转于广西、湖南之间，直到他在桂林逝世。

由于鲁彦长期过着颠沛流离的穷困的生活，因此，当他从武汉到了广西以后，健康状况就已经很差了，他时常患着恶性疟疾，又患有肛门结核，后来又患直肠周围溃疡症、肺结核、喉头结核……当时，鲁彦的经济状况十分窘迫，他没有钱治病，甚至没有钱维持最起码的生活，在桂林期间，进步文艺界曾几次发动募捐，给予鲁彦和其他陷于贫病交加的文化人以经济上的接济。

王鲁彦并没有被贫病所压倒。作为一个有民族气节的知识分子，作为一个对祖国有深沉的爱和对广大人民的运命怀着无限关切的作家，鲁彦是非常热情地投入了伟大的抗日战争的洪流的。在民族危亡的关头，鲁彦变得更为积极了。他热情地参加抗日战争的实际工作；他以一个组织者的姿态出现在国统区的进步文坛上；而他所主编的《文艺杂志》，得到了巴金、老舍、张天翼、艾芜、曹靖华、靳以等作家的支持，同时又团结了一批进步的文艺青年。参加组织工作，对鲁彦来说是一大进步，过去他只是自己写作，到左联时期他虽已答应出面主编刊物，但却没有编成，而现在已正式实现了。他以极大的热情来编刊物，有几期几乎是在病床上编成的，他的忠实的助手就是他的夫人；而和那些利欲熏心的出版商人打交道，办交涉，更不知花费了他多少精力。应该说，鲁彦对抗日战争时期的文学运动，是作出了许多的贡献的。

在整个抗日战争时期，王鲁彦几乎在他的全部文学活动中，都是热烈地号召人们起来抗击侵略者的。从这里我们同样可以看到鲁彦参加抗战的热情。早在一九三七年，他在一篇题为《今年的双十节》的杂文里就已经鲜明地表示了他对于抗战的积极态度。他说："抗战，抗战，这呼声已经布满在整个的中国，壮烈的勇士们已经从各方面涌到了华北和华南，两个月来，炮声已经震动天地了。事实给我们证明了没有一个人不愿意用自己的血肉去争取中华民族的独立和自由。"[1]在一九四一年除夕前数日写的《〈我们的喇叭〉后记》中鲁彦说道："抗战以后，我总共只写了约莫十个短篇。现在挑选了这几篇，虽然仍觉得不满意，但想起来已经不觉得有什么罪过了。因为，您看，这世上的罪恶正大着呢：鬼子在前线放毒气，在我们的后方丢炸弹，还唏哩呼噜的造谣言，说谎话，想欺骗世界，做着统制天下的梦哩！在这时候即使我的笔力不大，我也要供献出来，参加抗战的！"在一九四二年二月鲁彦代表《文艺杂志》编辑部所写的《给读者》一文中，也十分鲜明地表示他主办的文艺刊物的态度。他说："抗战以来，我们文艺工作者和千千万万的同胞在一起，无论在前方后方，都

[1] 《今年的双十节》，1937年10月《烽火》（上海版）第6期。

受着敌人大炮飞机的威胁。在这样不宁静的生活中，我们不但没有畏缩，却愈加奋励，只想以国民的身份，多对国家尽一点责任，有助于抗战，多用自己的笔，忠于自己所从事的工作。——这种种，我们这一个杂志就是最好的证明。”❶而鲁彦这时期的写作活动，正是积极地实践自己主编的刊物的战斗号召的。他的小说，几乎都是以抗战为题材的；而在许多优秀的散文中，鲁彦更是直接地正面地抒唱自己的愤怒的感情。例如在散文《火的记忆》中，作者在叙写日本帝国主义侵略的炮火所引起的自己的愤怒心情以后，接着热烈地发出召唤：

> 倘若我能活着，能够活下去，谁又能给我暴风一样的力，我一定伸出巨大的手掌，扼住所有的敌人的咽喉，一直到他们倒下而且灭亡！
>
> 倘若我有那什么也扑灭不了的火种。我一定燃起那亘古未有的大火，烧尽全世界所有残暴卑劣的人群❷。

又如，在散文《从灰暗的天空里》中，鲁彦则深情地怀念着在敌人的铁蹄的蹂躏下的故乡。他向“灰暗的天空”询问：“你看见了那被敌人践踏着的土地吗？同胞的血涂满了地面了，我们的屋子、我们的道路，现在是谁在住着，谁在走着？谁牵去了我们青年的妇女，谁夺去了我们用血汗灌溉出来的谷米？……呵，你不说，我全知道了。我看见一切了。”于是他呼喊着：“不，我不愿在这里徒然的述说那些控诉了，我要飞回去，从这灰暗的天空里飞回我的故乡，带着这些声音，和发亮的枪尖一起。”❸在这些篇章里，王鲁彦对于野蛮残暴的侵略者，表现出何等巨大的愤怒，同时，我们也看到，鲁彦的思想的确有了较大的进步，曾经幻想着全人类互相亲爱的王鲁彦，在这时候，他也怒愤地发出“我一定伸出巨大的手掌，扼住所有的敌人的咽喉，一直到他们倒下而且灭亡”的战叫；并且表达愿意“和发亮的枪尖一起”的战斗要求。

---

❶《给读者》，1942年2月《文艺杂志》（桂林版）第一卷第二期。

❷《火的记忆》，1942年3月《文艺杂志》（桂林版）第一卷第三期。

❸《从灰暗的天空里》，1942年5月《现代文艺》（福建永安版）第五卷第二期。

在抗日战争的最初几年，王鲁彦虽然坚决地站在反对侵略、保卫祖国的立场上，热情地参加抗战工作，愤怒控诉侵略者的种种灭绝人性的行为，但是在这种急风暴雨般的新的形势面前，他的思想准备是不够的，侵略者的史无前例的疯狂的屠杀，使善良的鲁彦的内心感到十分愤怒和痛苦，他更深切地感到过去所幻想的那种全人类互相亲爱的理想的彻底破灭，因而他的心情有时就表现出异常的苦闷。例如作者在《火的记忆》中，主要是热烈地召唤战斗，但有时却也不免流露出某些矛盾的情绪：

> 天呵，是谁毁灭了我的温良的人性，把魔鬼推进了我的胸中的呢？我简直不认识我自己了。呵，给我纯洁的灵魂，慈悲的心肠，多情的热泪，让我从噩梦中醒来吧！

而当作者怀着这种不健康的情绪来铸造艺术形象时，就自然会露出明显的瘢痕。例如发表于一九四二年的短篇小说《樱花时节》[1]，作者在处理他的题材的时候，就又分明地流露出他的资产阶级人道主义思想的局限性。作品中，曾经以屠杀中国人为快乐，提着中国人头游戏的日本士兵屋恭卡希因为良心发现而颓唐、苦闷，终至自杀了；而作品中的“我”对屋恭的命运又表现出深切的同情。作者的创作意图似乎是要引起人们对那些将日本士兵逼成如此下场的日本军阀的愤恨（例如在作品的最后，“我”说：“他（指屋恭——引者按）的死，更使我想对逼迫屋恭他们万恶的日本军阀报仇了”），作品中的“我”对日本侵略者的罪行虽然也不无严加痛斥，但是作品的客观效果和作者的创作意图却是完全相反的。作者将日本军阀和手里拿着武器正在屠杀中国人民的日本士兵截然分开，并且要寻找被压迫者和提着人头玩耍的侵略者之间的和谐的基础，这种思想在民族敌人当前的时代，显然是非常有害的。虽然这种作品在鲁彦本时期的创作中只是个别的，但它也说明，这个时期王鲁彦还不可能完全从阶级论的观点来理解帝国主义者的侵略战争和被压迫民族的反帝斗争的根本性

[1] 《樱花时节》，1942年9月《文学创作》（桂林版）创刊号。

质；不可能清楚地认识到帝国主义乃是战争的根源；这就必然给他的作品带来深刻的思想局限性。

虽然如此，我们还是不能不注意鲁彦在抗日战争时期——尤其是后期的生活和思想的重大变化。他在桂林工作的时候，与共产党人和进步文化人有较为广泛的接触，并且受到不少积极的影响。在这时期，鲁彦已经开始以十分热诚的态度，严肃认真地学习马克思主义的理论了。鲁彦的学习马克思主义理论，是有其主客观的条件的：一方面是伟大时代的鼓舞和他接触的共产党人的影响；另一方面，在他自身长期创作的过程中，也曾遇到一系列迫切需要解答而又一时无法解答的问题，这一切也都逼着鲁彦从先进的理论中去寻找正确的答案。学习马克思主义理论，这对鲁彦来说，是多么值得珍贵啊！因为鲁彦在以往二十年的创作生涯里，他几乎都是凭着生活的直感和他的人道主义感情在创作的，他很少读理论书，特别是对马克思主义的理论著作更是缺少兴趣。在《〈我们的喇叭〉后记》里，鲁彦还曾经十分坦率地告诉读者关于他学习理论的情况。他说："如一般人所说的，所谓'意识'或'观点'，我简直怎样也弄不清楚；我极想多读一点那样的书，但往往读着读着就打瞌睡，或者做起昏昏沉沉的梦来；有时拼着命把它读进去了，心里也颇为赞成，便想把它装进自己的作品里去，然而却又怎样也装不进去！"正如我们在前面各章所分析的，由于缺乏马克思主义理论的武装，因此无论是鲁彦对生活的理解或者是他的创作质量，都受到严重的影响。而现在，鲁彦却能够以满腔热情来阅读马克思主义的理论著作了，这是多么重大的进步。艾芜同志在《关于鲁彦的回忆琐记》一文中，对这方面有着非常生动的回忆：

> 他（指鲁彦——引者按）的书桌上，没有摆过一本革命的书，给人感到他纯粹的拘束在文艺这个小圈子里面似的。但后来同我住在施家园一个院子里面，偶然碰见他打开箱子，翻译的社会科学如普列汉诺夫的《社会科学的基本问题》，莫斯科出版的《政治经济学》，高尔基的文艺论集等书籍，都打眼底现了出来。我拿起来翻翻，里面却有用红笔写的一个草体字"彦"。
>
> 他在桂林中学教书的时候，有一天我去看他，一道出来在桂

西路上走走。书店门前的新书广告，以及玻璃厨窗里面的摆着红绿封面的新书，都是不时使我们略微停下了足步。在读书出版社的店前，他对那些精装巨册的译本《资本论》，凝望了好一会，脸上露出热望的神情羡慕地说：

"这倒该买一部来看看哪！"

于是我怂恿地说：

"你就买一部吧！"

鲁彦踌躇一会，才说十六元一部太贵了一点，身上又没有多少钱，必须等到学校发了薪水才能买。我和读书出版社的经理刘尘君是认识的，就立刻介绍鲁彦去跟他会面，用了挂帐方式替鲁彦赊到了一部精装本。以后两三年之间，我常到鲁彦住处去，却从没有看见他那用愉快的脸色抱回去的这部大书了。我想他一定深藏在他的箱子里了。……❶

从艾芜同志的回忆里，我们看到，鲁彦在本时期对于马克思主义的理论是怀着一种怎样的珍惜和热爱的感情。鲁彦，他驾驶着生命的轻舟在人生的海洋里颠簸了四十多年了，在他的周围，始终是凶恶的波涛，和漫漫的黑夜，直到这个时候，他才看见真理的灯塔的烨烨的光耀！这对鲁彦是具有多么巨大意义的时刻啊！或者这将成为鲁彦生活的转折点吧。但是，正当鲁彦的生命和创作生活即将展开一个绚烂的光辉时期的时候，不幸，疾病终于夺去了他的宝贵的生命。鲁彦于一九四四年八月二十日下午一时许逝世于桂林，他只活了四十三岁。❷

二

在抗战爆发以后的这一时期，由于战乱的影响，鲁彦正处于贫病交加的困境，所以他的创作并不多。除了一些零散发表于报刊上的散

❶ 《关于鲁彦的回忆琐记》，1945年《周报》（上海版）第11期。

❷ 关于王鲁彦逝世的日期，在《鲁迅全集》（1958年版）的注释中作1940年，有的《中国现代文学史》则作1943年，都是错误的。我们根据1944年《广西日报》上有关王鲁彦逝世的一系列报道校正，应该是1944年8月20日。

文作品以外，鲁彦在这时期写了《我们的喇叭》、《伤兵旅馆》、《杨连副》、《陈老奶》、《炮火下的孩子》、《樱花时节》、《千家村》等近十个短篇小说，和长篇小说三部曲的第二部《春草》的若干片断。虽然创作的数量并不很多，但我们从这些作品中却可以看到，鲁彦几乎是用他全部作品的篇幅从各种角度来描写与抗战有关的题材的。

《春草》是鲁彦计划写作的三部连续性的长篇小说的第二部。它从一九三九年底起在桂林出版的《广西日报》的《漓水》副刊上开始连载，至一九四〇年二月十八日中止，只发表到第七章。由于是在抗战中，鲁彦为了更密切地配合现实斗争，因此《春草》并没有按照原计划写成《野火》的续篇，而是改以抗日战争为背景，以知识分子为主人公。这部小说没有全部发表，我们无法了解它的全部内容，但是从已经发表的七章看，作者显然是在赞扬主人公爱国青年周旭那种坚决摆脱旧家庭的阻拦而勇敢地投身子抗日战争的正义行为的。周旭在离家时，给思想顽固的父亲留下了一封信，信里对父亲说："我是个不孝的儿子，那是真的，因为我不能依从你。然而我愿意这样，因为我须得为国家民族尽义务。忠孝不能两全，古人早已说过了，我现在也是一样，只好请你老人家原谅吧。"[1]周旭这种以国家利益为重的行为深得作者的赞扬和肯定。这部作品未能全部问世，应该看作是抗日战争时期文学的一个重大损失。

短篇小说《我们的喇叭》写于抗战初期。它描写的是这样一个故事：有一个挑卖糖果玩具度日的小贩，他连自己的姓名都不清楚，由于他天天吹着一个铜做的小喇叭来召唤他的小顾客，因此人们都叫他做"小喇叭"。他本来安分守已地过日子，可是日本帝国主义的侵略战争毁灭了他的宁静的生活，他终于参军当号兵，吹起军号来了。有一次，部队守卫在前线，由于中了敌人的计喝了药酒，大家醉得爬不起来，敌人乘机冲上来，这时候只有"小喇叭"没有醉，于是他用整个生命吹出了冲锋的号音，他的号声终于将敌人吓退了，"小喇叭"也因为用力过度而失去知觉，醒来后他得到师长的奖赏。

在这个短篇小说里，王鲁彦比较真实地描写一名抗日战士的成长

[1] 1940年1月24日《广西日报》《漓水》副刊第55期。

过程。“小喇叭”最初出场时，他的性格是软弱的，这种软弱的性格有它的历史根源。“原来这种性格也是祖传的，他的祖父曾经对他的父亲这样说过，他的父亲也对他说过：‘听我说，小喇叭，我从来没和人家打过架呢！第一是，我能安分守己；第二是，我能听天由命；第三是，什么事情都能退让。这样，天下就太平了！’”“然而，不幸的是，小喇叭生在这个时代里。无论他怎样安分守己，怎样听天由命，怎样退让忍耐，他那祖传的职业终于动摇起来了。”日本帝国主义的侵略，使他原来做生意的“根据地不久就变成了死市，他所熟识的喜欢的孩子们纷纷离开了城市”，“一连几天，小喇叭走遍好几个乡村，竟找不到一个立脚点”。这个时候，有人劝小喇叭去当兵抗日，但是小喇叭却认为，“这是杀人流血的，白刀进去，红刀出来，惨得可怕！他们祖孙三代从来没和人家打架过，他怎么去当兵呢？”但是侵略者并不管小喇叭的心有多么善良，愿望有多么美好，他们的飞机，丢下来大批的燃烧弹，到处起了火，“小喇叭的糖果担子完结了，他只随身带着那个祖传的铜做的小喇叭，从烟火里爬了出来。”战火夺去了小喇叭的生活的依靠，使他走投无路，他就参加了抗日部队，然而最初他还有着保留的条件，就是“当兵不杀人”，于是他当了“不杀人”的号兵。后来经过战火的锻炼，小喇叭终于成为一个出色的号兵，他热爱自己的工作，为自己的吹军号的职务而自豪，他骄傲地想：“这比吹小喇叭好得多了，……从前指挥的是好玩的小孩子，现在是英雄好汉呢！”因此，在战场上，小喇叭就成为一名出色的号手，作者对他的吹号有一段生动而富于诗意的描写：在日本兵冲上来的时候，小喇叭“他吹了，吹起冲锋号了！一遍又一遍，紧张，激烈，急骤！他的心跳得那么厉害，好象要从他胸坎里冲出来一样！他的筋脉一根根粗绽起来了，热血在冲撞着！他的眼珠从他的眼眶里凸出来了！他用着整个的生命，整个的灵魂吹着！吹着！满山满谷，象有千万个喇叭一齐怒吼了起来，月亮失了色，黑云落到了阵地上，树木岩石都从山里冲了出去！狂风卷着飞砂向着敌人那里掠了过去！”小喇叭，从忍让安分地做小生意到勇敢地挺立在战场上以他那嘹亮的号声来打击敌人，他在战火中成长起来了。作者比较真实地揭示了这个人物性格的发展；同时，通过对这一人物形象的塑造，作者批判了对待抗日战争的消极退让的态度，而热烈地赞扬那积极投入战斗的行为。另一方面，我们还可以看到，这个人物与《乡下》中的三品和《野火》中的葛生是有某些血缘关系的，在创作过程中，鲁彦两次要想写出这种忍让者的转变，但在三品和葛生的形象创造中，他们刚一露出某些反抗意识，就在作品里完成了角色的任务。这次在小喇叭身上，作者终于写出了一个妥协、忍让、听天由命的人物的转变，在抗日战争时期，写这种人的转变，无疑是有教育意义的。

《伤兵旅馆》和《杨连副》这两个短篇小说都是歌颂抗日部队里的士兵和下级军官，同时又批判不懂得尊敬抗日士兵的老百姓的。《伤兵旅馆》描写有一批从前线撤下来的伤兵，住在一家旅馆里，给旅馆带来许多麻烦；老板娘对伤兵们也完全采取不友好的态度；有一次，日本飞机来轰炸，一个伤兵冒着生命的危险从弹火中救出了老板娘的爱子，老板娘大受感动，于是将自己的旅馆自觉地改成“伤兵旅馆”。《杨连副》写一个抗日部队里的下级军官，因为公事从前线回到后方，受到一些老百姓的歧视和作弄，但是杨连副努力改善与老百姓的关系，并且利用工作空隙，将附近的儿童们组织起来，进行教育和训练，使他们成为抗日战争的一支“小小的预备队”。

这两个短篇作者所歌颂的都是抗日的战士，他们有的在战场上流了血，成为残废，有的在前线劳苦奔波，几天几夜没有睡觉，他们都是国民党部队里具有爱国感情的士兵和下级军官。由于他们愿意抗日，因此在民族矛盾空前尖锐的条件下，作者选择这样的人物来歌颂，不能认为是错误的。而且在《伤兵旅馆》里，作者通过伤兵赵德夫的嘴说：“是呀，我们都是中国人！”在《杨连副》里又通过杨连副的嘴说：“会打仗的，去打日本鬼子！”可见，王鲁彦在这两篇作品里所要宣传的都是这样的思想：国难当头，必须不分男女老幼，全民团结起来，一致对外，打击日本侵略者。我们以为，在当时，作者所宣传的这一思想，还是具有积极意义的。

以上所分析的三篇作品都是以和抗日战争有关的生活为题材，宣传的都是号召抗战的思想，同时又都是以国民党部队里具有爱国感情的士兵和下级军官为主人公的。虽然它们都具有象我们所指出的教育作用和积极意义，但是由于作家的思想水平和生活经历的限制，因而这些作品也就不能不显露出不同程度的思想上和艺术上的弱点。应该指出，王鲁彦是缺乏这方面的生活经历的，他对于前线生活和国民党的军队并不熟悉，同时他的思想水平又限制了他对国民党军队的本质和当时的整个抗日形势作更深刻的认识，这一切都从他的作品中清晰地暴露出来：一方面，作者有时过于美化这些国民党军队中的士兵和下级军官，尤其是《杨连副》更为突出。这些作品会使读者产生错觉，仿佛国民党的军队是坚决、积极抗日的，而老百姓却是落后的，不理解抗日行为的；作者没有能够写出国民党军队在整个抗日战争中的最本质的表现：消极抗日、积极反共。这就不能不影响这些作品的真实性和深刻程度。这除了鲁彦对当时的整个局势缺乏更深刻的认识，以及自己本身生活圈子的狭窄等原因外，更主要的还在于鲁彦的思想水平的局限，在抗日战争前期，鲁彦的思想水平和写《野火》时期的思想水平并没有发生本质的变化。如果说，在现实生活教育下所产生的自发的阶级论的思想使鲁彦能够在作品里比较真实地描绘农村阶级斗争的图画，那么，在民族矛盾空前尖锐的新的形势下，阶级矛盾呈现出更为复杂的形态，这种自发的阶级论就显现出它的局限性了。另一方面，这几篇作品都有非常明显的编造故事的痕迹，尤其是《我们的喇叭》一篇更为突出。例如奸细送酒，士兵中计，号声退敌……这一系列情节都留有明显的人工痕迹，这里缺乏更浓郁的生活气息，因而也就大大影响了作品的真实性。这和作家对这方面的生活不熟悉也是密切相关的。因此，与其说鲁彦从抗日战争的生活里选择题材来进行创作，倒不如说，鲁彦只是按照自己的主观想象编造出几个故事来表现他所要宣传的思想更为恰当，虽然这里面也显露出鲁彦参加抗战的热情。

上面三篇作品都是在抗战前期，具体的说是在一九三九年以前写的，因而它们暴露出这种种的缺点是并不奇怪的。因为在大时代的激发下作者所产生的巨大的战斗热情在短时间内还寻找不到最恰当的表现方式，就不能不以主观编造的故事出之。到了抗日战争后期，鲁彦终于为他所要表现的热情和思想寻找到最适合的表现方式，这就是运用他二十年的文学生涯里最拿手的乡村题材来表现具有鲜明时代色彩的内容。这样，我们就看到了《陈老奶》、《千家村》这些优秀的短篇。

《陈老奶》并不是写前方浴血的战斗，或是可歌可泣的英雄，它写的是坚强地和民族共同求生存的人民！它是民族抗日战争长诗中的一个插曲，也是鲁彦作品中最完整和最成熟的短篇之一。

陈老奶是一个家庭中的坚强而年老的“领港”。在时代的大动荡中，她率领着全家搏斗于风浪之中。在战争发生以后，她的第二个儿子被战争的大波卷走，杳无音讯，但陈老奶把痛苦深深地埋在心里，沉着镇定，“以前，她原是极其善于感动，神经易受刺激的，现在竟变成了一副铁石心肠的人了”。接着，她的大儿子又因患病而死去，但是陈老奶依然在风吹浪打中引领一个寡媳和幼小的孙子坚勇顽强地生活下去，她鼓励那日夜浸在泪水里的媳妇说：“你的日子多着哩，比不得我！孩子长得快呵，你总有称心的一天！……”虽然她已意识到自己的衰弱，但仍然鼓舞着媳妇：“别怕，我还年轻呢，再帮你十年二十年……啊，你老是伤心，伤心有什么用！倒不如爱惜身体，好好把孩子养大，怎见得不是先苦后甜呵……”在那风狂海啸、黑浪滔天的生活海洋里，这位老领港已经将明媚灿烂的明天许给她的媳妇了！然而，在商人的盘剥和反动政权的敲榨之下，破产的大波又向着这孤儿寡妇的家庭袭压而来，但陈老奶依然驾驭着家庭的航船在暴风雨中行驶。在现实中，战争、疾病和反动政权都向这个老妇人伸出黑色的魔手，但是陈老奶却生活得那么坚强。她说：“做人做人只要做呀，譬如走路，一直向前走，不要回头就是了……你看我老了，我可是人老心不老呢……”（重点引者加）即使她即将死去，她也把希望留在人间，她对媳妇说：“别伤心呀，记住我的话：做人总是要吃苦的……先苦后甜呵，你总有快乐的日子……我是很满意了……”

在既成的事实面前，陈老奶从不惶惑徘徊，更从不反顾。这位家庭的引路人之所以永不懈怠地溯着生活逆流前进的目的是：为了后代！她要以耗尽最后的精力为代价，用自己的手从密云中为子孙们拨出一个青天来。一切为了后代，这是陈老奶战胜一切惨苦生活的动力。

陈老奶是作家以整块巨岩砍成的形象。虽然这位老太太并不是一个冲锋浴血的抗日战士，但是她却在自己可能的范围内，尽自己应尽的职责，不管是怎样严酷的考验，怎样惨重的损失，这位老太太都严峻地屹立于生活的惊涛骇浪之中，目光闪闪地正视前方，仰望未来。可以看出，鲁彦在这里不仅是单纯写一个老奶奶，我们仿佛看到，在这篇作品里耸立着一座焕发着民族豪气的中国人民的伟美的巨像，它沉着而坚强地挺立在历史的风雨中，永不动摇。鲁彦对她的歌颂好象全部迸发在作品中的一个不知名的人物的话中："看看榜样吧，年轻人！个个都象她，就天不怕地不怕，什么都担当得起！"而当我们的民族遭遇着最严峻的历史考验的时刻，她是多么需要这种什么都担当得起的天不怕地不怕的坚强的人民啊！因此，虽然这篇作品所表现的只是一首对普通人的礼赞，然而它却闪耀着何等灿烂的时代精神的光辉，因而它能深深地打动读者的心灵。

当鲁彦在一九四三年写好《千家村》时就决定：《千家村》是未来的《疾风》的开端，这就是说，长篇小说三部曲的后两部——《春草》和《疾风》，鲁彦都准备以抗日战争作为它们的背景。然而哪里知道，《千家村》却成为鲁彦最后的一个短篇。

《千家村》发表在《文艺杂志》（桂林版）第二卷第四期。千家村是抗战时期祖国千万个村庄中的一个，在它的上空，战争的苦难象黑色的乌鸦张着翅膀飞翔着。但是千家村的农民是警惕的，觉醒的。苦难往往是一根韧的绳索，把人们的心串连在一起，千家村的农民组织起来了。

《千家村》的主人公秋光是一个在外乡奔波了十多年的游子。他怀着对于美丽的故乡的无限思恋的心情来问候这"曾经遭遇过三次的战争"的乡土。刚望见千家村的小山岗时，岗上两个年轻的农民对秋光露出疑惑的眼光，盘查似的询问他，又试探似的为他领路挑行李。事后秋光才知道：原来他们"是在那里放哨，对那早已远退了的敌人还在严重地警戒着"。他几乎被疑为敌探。在民族经受着巨大的历史考验的时刻，它的人民是这样警惕地站在他们的岗位上，守卫着自己的家园。这种警惕性在当时是何等的可贵啊。

同时，千家村的人民也"沉浸在凄凉的苦难中。千家村——日夜在颤栗着……"福全哥已经不能回答秋光的问候了，只是嘴里"喃喃地念着咒似的"，原来他是"给鬼子吓疯的"。七哥憔悴了，见面后两人只是默默执手相看，竟无语而凝咽，他在战争中失去了一个八岁的孩子。有四个孩子的洪富妻被敌人赶到河里淹死了，而她的孩子们的碗里都是薄薄的稀饭。村上的好多屋子都被战火毁了……"但这还是受害最轻的”，“整个的千家村，现在只剩下了一百多户，而且很少是完整的，而且就连这些残留的部分也沉浸在凄凉苦难中”。

久游归来的秋光倾听着乡亲们的哭诉，也和他们一起呜咽；组织起来了的乡亲们的警惕的行动，又给予主人公以强烈的激动。在这里，鲁彦安排下一个非常富有诗意的结尾：

> 这一夜，我（即秋光——引者按）无论怎样也合不上眼。对着一盏黯淡的孤灯，我只会呆着出神。屋外有蝈蝈儿在叫，它们给我揭开一幕甜蜜的儿时的回忆，一会儿杜鹃的啼鸣又把我引到了眼前悲惨的境界，窗外有风在摇曳树木，呜咽而且悲愤，一阵阵的鸡鸣似在催人奋起……
>
> 我不能再在这里多耽搁了，天还未明，我把我应做的能做的事全准备好托付了七哥和富洪，就带着连伢子急急地离开了我们的老屋，我们的故乡，我们的千家村……

秋光在自己的家乡只住了一夜就走了。家乡的父老们的灾难、仇恨、眼泪和力量，激动着秋光，在他的心中沸腾着复仇的愿望和责任感，他要去为神圣的民族解放战争贡献出更多的力量。

《千家村》描写了中国农村有组织的抗敌工作，歌颂了中国人民在浩劫和蹂躏中的坚韧不拔的自信心。

这是非常令人寻味的巧合。在鲁彦最早的作品之一《秋夜》里，主人公“我”在人民陷于受苦中出现；鲁彦的最后短篇《千家村》的主人公“我”（秋光），也是在人民陷于受苦中出现，但前者是以救世主自许，后者却从广大人民的仇恨和苦难中激涌起力量。可见，王鲁彦在漫长的二十年的创作道路上，他是发生了怎样深刻的变化。

三

在三十年代，王鲁彦从农村的阶级斗争中已经初步看到了群众斗争的力量，并且把他的同情献给那些为争取生活的权利而展开斗争的劳动者。现实生活中这种紧张剧烈的阶级斗争使王鲁彦对人道主义思想，产生了初步的怀疑，鲁彦虽然也不无表现出某些矛盾的情绪，然而长期的流浪颠沛的生活和被压迫的、贫困的社会地位，终于使鲁彦选择了同情被压迫者和他们的斗争的正确立场，并且在自己的作品中以赞扬的态度描绘了他们的生活和斗争。现实生活的深刻教育已经为这一位正直的贫穷的小资产阶级知识分子的思想转变准备了有利的基础。

抗日战争爆发以后，日本帝国主义侵略者的惨无人道的大屠杀和大破坏，激起了王鲁彦的极大愤慨；广大人民的汹涌澎湃的抗日救亡的热潮，又给予鲁彦很大的震动和鼓舞，于是这一位平时不大过问政治的作家，也积极地和人民并肩站到反对帝国主义侵略、保卫祖国的战斗行列里来了。虽然他在抗日战争初期，由于面对着新的历史现实，还不免多少流露出某些痛苦矛盾的心情，但是他却始终是以异常坚决的态度，用他的笔号召人们以勇敢的抗争来保卫自己的和平生活。另一方面，由于抗战时期群众性的救亡运动的展开，鲁彦也感受到并且进一步认识到群众的力量，因而在他的作品里为英勇抗战的人们献出他的热情的赞唱。鲁彦在抗战时期和共产党人的接近以及对马克思主义的学习，又为他的这些进步提供了重要的思想力量。

因此，虽然鲁彦直到逝世，还没有能够成为一个马克思主义者，甚至在他对现实的认识中还出现这样那样的局限性，但是我们应该看到，在他的生命的最后阶段，他的思想是发生了巨大的变化的。这时期，他世界观中的阶级论的因素和集体主义思想因素已经不断地增强。的确，我们完全可以相信，如果鲁彦不这样早死，在他的生命中是定将出现一个更新的更灿烂的时期的。

在艺术观点上，王鲁彦到本时期已经基本形成自己的现实主义艺术观。虽然他并没有为我们留下完整的现实主义的文艺理论著作，但从一位在抗战时期在桂林听过鲁彦的关于创作问题的报告的文学青年在《东海》（一九五七年三月号）所发表的一篇回忆中，我们却仍然可以看到鲁彦在讲《怎样写短篇小说》这一问题的时候，已经比较完整地表现了他的现实主义艺术观点了：

> 他（指王鲁彦——引者按）举了莫泊桑的短篇小说《项链》来分析短篇小说的特点……他讲得很详细和有条理。他先讲解一

个作者必须从生活中积累大量的创作的素材，而又要在很多的素材中吸取题材。他再讲到作品开头的重要和困难，一个作者需要有很大毅力克服这个困难。他特别要大家注意小说中场面变化和发展情况，着重指出创造人物的典型性格的重要。他又说，一篇好的小说，需要有一个最能激动人心的“顶点”，作者应该把自己的力量在这个“顶点”上表现出来，使主题达到充分的深刻为止。他说，文学是语言的艺术，作者必须斟酌每一个用字，只有不断锻炼词句，才能使作品达到优美而精炼。他告诉我们，福罗贝尔如何教导莫泊桑用字，要做到“一字致人以力”——鲁彦先生把这句话重复了好几遍。

在这里，王鲁彦对文学与生活的关系、文学作品的思想和艺术的关系、文学作品的典型化问题、以及文学语言问题等，都作了现实主义的正确的理解。

本时期，王鲁彦的作品的艺术风格也已基本形成。对现实生活的忠实而朴素的描绘，以小见大的艺术构思，作品中荡漾着浓郁的诗意，流畅而抒情的叙述语言，这些成为鲁彦许多作品的艺术特色，而《陈老奶》和《千家村》则可作为体现鲁彦艺术风格的最突出的代表作。

王鲁彦终于经受不住贫病的折磨，这样年轻就逝世了！他的死是极为悲惨的。邵荃麟同志在当时发表的一封书简里，曾详细地记述鲁彦临逝世前后的情况：

鲁彦是七月初抵桂的，到桂次日，我去看他，觉得比去年坏了很多，瘦得不成样子，喉头患了结核，说话很不容易。他告诉我，杂志（指《文艺杂志》——《青年文艺》编者原注）上了人的当，弄得十分混乱，非常懊悔……

鲁彦到此（指桂林——引者按）时，只剩九百元，情形极其狼狈，他的病因此次路上太辛苦——走了十二天，在敞车上睡了四天四夜——便突然变严重。当时朋友们替他筹募了二万元请医治疗，后来又……得到“文协”援助贫病作家基金的接济后，才算把他送入医院。但因针药太贵，几乎天天要找钱应付。到了七月十七日下午，病势突呈危象，即晚，他太太跑来找我；我次晨去看他，已不能言语，身体瘦得皮包骨头，宛如骷髅，叫人惨不忍睹！但他仍极力希望活下去，叫医生替他打葡萄糖……次晨，我正要去看他，到了半路，报丧的已经来了。我立即电“文协”总会请拨治丧费，一面由书业公会募了两万元，总算把丧事料理过去了。在我到医院以前，连入殓的衣着都无钱购买！一个文人下场如此悲惨，尚复何言！❶

王鲁彦逝世以后，文艺界的进步人士和广大的进步读者都感到悲痛和悼惜。在鲁彦逝世十天以后，进步的文艺界在桂林社会服务处礼堂举行了追悼会，有当时在后方的文艺界进步人士二百多人参加，追悼会由欧阳予倩同志担任主席，荃麟同志代表全国文协致悼词。此后，邵荃麟、巴金、艾芜、赵景深等文艺界人士都发表了悼念的文章。而“桂林文协同人”的《悼鲁彦先生》，则代表进步文艺界对王鲁彦一生的生活和在文学活动中的贡献作出了崇高的估价。这篇文章的主要内容如下：

鲁彦先生之死，在我们是失掉了一位在私交上真挚，在事业上忠贞的战友，这损失是难以衡量的。

比什么都更为基本，鲁彦先生是一个善良正直的人。因为善良，所以爱人；因人正直，所以敢于正视现实。……鲁彦先生，终他的一生，始终具有那种强烈的正义感，那种嫉恶如仇的灼热心肠，无论如何，这一点却保证了他作为一位作家的战斗事业的继续，直至最后。因此，无论在他初期或晚年的作品中，他所创造的形象，差不多都是在历史重负下挣扎的苦恼的生灵，而又于泪光中闪现着一丝笑影，在黯澹里透露出一点阳光。显然对人生一直寄与着不渝的希望。而他之选译弱小民族特别是东欧的作品，拿来介绍给中国读者，也无非是为了想借此来照出我们这东方古老大国的落后。到得后来，斗争越发残酷，视野既然变得广阔，灵

❶ 《关于鲁彦的死及其他》，1944年10月《青年文艺》（重庆版）新1卷第3期。荃麟同志文中关于鲁彦病逝日期的记忆有误。

魂也粗暴起来，他那杆笔就更加接近于人民的解放事业了。

是的，鲁彦先生不仅是一位清醒的作家，而且还是一名不懈的战士，虽然不属于勇猛的那一种，但无疑是属于坚贞的那一种，尽管有人已谥定了他，名之曰“本份”作家。他的生命的过早中断，表面上固然是由于贫病，究其实是更有深刻的原因在的。贫病是旧社会加于叛逆的作家们身上的“赐与”这是周知的事实，不待解说。但更厉害的却是精神上的桎梏，把一个人的灵魂弄到窒息的恶毒的禁闭。鲁彦先生的良心不但存在，而且一直是清醒着的，他当然不能忍受一个无声的中国横在他的周围，而况他身受的就正是关于友人的心血能不能与世人见面的焦虑，就正是由于特种市侩的敲诈而来的愤懑，就正是自己难于排解的一个理想与现实的矛盾的纠缠与那种咬蚀着一个人的灵魂的寂寞？不说别的，光是为了他所编辑的那份杂志，由于一种凡事不苟的认真精神，说是已使他弄得身心交瘁恐怕也不为过的罢。关于这，他一再告白着他的苦恼说：“怎样也无法使自己的心安静。”脑满肠肥的人是没有苦恼的，随遇而安的人也不会有苦恼的，只有关心人民，关心祖国者，在窒息一切的重压下感到无可如何，这才分有了那种千万人所共同感受着的大苦恼。这么样，鲁彦先生终于是抵不过黑暗势力的逼迫，苦恼死了。

……给他以暴风一样的力的人群是存在的，而那什么也扑灭不了的火种也是有的；有一天，等他以坚实的步伐走到（一个象鲁彦先生这样的良心清醒着的作家，是一定走得到的）他们那儿的时候，他恐怕早已把那个可怕的噩梦丢在后面。然而，可悲的是，魔鬼已不给他以再向前走去的时间了。

鲁彦先生已经永远离开我们了。全集的整理，编印，作品的研究，以至遗孤的教养的援助等等，自然都不失为纪念他的一个方法了；但为了光明的到来，首先不能不击退那黑暗，重要的还是去争取那起码的民主权利，即言论、出版等自由。❶

❶ 1944年8月30日《广西日报》（桂林版）。

鲁彦的死，进一步强有力地暴露出黑暗的旧中国的狰狞面目，那样的社会是摧残人们的智慧和才能的大监狱，鲁彦就是被那样的社会折磨死的。鲁彦的死，又一次深沉地激起人们向罪恶的旧中国战斗的勇力和信心。并且在鲁彦逝世的五年以后，在中国共产党领导下的革命人民经过艰苦斗争，终于用他们的鲜血为我们的祖国换来了一个阳光灿烂的春天。

结　语

王鲁彦在二十年的创作生活中所经历的是一条曲折、坎坷而又漫长的道路。它实质上是旧中国的小资产阶级知识分子个人反抗的悲剧道路。这条道路在新民主主义革命时期，对某些知识分子是有相当的代表性的。

王鲁彦的一生始终过着贫穷困顿、颠沛流离的悲惨生活。在《西行杂记》一文中，他对这种生活曾经作了真实的描述："几乎没有一年不捆被包，有几次，一年中还捆了三四回。'我要把你捆起来，我要把你带到别一个地方去。'我对着被包说。……然而我自己的命运呢，却在另一个不识者的手中。'我要把你捆起来，我要把你带到别一个地方去！'那个对我伸着手的人说。于是我被牵着走了。"那个牵着鲁彦走并且簸弄着他的命运的"不识者"，难道不就是罪恶的旧社会吗！正如郭沫若所慨叹的："生在这样个阴秽的世界当中，便是把金刚石的宝刀也会生锈！"沉重的经济、政治的压迫，窒息了鲁彦的才华，损害了鲁彦的健康，使他过早地离开人世，未能为他所热爱的祖国和人民贡献出更多的智慧和力量。

和许多同时代的优秀作家一样，鲁彦是生活在一个暴风雨的时代。由于中国无产阶级登上历史舞台领导中国革命，在我们祖国的土地上展开了如火如荼的斗争，出现了翻天覆地的变化。风雷激荡的时代促使许多知识分子站到伟大的马列主义的旗帜下，他们在斗争烈火的锻炼中砸碎了旧社会套在他们身上的锁链，成为革命队伍里的一名战斗员。伟大的导师毛泽东同志曾指出："数十年来，中国已出现了一个很大的知识分子群和青年学生群。在这一群人中间，除去一部分接近帝国主义和大资产阶级并为其服务而反对民众的知识分子外，一般地是受帝国主义、封建主义和大资产阶级的压迫，遭受着失业和失学的威胁。因此，他们有很大的革命性。……尤其是广大的比较贫苦的知识分子，能够和工农一道，参加和拥护革命。”同时又指出：“但是，知识分子在其未和群众的革命斗争打成一片，在其未下决心为群众利益服务并与群众相结合的时候，往往带有主观主义和个人主义的倾向，他们的思想往往是空虚的，他们的行动往往是动摇的。”❶王鲁彦一生贫困，遭受过失学和失业的威胁，经历着饥寒和疾病的折磨，在那烽火漫天的年代里，以他所处的阶级地位和对旧社会的憎恨程度，他完全有可能象其他一些贫困的知识分子那样，把自己的青春贡献给无产阶级革命的壮丽事业，在参加人民解放斗争中解放自己的。但是王鲁彦却没有这样的幸福。由于生活的极不安定，尤其是他在较长的一段时间里所抱的不问政治的生活态度，使他未能同广大群众的革命斗争打成一片，他只是凭着小资产阶级的正义感和同情心，对黑暗的旧社会进行着个人的反抗，虽然他的爱和恨同广大群众是一致的，他的揭露与控诉罪恶的旧社会的作品也将成为人民的精神财富，但是由于他脱离广大群众斗争的主流，因而在他的思想和作品中就不能不时时流露出空虚、孤独和忧伤的情绪。在无产阶级领导人民群众进行解放斗争的历史条件下，却只是凭着个人的力量对旧社会进行反抗，这样的作家是必然会感到孤独和苦闷的。

但是，在暴风雨的时代的教育下，王鲁彦的思想是不断在发展和进步的。他始终没有停止过追求的步伐。从创作初期对人道主义的热烈宣扬，到从现实生活中获得自发的阶级论的认识，直至最后一步步地走到马克思主义的真理的门前，虽然这对鲁彦来说是一个非常曲折、艰苦、复杂的历程，但我们从中也能看到他的思想发展的基本脉络。然而就在鲁彦开始接触到马列主义的真理，在他的人生道路上即将出现一片豁然开朗的新天地的时候，这个受尽旧社会长期折磨和摧残而贫病交加的优秀作家，终于倒下了。他临终前曾对他的亲友说：如果我再活二十年，那么一定要比过去的二十年更为充实。王鲁彦是

❶ 毛泽东：《中国革命和中国共产党》。

赍志而逝的。

作为一个在现代文学史上有一定影响的作家，王鲁彦在艺术上也是经历着一个发展过程的。在他步入文坛的初期，他喜欢采取一种梦幻的形式和抒情的笔致来表达自己在现实中的感受，他热情地向读者抒发自己的同情和愤懑，宣传自己的思想和见解。这时期他不大注重人物形象的刻划和塑造，作品里经常呈现出一种“教训主义的色彩”；以后，他比较严格地运用现实主义的手法来反映生活，人物形象逐渐变得较为鲜明，如《黄金》、《童年的悲哀》、《阿长贼骨头》等小说中所描写的人物就都比较生动，但围绕和促使人物活动的环境却揭示得不够充分；到了写《李妈》、《屋顶下》、《野火》等作品时，不仅人物的性格栩栩如生，作品里典型环境的描写也开始清晰起来；在他的思想有了进一步提高时，他作品的人物和环境的真实性也就更为加强，艺术色调也从黯淡、忧郁而逐渐变得比较明朗和昂扬，即使是陈老奶的死亡和千家村的残破，也不致使读者感到过于沉闷和悲怆，相反的，人们被作者在这些作品里所表现的坚毅的意志所感动。王鲁彦通过长期的刻苦的创作实践，终于成为一个比较成熟的现实主义作家。

巴金同志在为悼念鲁彦逝世而写的《写给彦兄》一文里说：“在生，没有人称你做一个战士。事实上许多年来你一直在奋斗，你想为你自己，也为别的一些人创造一个较好的环境，可是结果你终于痛苦地死在寂寞和贫穷里，象一个死在战地上的兵士，你没有看见胜利的希望就闭了眼睛。即使有人说你没有留下光辉的战绩，（其实你一部分的作品不也就是光辉的成就么？）但谁能否认你不是一个勇敢的战士呢？”[1]今天，在社会主义灿烂阳光的照耀下，我们的祖国生气勃勃，亿万人民群众为了彻底摆脱贫穷落后，把我们祖国建设成为伟大的现代化强国，正满怀信心地开始一场新的历史进军。在这时候，对于象王鲁彦这样一些曾经为着祖国和人民的光明未来而在黑暗社会里奔波一生的作家，人们是会永远把他们作为“勇敢的战士”来纪念的。

（原载上海文艺出版社1980年4月版《王鲁彦论》）

---

[1] 1945年5月《文艺杂志》（重庆版）新一卷第一期。

论鲁彦的散文

林 非

鲁 彦
（1901—1944）

在现代文学史上，曾经出现过一个被称为乡土文学的流派。对故乡和家园的怀念，本来就是中国古典文学中常常被重复的主题，《诗经》里的“我徂东山，滔滔不归”（《东山》），不就是怀念家乡的叹息吗？然而五四时代的那些乡土文学作家，他们的悲哀和忧愁，无疑是有着新的思想内容。鲁彦就是一个明显的例子，在他描写乡土人物的不少短篇小说中，都带上了时代的色彩。

封建社会几千年来的习俗，正在被资本主义的金钱的力量所打破。像《桥上》里的小商人伊新叔的买卖，被机器轧米船排挤得走投无路；《黄金》里的小财主史伯伯，因为家境的衰败，竟遭尽了屈辱；《李妈》里的女仆李妈，虽然很诚实和努力，却不能讨得主人的欢心，为了生活下去，只好学那一套欺瞒的手段。鲁彦写出了近代资本主义发展以后的社会习俗，他抨击这种发散着钱臭的习俗，却找不到未来的出路，找不到改造这个世界的力量，他“咒诅着社会，又翻不过这世界”（《秋夜》），因此在他的作品里，充满了一种焦灼和忧郁的调子。

鲁彦的短篇小说，并不着重去编造曲折和离奇的情节，而只是细腻地刻画生活场景，真切地剖析人物性格，善于在矛盾和冲突的展开中，栩栩如生地写出人们内心深处的变化，这样就在自然和朴素的风格中，显出了艺术的深度。

鲁彦也写过不少散文，分别收在《驴子和骡子》、《旅人的心》和《鲁彦散文集》中。他在经历了都市生活的艰辛和波折之后，因为“艰苦和烦恼的日子太多了”，“看不见幸福的一线微光”（《童年的悲哀》），就怀念着故乡和童年的生活，来慰藉自己这颗热烈而痛苦的心。他在《钓鱼》中所写的那种“田园的乐趣”，是很有点儿诗意和魅力的。《旅人的心》描写作者和他父亲在离开故乡的途中，那又是一幅多么美丽的夜景：星火在雾气里闪耀，小船在丛山中航行，小河上，树林中，甚至滚动着一股“亲切的香气”；而当黎明来临的时刻，太阳的光辉使作者的感情沸腾起来了。他刻意描绘的童年的故乡，不仅田园是美丽的，乡亲是纯朴的，就连家里的猫儿也是那样的忠诚（《父亲的玳瑁》），而故乡的杨梅也是“世上最迷人的东西”（《杨梅》）。然而在封建势力统治下的乡村，是不会像作者写得那样可爱的，那里有着数不清的苦难，流不尽的血泪，说不完的仇恨。鲁彦的短篇和散文，都没有更多地接触到这一方面，这就限制了他在思想和艺术上取得更大的成就。

他的有些短篇，写得很愤世嫉俗。鲁迅就说过，他的《柚子》“在玩世的衣裳下，还闪露着地上的愤懑”（《〈中国新文学大系〉小说二集序》）。他的有些散文也是这样，吟味人世，感叹甚深，很带上一些哲理的意味，可以当作散文诗来读。他忧伤地诅咒着“地太小了，地太脏了，到处都黑暗，到处都讨厌。人人只知道爱金钱，不知道爱自由，也不知道爱美”（《秋雨的诉苦》）。旧世界固然是丑恶的，可是他不懂得在那里也有伟大的掘墓者，而且他们建设新世界的理想，也是他所不了解的。

至于他描写城市生活的散文，在揭露现实这一点上，它的意义是要超过那些乡村生活的牧歌的。《厦门印象记》抨击帝国主义侵略者的罪恶，控诉了他们造成的灾祸。在重重的压榨之下，他一点也看不到光明的前途，只是叹息道：“天灾人祸，未来在哪里呢？”《西行杂记》记载了河南农民贫困的生活，而他们的“劳作所得，还须供给官儿的水门汀，丝绸，西餐，汽车和一切奢侈品”。但是在艺术上，这些散文都显得平铺直叙，缺乏波澜，也没有蕴含更多的情思，因而感人的力量不强。鲁彦在总结自己的创作时说："我总觉得我的实生活的体验还不够，还没有深刻的透彻进去"（《关于我的创作》）。比起对乡村的感受，他对城市的了解，更显得不够"深刻"和"透彻"，因此他在这方面的作品，就比描绘乡土的篇章更为逊色。

他在1936年写成了长篇小说《野火》，暴露土豪劣绅的狰狞嘴脸，反映广大农民的奋起反抗，在他的作品中可以说是思想意义最强的，不过作品的情节显得单薄，对人物性格的勾勒也不太成功，艺术上的成就恐怕是不如他的短篇的。为什么在思想上有了明显的进展，而在艺术上却不能得到相应的提高呢？这里有着复杂的原因，很值得仔细的探讨。思想上的落后，固然会妨碍写出优秀的作品，然而也并不是单凭思想上的提高，就一定可以写出成功的作品来。必须要从生活经验、思想感情和艺术技巧这三个方面，下一番刻苦认真的功夫，才有可能使自己的创作向前发展，而不会停滞和后退。

在那个可诅咒的旧时代里，鲁彦因贫病交困而过早地去世，他自然无法再来总结和提高自己的创作了，但是他留下的那份遗产，依旧是值得珍贵的。总结过去，开拓未来的责任，已经责无旁贷地落在我们的肩头。

（原载天津百花文艺出版社1980年3月版《现代六十家散文札记》，题目为编者所加）

鲁彦小说简论

张复琮

鲁彦，原名王衡，1901年11月30日生于浙江镇海大碶头杨家桥一个店员家庭。他“从十七八岁起”，“就踏入了紧张的生活战场，尝尽了许许多多的滋味”❶，“紊乱，匆忙，忧郁，失望，今天管不着明天，没有一种安定的生活”❷。坎坷曲折的人生道路，贫病相煎的痛苦生活，使这位作家仅活了四十三岁，于1944年8月20日下午一时许离开了人间。

鲁彦的主要文学活动，始于1923年。在二十二年的时间里，鲁彦为我们写下的短篇小说集有：《柚子》、《黄金》、《童年的悲哀》、《小小的心》、《屋顶下》、《雀鼠集》、《河边》、《我们的喇叭》等八个集子，此外还写有中篇小说《乡下》和长篇小说《野火》。

关于鲁彦的小说创作，在鲁彦自己写的《关于我的创作》、《〈我们的喇叭〉后记》及其亲密伴侣、夫人覃英同志写的《〈愤怒的乡村〉后记》等文中，对创作思想的进展以及作品的思想与艺术的发展脉络，作了说明。我们根据他们的说明，可将鲁彦的小说创作分为如下四个时期：

一、《柚子》时期——“咒诅一切，攻击一切”❸。

二、《童年的悲哀》时期——“体验一切坏的恶的一面”❹。

---

❶❸❹ 鲁彦：《关于我的创作》。

❷ 鲁彦：《旅人的心》。

三、《野火》时期——“热烈地同情农民中的反抗精神”❶。

四、《我们的喇叭》时期——“供献出来，参加抗战”❷。

《柚子》时期
——“咒诅一切、攻击一切”

这一时期的起止时间，大致是从1923年到1926年。鲁彦将这四年的作品，结为一个集子，名叫《柚子》，共收作品十一篇。这些作品，有的是小品文，如《秋夜》、《狗》等；有的是散文，如《秋雨的诉苦》、《灯》等。称得上小说的，有五六篇。鲁彦写道：“《柚子》是我的处女作，写那些文章的时候，我的年纪还轻，所以特别来得热情，呼号，咒诅与讥嘲常常流露出来。……不能当它们为小说看，却能当我的年轻时代的生命的反映看。在那里有天真的孩子气，纯洁的灵魂与热烈的情感。”又说：“我的热情使我咒诅一切，攻击一切。”❸可以这样说，怀着满腔的热情，持着正义感与道德观的思想武器，来为受侮辱、受损害的人们“呼号”，“咒诅”、“攻击”、“讥嘲”黑暗的世道和冷落的人情，是《柚子》集的基本思想面貌。

《柚子》发表于1924年10月，是鲁彦最早的小说之一。它写的是在军阀混战刚过三天的日子里，“我”与T君在长沙浏阳门外看杀头的故事。作品通过对杀头场面的描述，表示了作者对反动军阀草菅人命的愤懑和对玩世者、麻木者的不满。

“我”是一个玩世者的形象。他从“自由论点出发”，只顾自由地玩世，只要与此无妨，其他的一切都认为“于我是没有关系的”。来到长沙，他所思考的就是那“好玩的岳麓山”，“只要将岳麓山留给我玩，即使你们将长沙烧得精光，将湘水染成了血色——换一句话说，就是你们统统打死了，于我也没有关系。”“我”为了饱尝“看杀人”的兴味，一面“看杀人呀！”“看杀人呀！”地叫着，一面冲

---

❶ 覃英：《（愤怒的乡村）后记》。

❷ 鲁彦：《〈我们的喇叭〉后记》。

❸ 鲁彦：《关于我的创作》。

过人群，赶到前头，并决计上到一个五六尺高的地方：

“咳，咳，为了天下的第一件奇事，就爬罢，就如狗一样的爬吧！”我没法，便决计爬了。毕竟做了狗便什么事情都容易，这五六尺高并不须怎样的用力，便爬上了。

茅盾先生读到这一段时写道：“轻松的humor也时常照耀在王鲁彦的作品里。这里有一段：（即本文上面引的那一段，此处略。——笔者注）就是一例。作者的诙谐大都带一点冷讽的气味，所以虽然只是些瘦瘠的诙谐，也还有咀嚼的余味”❶。这里的“诙谐”和“冷讽”，其对象，就是“我”的那种不仅以玩山水为快乐，而且以看杀人为欢心的玩世不恭的思想、行为。

作品接着写人们的议论：

有人盛赞刽子手的“本领真好”——反映了人们的麻木。

有人讥刺死者的“幸福”——表现了看客的愚钝。

有人以能看到刑场的惨象为“骄傲”、“光荣”和有“福气”——剥露了世道的冷酷和人情的低下。

有人还表示要作曲填词，歌咏反动军阀的暴行——解剖了其立场的反动与思想的卑劣。

通过上述议论，作者愤懑地揭露了反动当局的罪行，同时也有力地鞭笞了人们的麻木和愚钝。鲁迅先生指出“《柚子》一篇，虽为湘中的作者❷所不满，但在玩世的衣裳下，还闪露着地上的愤懑，在王鲁彦的作品里，我以为倒是最为热烈的了❸”。这是真知灼见的评论。

作者在《柚子》这篇小说里，以敏锐的感觉，轻松的笔调和朴素的文字，构成了一种特有的风格，从这种风格中，使我们看到了鲁彦

❶ 茅盾：《王鲁彦论》，载《小说月报》1928年1月10日第19卷第1号。署名方璧。

❷ 黎锦明在《社交问题》中指责道：《柚子》是“满目的油腔调，把杀人的事描作滑稽派小说，真是玩世。”

❸ 鲁迅：《且介亭杂文二集（中国新文学大系）小说二集序》。

那诚实、悲悯的灵魂。

《许是不至于罢》是茅盾最喜欢的作品之一，认为是“思想技术都好的”❶作品。

这篇小说描写了一个拥有二十万家产的财主王阿虞在战时气氛紧张的情况下为三儿子娶媳妇时的忧虑心情。王阿虞的富有、阔气，别人都奉承他，使他脑中涌出无边的满足：“有了钱做人真容易！”但不多久，财主脑中便充满了雷雨期中的黑云：上海还在开战，败兵、土匪、流氓，无论他们文来、武来，这二十万家产就完了。躲到警察所去，怕警察变了强盗；躲到银行去，怕被抢；躲到租界去，怕路上不安全。娶亲那天，王阿虞更是惶惶不可终日，老是忧虑着强盗在路上抢他的儿媳妇。他这种愁闷，是没有人来为他分担的。当儿子的婚事平安过去之后，在一天的半夜时分，小偷又闯进了他的家，虽然他家里急敲警锣，求乡邻前来助他捕贼，但没有一个人前去帮助他，只是到了第二天，人们才纷纷前往，表示廉价的“同情”和敷衍的“慰问”。可是土财主不仅不怨恨他的同村人，而且以“他们现在并不来破坏我”而感到满足，更客气地感谢那些空口敷衍来“慰问”的乡邻。当记者问：“本村人对有钱可借，对有势可靠的财主尚不肯帮助，对无钱无势的人家，一定要更进一步而至于欺侮了？”他回答说：“唔，唔，本村人许是不至于罢！”

这篇小说比较好地刻画了典型环境中的典型性格，王阿虞那种忧虑、客气和谦逊的心理状态是在帝国主义侵略和军阀战争威胁的日子里所表现出来的。他的“谦逊”，不是他那个阶级的品质，也不是他的文明表现，而是金钱化了的利己主义，是“有钱做人真容易”这种骄矜性格在特定环境下的另一种表现形式。正如茅盾所指出的那样：“土财主却不是像大哲学家懂得‘谦逊’之必要，所以这般做的；所以使他谦逊的原因，就是金钱。财产成了他的负罪的记号，使他不得不格外谦逊了，”“这就是……他们的处世哲学。”❷在作品中，鲁彦虽然没有正面揭露、批判王阿虞残酷剥削与寄生的一面，但是作者以反映生活、表现主题的多样性的手法，从阶级关系的别种角度——

❶❷ 茅盾：《王鲁彦论》，载《小说月报》1928年1月10日第19卷第1号。署名方璧。

群众对其灾祸视而不见，听而不闻，不支持，不同情，让他在孤独无援、尴尬难奈的境地，遭受精神上的痛苦与折磨——表示了作者对寄生者们的否定与批判。被剥削者对剥削者不表示同情，不分担忧愁，这不是精神麻木，而是阶级意识清醒的表现。能栩栩如生地写出人物的内心活动，是这篇作品突出的艺术特色。

《阿卓呆子》叙述的是阿卓由“少年英俊，气盖一世”到哭笑无常、任人侮弄的人生故事。

十年以前的阿卓呆子，镇上的人看见他都行弯腰式的点头礼，“叔”、“哥”、“先生”的称呼不绝，他承有父亲的十二万遗产和由此而来的尊敬和名誉。凡镇上有什么争闹难解的事情只要他一句话，大家无不心甘情愿地听从，“年少英俊，气盖一世，大有一掌打破此世界，重新创造之”的气概。十二万的遗产，不出六年便在他的手中烟消云散了。他挟巨资，牵佳人，带美酒，游名山，嫖娼酗酒，往来于烟花丛中，醉生梦死，挥霍无度，一股脑儿花光了全部家产。由于破产的刺激，致使精神失常。一天他踉跄过市，大笑三声，“阿卓疯了”的消息便传遍全镇。从此，人们便尽情地骂他、打他、讹他、骗他、侮辱他、捉弄他。阿卓便成了可以消人之愁、解人之忧的对象了。由家道衰落到精神错乱，到任人侮弄，这便是阿卓呆子的人生道路。

这篇小说就主题来说是表现“作者对于灰色人生的憎恨”❶。作品形象地揭露了在腐朽的社会制度下，金钱在如何使人走向腐化、堕落；在怎样决定人们之间的关系。

这篇小说在技巧上很有耐人寻味之处。其总的特点是以“笑”彰“泪”，以“欢”托“悲”，从而把人生的悲心泪目更加强烈、更为鲜明地表现了出来。例如：

人们为了寻得欢心，便对阿卓拳打脚踢。阿卓面对雨点般的拳脚，“却哈哈大笑了之”。

阿卓的主人莫名其妙地拿皮鞭抽他时，他既不求饶，也不逃避，而是“哈哈笑着伏倒在地上”，任主人打得厌烦了，走了许久，“他还在那里伏着笑”。

---

❶ 茅盾：《王鲁彦论》，载《小说月报》1928年1月10日第19卷第1号。署名方璧。

一次阿卓在吃饭时，有人故意来捉弄他，给他送来一碗灰，叫他用灰拌饭吃。阿卓“哦！哈，哈！”一面“狂笑”，一面“把灰碗复在自己的饭碗上，狼吞虎咽地把一碗灰拌饭吃完了。”

在阿卓蛰居破庙，无有生计时，仍有人去找他算账，说：“你用皮鞭打我的牛羊，我用这鞭子打你的狗骨。”阿卓只“唷唷”地喊着，“哈哈”地笑着。

我们从阿卓的这些“笑声”里听到了什么呢？听到的不是快乐，而是痛苦，不是欢声，而是惨叫；不是人情的温暖，而是世道的冷酷……

《菊英的出嫁》是一篇好小说，写的是一个“冥婚”故事。作品先写菊英的母亲如何地疼爱女儿，为她定一门好亲事；接着写如何办嫁妆，如何出嫁。出嫁的场面写得非常生动细致：

> 最先走过的是两个送嫂。……送嫂约过去有半里远近，队伍就到了。为首的是两盏红字的大灯笼。灯笼后八面旗子、八个吹手。随后便是一长排精制的，逼真的，各色纸童，纸婢，纸马，纸轿，纸桌，纸椅，纸箱，纸屋，以及许多纸做的器具。后面一顶鼓阁两杠纸铺陈，两杠真铺陈。铺陈后一顶香亭，香亭后才是菊英的轿子。这轿子与平常花轿不同，不是红色，却是青色，四围结着彩。轿后十几个人抬着一口十分沉重的棺材，这就是菊英的灵柩。

作品到此点明了这浩大场面的婚礼，不过是“冥婚”而已。然后作者再用倒叙的笔法，写菊英患白喉病八岁死亡的情形。菊英死后，她的母亲怀着“死后生存”（就是死后的鬼能和活时的人一样生长）的原始信仰，让菊英一直活在她的心中，并十分认真地留心女儿的阴亲和出嫁：“她进进出出总是看见菊英一脸的笑容。‘是的呀，喜期近了呢，我的心肝，’她暗暗对菊英说。菊英的两颊上突然飞出来两朵红云。‘是一个好看的郎君，聪明的郎君哩！你到他家去，做他的人去！让你日日夜夜跟着他。让他日日夜夜陪着你、抱着你！’菊英羞得抱住了头想逃走了。”“‘好好地服侍他。’她又庄重地训导着菊英说：‘依从他，不要使他不高兴，欢欢喜喜的明年就给他生一个儿子！’……”

苏雪林评赞道：“我们未读到仪仗中的菊英的棺材而先读这些描写时，谁又不被作者巧妙的笔所欺蒙呢？”[1]茅盾先生也惊叹：“在这里，真与幻想混成了不可分的一片，我们看见母亲意念中有真实的菊英在着。我们也几乎看见真实的菊英躲躲闪闪在纸面上等候出嫁。像这样的描写真与幻的混一，不能不说是可以惊叹的作品。”[2]

《菊英的出嫁》，描写的是“冥婚”之害，它形象地揭露了“死后生存”的迷信观念和陈规陋习，如何严重地奴役着人们的精神，使人们的心思混沌，行动盲目，在虚幻中求安慰，在盲目中找归宿。这篇作品的基调是凄苦的。菊英娘的心理是现实化了妆的反映，在现实中寻求不到的梦想，只得到幻觉的世界里寻求，这是一种变态的、曲折的现实的折光。作者对人物的内心世界不仅体察入微，而且笔法生动，幻境描写得真，心情叙述得切，表现了作者高超的艺术才能。

《自立》写的也是民间故事，写作者的父亲给他兄妹俩讲述祖上兄弟二人因盖房子打官司的故事。太公有钱要建造一所大房子，一天他的嫡亲兄弟叫“王大眼的太公”来了，说：“你把墙脚放得这样出来，请我吃一点什么东西。”建屋的公公开玩笑地说：“吃屎尿漱口。”王大眼公公笑着说：“我明天去告你一状。”谁都以为这不过是玩笑话，可是第三天县里真的来牌提人了。从此，“官司审了一堂又一堂，县官只是不肯了结”。结果那位建屋的太公，不仅卖完了九十九亩田，用尽了现款，而且把西边的轩子也卖掉了。作品通过阿爹和“我”的对话，揭示道：

> 世界并不如你脑中的世界一般的美丽，人类的心也并不如人类的脸色一般的和善！你记着孩子！（阿爹讲）
>
> 兄弟背弃亦即是求‘自立’之道，现今人类皆崇尚‘自立’，能全世界都如此，倒是极可乐观呢！（“我”说）

---

[1] 苏雪林：《王鲁彦与许钦文》，载《现代》5卷5期9号。

[2] 茅盾：《王鲁彦论》，载《小说月报》1928年1月10日第19卷第1号。署名方璧。

那末王大眼的太公打赢了官司，得到多少钱？

我们大公的一个破铜钱也没有到他的手中，袋袋装得饱饱的是县官！

这篇小说揭露了黑暗社会和反动政府的丑恶，表现了作者的愤懑之情。“兄弟背弃亦即是求‘自立’之道，现今人类皆崇尚‘自立’能全世界都如此，倒是可乐观呢！”这是一种糊涂观念。私有制的经济基础，必然酿成贫富悬殊，阶级对立，经济剥削和政治压迫都十分残酷的社会局面，在这样的社会里，苛政如虎，贪官如狼。如同黑色染缸的社会，又致使一部分人意识低下，人格卑污，以邻为壑，横生是非，这怎能使人“自立”呢？以“自立”之道求人生之乐观，那是不免要悲观的。自然和朴素，是这篇小说的独特风格。故事由老人们拉家常般地讲述着，侃侃而谈，娓娓动听，既显得自然朴素，又能紧紧抓住我们的心灵。

鲁彦第一时期的小说创作，多是以乡镇见闻为题材，以有产者为描写对象，描写了他们在特定的历史条件和社会背景下的思想、心理、家事和身世，表现了作者对灰色人生和封建观念的憎恶，鞭挞了官吏的卑污和社会的黑暗，如实地勾画了具有显明时代印记的人情世态的社会画面。这是积极的一面。但此时的鲁彦，思想水准还不高，他主张所是，攻击所非，标准还只是人道、正义、道德之类的东西，还只是一般的是非善恶观。正因为如此，所以他提不出解决问题的正确主张，如同在《自立》中所表现的那样。从艺术上讲，他能对现实生活作客观的具体的描绘，在小说创作的初期，便为自己的艺术道路，竖起了一块现实主义的路标。再就是比较注意故事的趣味性，为此，作者常常采取奇妙的手法来撰写故事，《菊英的出嫁》和《自立》是明显的例子。不足之处是，人物形象不很鲜明、突出，此时的作者还不善于塑造栩栩如生、血肉丰满的人物形象，还不善于刻画人物的性格。再一点是欧化现象明显可见，《菊英的出嫁》采用的是倒装的章法，“似乎从俄国梭罗古勃《未生者之爱》蜕化而出”。[1]

---

[1] 苏雪林：《王鲁彦与许钦文》，载《现代》5卷5期9号。

《童年的悲哀》时期
——“体验一切坏的恶的一面”

在1926年底到1932年这个时期里，鲁彦出版了三个短篇小说集，即《黄金》、《童年的悲哀》和《小小的心》，共收十七篇作品。这十七篇作品接触了多方面的社会生活，有写农村生活的，如《黄金》、《一个危险的人物》、《阿长贼骨头》、《童年的悲哀》、《兴化大炮》、《最后的胜利》等；有写知识分子和学校生活的，如《毒药》、《幸福的哀歌》、《一篇抄袭的恋爱故事》、《他们恋爱了》、《恋爱进行》、《夜》等；有写儿童不幸遭遇的，如《小小的心》；有写退伍兵士的悲苦境遇的，如《祝福》；有写富家大少爷的无聊生活的，如《胖子》；有揭露国民党特务机关的黑暗内幕的，如《宴会》；还有叙写作者自己心情的，如《微小的生物》。与第一时期相比较，鲁彦本期的小说，无论是题材的广度，主题的深度，艺术的高度，都向前迈进了一大步。

“体验一切坏的恶的一面”，这是鲁彦本期对待创作和对待现实生活所取的一种基本态度。这种态度，使他本期的小说呈现出批判现实主义的显著特色。为说明这一特色以及鲁彦本期思想上的轨迹和艺术上的进展，特就《黄金》、《一个危险的人物》、《童年的悲哀》、《祝福》和《阿长贼骨头》等几个短篇，作一简要的述评。

《黄金》发表于《小说月报》第十八卷第七期。它通过描写如史伯一家种种不幸的遭遇，揭露和批判了炎凉的世态和势利的人情。

《黄金》这篇小说的前前后后，一共写了三个“梦”。第一个梦是如史伯母做的。如史伯接到儿子说不能寄钱的信，他很忧悒。她为了宽慰老头子，便告诉老头她昨晚做的好梦：伊明戴了一顶五光十色的帽子，七八个人抬着一口沉重的棺材。伊明一定是做官了，“棺材”即“官财”，做官得了大财。第二个梦也是如史伯母做的。年关将近，如史伯“失了魂似的”呆望写着“尚存小洋八角”的财簿，愁苦得不得了。此时老婆子从后房叫着出来说“这是一个好梦”：她伸手去拾泼在地上的一堆饭，仔细一看却是黄色的粪，结果弄得满手满身都是。于是根据梦书上写的“梦粪染身，主得黄金”的话，老两口相信这是一个好梦。第三个梦是如史伯做的：他被债主逼得一筹莫展，“躺倒在藤椅上，昏过去了。”在昏沉中，他梦见阿黑驼背拿了一个极大的信封，嘴里哼着：“恭喜，恭喜”地进来。他拆开信，“以下这些字就飞进了他的眼里：

……儿已在……任秘书主任……兹先汇上大洋二千元，新正……再当亲解价值三十万元之黄金来家……

在这三个梦的前后，铺叙着如史伯一家种种不幸的遭遇：如史伯母串门时，邻人们转身躲避，对她冷淡。如史伯更遭到人们尽情的冷视和奚落，一会儿嘻笑他变了色的衣着，一会儿又奚落他儿子不给他寄钱，在酒席宴上，人们故意让他坐下位，加以轻视和侮辱。在校念书的女儿伊云也因哥哥没有寄钱回来而遭到同学和老师的种种冷遇和打骂。在家三口人，全被嘲弄，连一条家犬也未能幸免，被屠户一刀砍死。要饭的人也敢冷笑加恶语，挖苦带威逼地上门敲诈。小偷也光顾，偷去了箱子和冬衣。债主接二连三地到来。

这篇小说把梦境和现实交织起来进行描写，借以说明：梦境是美好的，现实是冷酷的，写得既含蓄而又有深度，因此说，作品的构思是巧妙的。此外，这种构思的艺术效果还在说明：即使是小有产者，在那样的社会里，也是难逃于无穷的不幸，难免于不尽的穷愁的，穷愁难耐生美梦，美梦醒来仍穷愁。这样，就把小有产者的人物心理，炎凉的世态人情和冷酷的社会现实，都真实地描述了出来。茅盾先生认为，《黄金》也是“思想技术都好的”的作品，“乡村的小资产阶级的心理，和乡村的原始式的冷酷，表现在这篇《黄金》里的，在现文坛上，似乎尚不多见。作者的描写手腕，和锐敏的感觉，至少就《黄金》而言，是值得赞赏的。”[1]

鲁彦的小说创作，在第一、第二两个时期里，是很少直接以政治活动和革命人物为题材的，唯有《一个危险的人物》，是作者在这方面的可贵尝试。《一个危险的人物》发表于蒋介石发动“四·一二”

[1] 茅盾：《王鲁彦论》，载《小说月报》1928年1月10日第19卷第1号。署名方璧。

反革命政变后的六个月。作者能在这样的时候拿出一篇描写青年革命知识分子离开城市回到故乡从事革命活动的小说，这不能不说是在政治上的一大进展。

小说的主人公是革命的知识分子子平。作者描写了他愤世嫉俗的思想和佯狂傲视的行为。豪绅们请他吃饭，他以人们斥为不懂礼节的表现，表示了对他们的轻蔑与不顾；他爬高山，沐暴雨，涉急流，舞利剑，狂啸高歌，表示了苦心励志与黑暗的世道作斗争的精神；他和县党部的朋友在家乡林家塘贴出了减租减息的告示，以实际行动投身于革命斗争。

这样一个革命者，竟然被他的亲叔父惠明和村中几个有权位的豪绅合谋告密而惨遭枪杀了。作品这样揭露道：惠明“一肚子气愤”：“自己家里隐藏着一个危险的人。”作品首先从政治立场上揭露了惠明的反革命性质。他对自己亲侄子的革命表现，不是赞许，更不是支持，而是使他“一肚子气愤”，气愤他与自己分道扬镳，气愤他的行为在危害他的利益。接着作品又揭露道：“他想到他弟弟名下有二十几亩田，几千元现款存在钱庄里，他兄弟这家现在只有子平一个人，子平如果死了，是应该他的大儿子继承的，那时连田和现款，便统统归到他手里，不去报告，也不见得不被捉去，而且还将株连及自己，报告了，既可脱出罪，又可拿到他的产业，何乐而不为？……主意拿定，在夜里请了村中几个地位较高的人，秘密商量许久，写了一张报告，由他领衔，打发人送到县里去。”于是第三天，子平便被枪杀了。这是继揭露其反革命的立场之后，又揭露了他图财害命的恶劣行径。

此外，这篇小说还对人们的麻木落后和冷酷无情进行了批判。子平贴出减租减息的告示后，不仅无人赞助，反被责骂为“要他多管闲事”；子平夜间舞剑，人们认为这是“不幸”，“林家塘出了这样一个恶魔”；林家塘人还认为北军要比南军好，北军在时加粮加税，南军赶走了北军，设立工会，农会，租谷打七折，“这显然是北军比南军好得多”；惠明告密后，人们还助纣为虐，监视子平，不让他逃走。林家塘人这些是非不分，人妖颠倒的言行，一方面反映了当时革命的不深入，一方面显露了人们的落后与麻木。

《一个危险的人物》，在思想上和艺术上都存在着明显的弱点。

从思想上说，它主要从经济上归结革命者被害的原因，没有把子平的遭遇同蒋介石的反革命大屠杀的政治背景联系起来，没有从革命与反革命的阶级大搏斗的角度加以揭示，因此使作品的思想锋芒显得短钝，甚至有某种消极因素，从而严重地削弱了作品的思想性和战斗作用。从艺术上讲，子平这个革命者的形象，写得不真实，不丰满。作品写他衣服不扣，草帽歪戴，回家五六天还不走出大门一步，或跑到山中喝酒，或爬上树梢唱歌，神秘奇怪，荒诞不经，常被乡民们笑骂。

产生上述弱点的原因，一是作者“入世不深”❶，即他对当时革命的实际和革命者的情况缺乏深切的了解和认识，仅凭旧的生活知识和主观想象加以描写，这就势必把革命者写成一个旧式的离经叛道的佯狂人物。二是此时的作者思想水平不高，还没有掌握马克思主义的理论武器，因此只能图写生活的表浅现象，而不能揭示出生活的内在本质。艾芜同志回忆到鲁彦的早期情况时写道：“他的书桌上，没有摆过一本革命的书，给人感到纯粹的拘束在文艺这个小圈里似的。”❷鲁彦也坦率地谈到自己早期学习理论的弱点，他说：“如一般人所说的，所谓‘意识’或‘观点’我简直怎样也弄不清楚；我极想多读一点那样的书，但往往读着读着就打瞌睡，或做起昏昏沉沉的梦来；有时拼着命把它读进去了，心里也颇为赞成，便想把它装进自己的作品里去，然而却又怎样也装不进去！”❸当后期的鲁彦改变了这种状况后，其作品的思想面貌就焕然一新了。

鲁彦在其初期作品里，基本上是以人道主义和人格、道德一类的标准去诅咒、攻击和体验一切坏的、恶的人情世态。他面对艰于呼吸难于视听的黑暗污浊的社会，“有很多要诅咒，有很多要共鸣，有很多要反抗”，他那赤热的心“焦灼地团团转，终于找不到心安的理想，些微的光明来”❹。可喜的是在其第二创作期的后一阶段，他终于慢慢地举首注目，用力在探望人类的光明。显示这种努力的小说有《童年的悲哀》、《祝福》和《阿长贼骨头》。

---

❶ 鲁彦：《关于我的创作》。
❷ 艾芜：《关于鲁彦的回忆琐记》。
❸ 鲁彦：《〈我们的喇叭〉后记》。
❹ 茅盾：《王鲁彦论》，载《小说月报》1928年1月10日第19卷第1号。署名方璧。

《童年的悲哀》是鲁彦小说中的优秀篇章之一。它以诚挚、深厚的感情，歌颂了一个农村的雇工、粗人，“却又多才而多艺”的阿成哥。阿成拉得一手好胡琴。一支构造简单而且粗糙的胡琴，到了他的手里，“便发出很甜美的声音，有时象有什么在那声音里笑着跳着似的，有时又象有什么在那声音里哭泣着似的”。他拉着唱着，人们围着他，静静地听着。穷乡僻壤中疲惫穷愁的乡民们，只有从他那里找到一点精神上的慰藉。可是这位人民痛苦的慰藉者，被一只当道的疯狗咬伤而痛苦地离开了人间。小说的结尾处写道：

> 青年时代是黄金的时代，或许在别人是这样的罢？但至少在我这里是无从证明了。我过的艰苦和烦恼的日子太多了，我看不见幸福的一线微光。
>
> 这样的生活下去是太苦了……
>
> 我愿意……

这个结尾告诉我们，鲁彦童年的幸福虽然破灭了，但他并没有沉沦。社会的黑暗，人生的悲苦，在刺激他，鞭策他，他不甘向黑暗、悲苦屈服。他要上下求索，努力去探视未来的希望。1930年2月10日发表的小说《祝福》，便是他探视未来的具体表现。

《祝福》写的是退伍士兵陈允才的落难故事。陈允才“毁家舒难，投笔从戎”，参加了讨袁斗争。迨到“国事粗安”可解甲归田时，他又无家可归，因病失业，更使他生活无着。因此，只好站立街头，“赧颜求乞”。在那寒风刺骨的严冬，他每天发着抖，低着头，弯着腰，伸着手，向人乞讨，但是却无人给他点什么。于是他由悲伤转入愤慨，猛烈地诅咒可诅咒的社会。人们听到他的诅咒，却解囊相助，使他得到意外的收获。一天，他落在一群小孩子之中，有的孩子学着他奇异的诅咒，仿佛预备将来应用似的。他们不怕诅咒，因为他们没有犯过该被诅咒的罪。于是“他停止了诅咒，安慰代替了他的愤怒，希望赶走了他的绝望，他发现了龌龊的人类中还有着无数的洁白的心，……他们应该有一个好的命运，好的将来。待至他们掌握世界时，世界便将幸福了。……我们将来应该生活在不诅咒别人也不被人诅咒的环境里，……他这样地想着，开始用他的最虔诚的心，对孩子们热烈地祝福了……”

在《祝福》中，鲁彦确实是在探望未来世界，在努力寻找茫茫黑夜的启明星、冰天雪地的报春花，从作品看，鲁彦寻找的启明星、报春花，就是那尚未犯罪的孩子。“待至他们掌握了世界时，世界便将幸福了”。这是一种自然进化论，一种和平、安宁的社会观。鲁彦凭借自然进化论这架望远镜所作的这种探望，虽然不免是虚幻的，但仍不失为是一种探望，一种努力。这与他在初期的作品里几乎没有探望过人类光明的情况相比，不能不说是一个进步。

《祝福》这小说，在艺术上也是好的。它把陈允才乞讨、诅咒、祝福的外部表现和悲伤、愤慨、安慰的内心变化交织着进行描写，这样就把人物形象刻画得形神俱到，鲜明突出。

此外，鲁彦在《阿长贼骨头》里，也朦胧地思索了“新的”、“好的”世界。小说写的是旧农村一个破产者之家的孩子阿长如何变成天才小偷的故事。这是一幅“小瘪三行乐图”。滑稽而轻松的笔触令人叫绝。阿长由于受家庭的影响和病态社会的毒害，从小就顽皮狡狯，说谎、偷窃、拐骗，调戏女人，什么不好的事情都敢做，受到谴责，仍不肯改悔。

他虽然有常人一般的伦理感情——孝顺父母，疼爱妻子；虽然有乡民一样的劳动身手，但由于家庭和社会的原因，他没有走上正当的人生道路，而变成了一个消极人物，他不安于劳动，他调戏妇女；他纵火烧房子来报复人家对他的打骂；他挑拨人家的夫妇感情，来从中取乐。这些都是阿长受病态社会思想毒害的具体表现。他的这些消极行为，没有使他得到半点好处，却招来千人骂万人诟。人们骂他，打他、诅咒他、缉捕他。阿长在易家村无法立足，不得不在朦胧的夜色里，赤手空拳地出走了。这篇作品的结尾处写道：

> 新的更好的地方应该有的罢，找到它，在阿长总是可能的罢——给阿长祝福。

作品哀了阿长的不幸，怒了阿长的不争，揭了病态社会的不是；

同时满含深情地向阿长祝福，祝福他能找到“新的更好的地方”，在健康的社会里，过健康的生活，成为积极人物，表现了作者对人生的理想。

同第一时期比，鲁彦本期的小说创作，有如下几方面的进展：

一是作品数量增加了，题材范围扩展了。早期称得上小说的只有几篇，而这一期却有近二十篇。早期的作品常取材于民间传说故事，较注意作品的故事性，趣味性，而本期的作品则立足于现实生活，遵循现实主义的原则，描写了多方面的社会生活，较好地注意了作品的现实性和战斗性。

二是人物形象多样化了，也比较典型化了。早期作品的艺术形象常是有产者、苟活者或过往人物，形象不很鲜明。这期作品中的人物形象不少是作者同情和歌颂的人物，如《黄金》中的如史伯，《一个危险的人物》中的革命者子平，《童年的悲哀》中的雇农阿成哥，《祝福》中的落难人陈允才，《小小的心》中的小奴隶阿品，《毒药》中“觉得自己仿佛是一条蠕虫”的作家冯介等等，这些人物都有血有肉，能给人以鲜明的印象。

三是作品的思想色彩不那么灰暗了。作品中的人物，他们的思想、行动、不那么虚幻、盲目了，性格不那么懦弱了。阿卓只会下跪挨打，逆来顺受，阿长却会逃异地，另谋处所了；陈允才能在苦难中觉悟，去诅咒那可诅咒的人情世态，去祝福那寄托希望的未来。

选材欠严，开掘欠深，是鲁彦本期小说创作中存在的主要缺点。有些作品欠缺提炼的功夫，有的作品主题较表浅，有的作品虽然透露了一些曙色，但还是显得微弱而朦胧。这些缺点有待于作者进一步地去加以克服。

《野火》时期
——“热烈地同情农民中的反抗精神”

1933年到1936年，是鲁彦小说创作的第三个时期。

1933年5月和11月，鲁彦写了两篇文章，对自己的创作，连续地进行总结和再认识。他写道：“我的作品，虽然是这样的难产，待写成了不久之后，我又常常不满意起来。我总觉得我的实生活的体验还不够，还没有深刻地透进去。”[1]他又写道：“我常常觉得创作是件难事，要写得好必须有相当的艺术的修养，而实生活的深入尤为重要。……我还想再求实生活的充实。”[2]他认识到了就立刻行动，“1933年鲁彦回到了离别多年的家乡——浙江镇海县乡下。他在家乡住了一个时期，认识了农村各色各样的人物：有男女农民们，进步的农村青年，小学教师；也有地主兼商人的老板，乡长和乡长的狗腿子一流人。他感到封建统治的恶势力压迫的深重，他热烈地同情农民中的反抗精神（着重号是笔者加的），对当时现实产生了强烈的恨和爱，因此他开始想要写一部以农民反抗统治阶级为主题的长篇小说，他计划用三部有连续性的长篇来完成它：第一部题为《野火》，取‘野火烧不尽’之意，以象征农民群众反抗的开始；第二部题为《春草》，是以‘春风吹又生’来象征斗争的发展和人民力量的壮大；第三部题为《疾风》，是用‘疾风知劲草’来象征在斗争的风暴中坚贞不屈的人民英雄”[3]。

对现实生活的深入，使鲁彦有了两方面的收获，一是创作素材丰富了；二是思想、认识水平提高了。党所领导的三十年代的农民反剥削、反压迫的斗争烈火，在冶炼他的思想武器，使之褪去道德观和进化论这些有着明显局限性的锈斑，而闪发出阶级论的亮光，这两个收获，使鲁彦的小说创作，出现了一个丰收期、高峰期，在这短短的几年内，他写出了近二十个短篇，结为《屋顶下》、《雀鼠集》、《河边》三个集子；写了一个中篇《乡下》；还写了一个长篇《野火》。

鲁彦本期的小说，内容是多方面的。《桥上》反映的是乡镇上伊新和林吉康两个同行彼此对立，相互倾轧的情景，表现了“工业文明打碎了乡村经济时应有的人们的心理状况”[4]。《岔路》写吴家村和袁家村发生鼠疫和械斗的事，描绘了“瘟疫在两个村巡行”，“鲜红的血到处喷洒’的惨相。《中人》挞伐了乡长贵生向刚从南洋回来的美生嫂强索银钱的丑恶行径，揭露了旧中国农村基层政权的腐败。

---

[1] 鲁彦：《关于我的创作》。

[2] 鲁彦：《〈屋顶下〉自序》。

[3] 覃英：《〈愤怒的乡村〉后记》。

[4] 茅盾：《王鲁彦论》，载《小说月报》1928年1月10日第19卷第1号。署名方璧。

《病》是剖露农村庸医沽名钓誉，故弄玄虚，不学无术，贻害于人的恶劣行为。《银变》描写的是乡下钱庄老板赵道生步步走向破产的故事。《惠泽公公》描写惠泽公公（乡下老头）和英华父子俩在如何对待教育后代问题上发生的矛盾冲突。《河边》叙写了母子两代人的矛盾。《鼠牙》一篇叙写了因鼠害而引起的阿生嫂和阿德哥两邻居的矛盾冲突。《安舍》是一篇笔法非常细腻，神情异常逼真的小说，它描写了一位生就冰肌玉骨，二十岁一过门便守寡名叫“安舍”的女人的神志思想和生活习性。《一只拖鞋》通过一只拖鞋的失落，管窥了旧上海的社会秩序，……

鲁彦本期的小说仍然是以农村、乡镇生活为题材的居多，在这些小说中，作者以同情的心情描绘了贫苦农民的苦难命运，以关注的目光探索着他们应走的道路，表现了作者在思想和艺术上的不断提高。现在就以《屋顶下》、《李妈》（短篇），《乡下》（中篇）和《愤怒的乡村》（长篇）为例，作一简单的论述。

《屋顶下》是一篇寓大于小，发人深思的作品。它描写的是婆媳之间的争吵不和以至于闹到不能在一个屋顶下共同生活的悲剧故事。

早年丧夫的本德婆，长期过着“一碗咸菜，一碟盐”的生活，靠“从牙缝里省下来”的钱，养大了儿子，赎回了屋子。过分的刻苦和过度的操劳，使她的身体“出于意外的突然衰弱下来”。

“生得很忠厚，又不笨”的阿芝婶，看到婆婆仍然不顾自己衰弱的身体，从早到晚不停地操劳，便想在精神方面给她以安慰，经常买些好吃的东西给她调养身体。阿芝婶的一片孝心，却遭到婆婆“尖锐得如刺刀一样”的责骂：“我牙缝里省下来，你要一天败光它！……”，“今天黄鱼明天肉！……你在娘家吃什么！……哼！还要补！……”这位诚恳、忍耐、守本分、尽孝道的儿媳妇，受到婆婆三点指责：败家、贪嘴、自是。婆媳间的关系越来越紧张，“于是这样的事情开始了：在同一屋顶下，在同一厨房里，她们两人分做了两个家庭”。阿芝叔回来调解也无效果，“过了几天，阿芝叔终于痛苦地陪着阿芝婶出去了。他一路走着，不时回转头来望着苦恼而阴暗的屋顶，……不觉流下眼泪来”。

《屋顶下》是一篇小中见大，平中有奇，杯水波澜式的作品。本德婆与阿芝婶的矛盾，是“唯慎”心理与善良心肠的矛盾。艰难曲折的生活历程使这位饱经生活风浪的老舵手深深地懂得：“当家犹如把舵，要精明”，“要刻苦”，“一个不小心，触到暗礁，便会闯下大祸，弄得家破人亡”。本德婆的“唯慎”心理是由朝不保夕，福祸无常的社会现实所酿成的。这“唯慎”心理与善良心肠的矛盾，表面看来是一个完全不该有的误会，但实际上其中却完全有着深刻的社会根源。这对婆媳之间的矛盾，不是家庭日常生活这一表面原因所致，而是旧的社会生活的本质使然，是劳动人民的命运片舟和恶浪滚滚、暗礁林立的生活海洋之间的矛盾反映。正因为矛盾的深刻性在此，所以互为关心变成了互为伤心，破坏了一个屋顶下的家庭。那“苦恼而阴暗的屋顶”所象征的不是别的，正是黑暗中国那座社会穹庐。

笔法曲折细腻是本篇的艺术特色。这个特色突出地表现在本德婆的“操心”上和阿芝婶的“好心”上。本德婆尽管老而有病，将生活的船舵交给了媳妇，但她还在尽力给她瞭望，给她探测水的深浅，风雨的来去。本德婆尽管需要多多休养，但她勉强地行动着，注意着，指点着，和媳妇分做着各种事情。天还不亮她就坐起在床上，默然思忖着各种事情，一天到晚不停地做完这样想那样。阿芝婶劝她不要干活，吃现成饭，无效；最后就一心一意在精神方面给她以安慰，今天给她买这好吃的，她不吃，明天又买另一种，仍然不吃，就想方设法保藏好，再拿出来劝她吃。婆婆不吃，就疑心自己做得不好，不合她的口味，以后就照着婆婆的话，认真细心地做，然而她仍然不动筷子，这“操心”、“好心”，本应得到合理的结果——和睦与团圆。但在那不合理的社会里，得到的是指责和离散这不合理的结果。作者采用这种笔法，就由表及里，小中见大地揭示了旧社会的生活本质。

同情劳苦农民的不幸，并为他们探索出路，是鲁彦本期小说创作的基调。《屋顶下》的主人想克勤克俭、慎思慎行地求得好命运，结果是此路不通，于是作者就进行新的探索，写出了《李妈》、《乡下》和《愤怒的乡村》这样的好作品。

《李妈》描写了一位农村妇女在遭受兵祸、水灾，家破人散的情况下，流落上海当奴隶的生活遭遇，以及她的觉醒与叛逆。

李妈来到上海后，在冷视、饥饿和惆怅中闲等了十四天，后来被荐头介绍到第一个东家去做娘姨，这算是谋得了一个暂时做稳了奴隶的位子。李妈当娘姨经历了被人称为“乡下人”——“新上海”——“老上海”三个阶段。小说通过这三个阶段的描述，既叙写了她的生活遭遇，也展示了她的性格发展。第一次当娘姨的李妈，由于缺乏在大上海、大富家出卖劳动力的知识和经验，因而遭到老爷、太太者流不绝的辱骂。这时的李妈面对这不绝的辱骂，只是“恐怖”不迭，“忧虑”不止，仅做了三天工，便失了业。为第二个东家当娘姨时，“在上海做过三天工”的李妈，“算是一个‘新上海’了”，凶恶的东家骂她“混帐”、叫她“滚蛋”时，她愤慨地说：“人总是人！不是石头，也不是畜生！”她敢表示不满，她能慷慨陈词了。李妈有了两次当娘姨的经验了，她成了“老上海”了。这时的李妈对剥削者有了本质的认识了——“这个刻薄，那个凶”，“天下老鸦一般黑！”并能同他们作针锋相对的斗争了——东家“问罪”时，她先睁起比东家还恶的眼睛来；并以“怠工”、“揩油”的办法来回击东家对她“躲懒”、“偷东西”的责骂。这时的李妈不再被别的娘姨讥笑了，荐头也对她特别看重了，她喜悦得自言自语地说：“现在我们也翻身啦！”

小说通过对李妈从忍耐到反抗，从恐怖到愤怒的描述，颇为有力地揭露了残酷的阶级剥削和荒唐的阶级歧视等种种罪孽，并初步地为劳苦者指出了一条反抗、斗争的路。应当指出，李妈的反抗是不很正当也不很有力的。即使如此，但它总比逆来顺受、任人宰割好得多。同时还应当指出，李妈的怠工、欺骗、揩油等不正当反抗手段，是劳动人民“想做奴隶而不得”的野蛮残酷的社会、世态逼出来的，从这个意义上讲，它也是对整个旧社会深刻有力的揭露。社会画面阔大，生活气息浓郁，人物性格鲜明，情节发展自然，使这篇小说获得了好评。周立波同志评赞道：“《李妈》是一篇逼真的描写了农妇出身的娘姨的小说。熟悉上海娘姨生活的人，就会惊讶于他（指鲁彦——笔者注）的描写的真实。”❶

《屋顶下》和《李妈》两篇小说告诉人们，“忍欲”、“忍让”的人生道路是行不通的。劳苦人民的出路在哪里呢？鲁彦逐步地在探

❶ 周立波：《鲁彦选集·序》。

索着，回答着。如果说作者在《李妈》这篇小说中，通过艺术形象，以朴素的阶级论的琴弦，开始弹奏了一曲否定忍让，赞许反抗的调子；那么，《乡下》这个中篇小说，则是这一曲调更为响亮的作品。

《乡下》描写的是陈家村阿毛、阿利和三品这三个结为好友的贫苦农民，在反动人物强生（乡长）、金生（乡公所书记）和阿坤（杀猪徒、恶霸）的欺压下，一个一个悲苦地死去的故事。小说愤怒地控诉了反动派的罪行，有力地否定了忍耐、苟活，强调了反抗、斗争。这一主题是通过作者精心的艺术构思来表现的。

《乡下》的艺术构思是以阿毛的划船为线索，贯穿首尾，联络各人的。

划船是阿毛唯一的谋生手段，可是人祸天灾接连不断地同他作梗。他有一副铁打似的筋骨，挑着三百斤重担，爬山过岭，不用休息，也不用换肩，附近四乡都要他挑担、抬轿，可是这买卖给火车抢去了。无奈，他只好给人家砻谷舂米，可不久，这买卖又给轧米船抢去了。没有办法，他只好靠划船摆渡来谋生。划船的生意又被汽车抢去了。再加上久旱不雨，河水干涸，一条谋生的船便变成了招灾的祸祟——权势者们向他逼取掏河捐。

乡长强生派恶棍阿坤限阿毛三天交付掏河捐。阿毛十分气愤地说：

> 哼！限我三天！我有钱也不付！就先和他拼个你死我活！

阿利和三品都不许他打人，为他借好了钱。三品怕他动手打人，还特地同阿毛一起去乡公所付捐，并特意交待阿毛："见到乡长要装一点笑脸。"难以忍受的屈辱，使阿毛气愤极了，他冲着三品说：

> "忍耐！忍耐！你叫我忍耐到死吗？……再忍耐下去，连屋角里的老鼠也要咬我啦！哼！"
>
> "……我不再弄船啦！……我现在把那只讨饭船敲破了再说！"阿毛哥拿出一柄斧头往外就走。

阿毛赌气劈船，却被诬告为"持斧行凶"、"要去杀乡长"，被抓进县衙，监禁三年；船也被坏家伙敲了几个洞，并且充公到乡公所去了；好友三品也被诬告为“帮同行凶”受了六个月的冤狱痛苦。

阿毛入狱，他那十二岁的儿子阿林便成了生活无着的孤儿。为救人水火，阿利想方设法弄到了三十几元钱，赎回了船，修好了洞，收起了自己的生意摊，坐在往日阿毛坐的位置上与阿林一起驶船谋生。作者对这位富有助人精神的人是深表同情的。鲁彦写道：

> 阿利哥是这样好心的人，又是这样很刻苦耐劳的人，……竟一路遭遇不如意的事，做这种买卖也亏本，做那种买卖也赚不到饭吃，终于又遇时疫，短命死了。

阿利死后的十天，三品出狱回到陈家村。他又代替了阿利坐在那里驶船。三品是从事小农生产的农人，是一个息事宁人，逆来顺受，自我麻醉和耽于幻想的人物。他回家后一年，“觉得前途有了不少希望”，但这些希望过了不久，一一都变了颜色。在反动派想出迁公墓、修公路的鬼点子，挖了他的祖坟，拆了他的住房，希望完全破灭时，他才喊出怨愤的声音：

> “这种世界就只有瞎子聋子哑子才活得成！”他倒在床上，再也不能起来了，于阿毛出狱前的几个月，含愤而逝。

最后坐到这条船上的还是阿毛：

> 有一天早晨，他忽然高兴得发了蛮，一个人把它（指船——笔者注）拖下水了。
>
> ……
>
> “呜——”大汽船来了。
>
> 汽船的头正碰在划船的头边，……水波象海涛似的掀着，阿毛哥的船好象一片树叶。

巨大的汽船与一叶扁舟相碰，形象地预示了阿毛的悲剧结局。这个结局的情景是：三年牢狱生活的残酷折磨，使他成了一个无知觉无灵魂、无感情无理智的“生物”。但是刻骨的仇恨使他没有忘记报仇的念头。在一个月夜里，他操起利斧，雪恨去了。他来到仇人的屋墙外，恍惚的精神使他觉得脚后有人跟上来了，他便把“仇人”引到靠河有两株矮树的地方，在幻觉中他看见自己面前矗立着三个人，中间一个举着斧头。

> 愤怒的火爆烈了，阿毛哥拿着斧头，猛虎似的全身扑了过去……
>
> 那是水。
>
> 黑影随着猛烈的水声翻动了一会儿，不久又宁静了。
>
> 只少了阿毛哥的影子。

从以上的分析可以看到，《乡下》的艺术构思是非常精心而深刻的，它淋漓尽致地展现了反动派穷凶极恶的狰狞面目和劳苦者血泪斑斑的生活画面；并形象地说明了忍耐必然要吃亏，以拳头，气力作个人式的反抗必然要失败的深刻道理。

鲁彦在发表《乡下》后的四个月，即1936年6月，又在《文学季刊》上逐章发表长篇小说《野火》，来继续反映农民的反抗情绪。因杂志停刊，小说只登到第十四章。后在重庆出单行本时又遭到国民党文化特务机关的检查和删减，并没收了原稿。把《野火》弄得残破不堪。我们现在看到的完整的十八章本《愤怒的乡村》（以下简称《乡村》），是在鲁彦逝世后，由其夫人覃英作了某些补充和校改之后，改名重印的。覃英回忆道：《野火》“在当时的《文季》杂志上发表后，得到了文艺界的好评，认为这是鲁彦创作过程中的一个跃进。”

我们将《乡村》和《乡下》作一比较，可容易地看出，《乡村》较之《乡下》是大大地前进了。这个前进表现在《乡村》多次地描写了斗争双方正面、直接的矛盾斗争。由于它较好地做到了这一点，所以《乡村》中的人物形象显得血肉丰满，栩栩如生；主题更有深度，艺术也更有高度。说它是“一个跃进”，还表现在，《乡村》摒弃了反抗人物单枪匹马的斗争方式和软弱人物压死不动手、屈死不呼冤的处世哲学，它表现了被压迫者这个群体的觉醒、反抗、斗争，表现了忍让者最终的醒悟和呐喊。

《乡村》的故事内容是围绕两对矛盾线索和三个斗争回合展开的。两对矛盾是：敌对双方的阶级矛盾和农民之间的思想矛盾。三个斗争回合是：维护国体、人格的斗争，抗付苛捐杂税的斗争和处置杀人凶犯的斗争。斗争的双方是以青年农民华生、阿波等为代表的被统治者和以乡长傅青山、地主兼商业资本家阿如为一方的统治者。全书以展开敌对阶级的矛盾斗争为主，辅之以农民内部的思想冲突，鲜明地展示了不同人物的思想性格。

全书刻画得最成功的主要人物有华生、葛生和傅青山。

华生是全书的主人公，他是一位年轻的贫苦农民。“他有着一个高大的身材，粗黑中略带红嫩的面庞，阔的嘴，高的鼻子，活泼而大的眼睛，一双粗浓而长的眉毛扫帚似的斜耸地伏在眉棱上。在暗淡的灯光下，他显得粗野而英俊。”这段肖像描写，初步地展示了他那剽悍顽强，不畏恶势力的思想性格。

“我——是人！”“我不做人家的牛马！”华生在和葛生发生思想冲突时说的这两句话，使我们看到了他思想性格的核心。这核心如同热核一样，在黑暗的时代，放射出疾恶如仇，敢于斗争的闪闪亮光。作者在刻画华生这个形象时，注意了他性格发展的阶段性。第一阶段的华生，其反抗、斗争的性格特点是“一拳还一拳，直捷了当”。他在屈辱面前，决不忍耐，“报复”就是一切。反抗、斗争的动因，常和个人的冤恨、利害相关。言行表现是“太直爽”、“太坦白”。斗争方式是靠个人、靠拳头。对自己的欺压者缺乏认识，缺乏警惕，只把他们看成是单个的互不相关的个体，而没有把他们看成是会互相勾结，互相维护的一种阶级势力；只把他们看成是明来明去的对手，而不认识他们是诡计多端的阴谋家。阿波、秋琴、华生三人在迫使阿品和黑麻子温觉元写了“服状”后的一段对话，很能说明华生这一阶段的性格特征。阿波、秋琴提醒说：“黑麻子那东西所以敢横行无忌，靠的是乡长傅青山”，“他们有地位，有势力，有金钱，有走狗”，“有的是阴谋毒计”，在他们面前“不能太直爽坦白”，“你坦白，是一定会吃亏的”。华生听了便说：“随便他们有什么，我有拳头！”

“我不会说谎话，不会假做作，快乐就笑，有气就发。”

经受斗争的锻炼和总结斗争经验，华生的思想性格发展到了一个新的阶段。他能以同命运人的冤仇为冤仇，萌发起了阶级的意识、阶级的观念。他感于“几乎所有的穷人都一样，全是透不过气来似的过着日子”而苦恼着：“这样活着，不如早点了结！……要不然就去背枪杆，……跟敌人拼个你死我活……”他去掉了“太直爽”、“太坦白”，和易怒易发，有勇无谋等缺点，而能以小忍就大谋，注意等待斗争时机。他放弃了个人反抗和靠拳头拼性命的斗争方式，而能提出富于鼓动性、号召力的斗争口号，来发动群众、组织群众，以群胆群威的浩大声势，来同敌人作有力的斗争。荒年歉收，民不聊生，地主阿如凶狠逼租，竟打死了贫苦农民阿曼。这件事一下子点燃了华生的阶级怒火。他以广泛流传于群众的“我们还能活下去吗！”的呼声为口号，发动并组织大伙同傅青山、阿如、黑麻子等坏家伙作斗争。为网尽这伙吃人者，华生提出：“现在得派一些人暗中去侦查他们的行踪，倘使他们想逃走，就先拦了来吧！从天黑起，我们多派些人，远远包围着乡公所，第一不要让傅青山逃跑了。保卫队敢出来，就先对付他们！……”

第二天，气势雄壮斗恶魔的时机到了。华生屋前的锣声响了，阿波那边的锣声也响了，接着四面八方都响应起来。“这里那里只听见叫喊声，呼哨声，怒骂声。只看见拿棍子的、背锄头的，拖钉耙的，肩扁担的农人们从各处涌了出来，奔向桥西的祠堂去。戏台周围，两边走廊和正殿上的人群立刻起了嘈杂的呐喊：

> “杀人偿命！杀人偿命！……”
>
> 台下……震天价地叫了起来：
>
> “报复！……报复！……”
>
> 棍子，扁担，锄头，钉耙，全愤怒地一齐举起了。
>
> “打！……打！……”华生愤怒地叫着。
>
> 全场立刻狂叫起来，举着武器，互相推挤着，想拥到台上去，华生对着阿波哥做了个跳到台上的手势，……

就在这时，傅青山事先串通好的一连反动武装来到了，以“共产党想暴动”的诬陷，逮捕了华生、阿波和秋琴。在特定的历史条件下，这场反抗斗争的怒火被扑灭了。

《乡村》和《乡下》描写的虽都是反抗者的悲剧，但两者相比，却大有不同之处。《乡村》是斗争的壮歌，《乡下》是忍耐的悲曲。华生和阿毛，也有某些相似之处，但华生要比阿毛丰满得多，完美得多。这是作者在塑造人物形象方面的一个长足的进步。

与华生性格成鲜明对比的一个人物是他的哥哥葛生。这个人年轻时和华生一样的强壮结实，有说有笑，充满活力，一个人能种许多亩地，能挑极重的担子，能飞快地爬山过岭。而且有血气，爱劈直，敢说话，常能拔刀助人。但现在，他完全衰弱了，满身疾病，精神颓唐，不到五十岁的人看来好像有了七八十岁年纪，没有一点火气，好像无论谁都可以宰割他一样。造成这种结果的原因是：“这个看他肯帮助人，过分地使用他，那个看他老实，尽力地欺侮他，这个看他穷，想法压迫……这样捐，那样捐，于是他被挤压得越空了，负累得越多了，一天比一天低下头，弯下腰，到了今天便成了这样没有生气的人！”

在葛生的身上，套着两副沉重的精神枷锁，那就是“天命论”和“报应学”。他“相信着老天爷有眼的，果报不在眼前，就在未来，不在这一世，就在来世，活着不清楚，死后自然分明，谁入地狱，谁上天堂，至少闭上眼会知道的”。在这种精神枷锁的禁锢下，他成了“最能忍耐”的人。他认为，做人“是应该吃亏的”。别人损人利己，得寸进尺，作威作福。而他却总是损己利人，步步退让，低声下气。人们都叫他做“弥陀佛”。

他的处世哲学是与世无争，息事宁人。作品中写了这样一件典型事例：一天乡公所司务员黑麻子温觉元带领几个保卫队丁来到他家强征捐钱。华生与这伙吸血鬼发生冲撞，被捆了起来。反动派的蛮横行径，激起了广大群众的义愤。“大家把门围得水泄不通，并且一步步向前拥挤着，形成了一个包围的形势”。温觉元见势不妙，想下台又无梯子，正在这时，葛生来到了：

“怎么呀，阿觉哥？”他颤声叫着，十分恐慌。他年纪轻，总是闯祸的……什么事情归我担保吧……”

……

“乡长命令，我都依，阿觉哥，……他们得罪了你，是我不是……还请看我面上……”

……

队丁立刻把绳松了。华生愤怒地一直向黑麻子扑过去，却被葛生哥……抱住了腰和背。

“做什么呀！华生！”葛生哥叫着，“你让我多活几天吧！……大家让我多活几天……天灾人祸还不够吗？掀风作浪做什么！你们要打，就先打我——可怜我呵，老天爷，我犯了什么罪呀！……”

群众静默了，华生静默了，叹息在空气中呻吟着，眼泪涌上了一些人的眼里。大家低下头，分开一条路来，让黑麻子和队丁通过去，随后摇着头，一一分散了。

他虽是一生行好，事事忍耐，但并未使自己得到一丝好处。“无论他对谁怎样好，没有谁把他放在眼里，只换得一个满含讥笑的名字：弥陀佛！”“连三岁小孩子也看他不起。”

《乡村》中的葛生和《乡下》中的三品，都是“最能忍耐”的人物。但葛生比之三品也略有变化。三品是屈死不作声的人，至死如此。而葛生在是可忍孰不可忍的情况下，且有表示。一是他尚能和悲苦的心声共鸣：

“还能活得下去吗？”

这几天他时常听见人家这样叫苦。真的，他已经不能活下去了。他越想越苦恼……。

二是他终于向自己的信仰之物发生了诘问。华生被捕，使他受到莫大的打击。他“晕倒在台上，脸如土色，吐着涎沫”。

突然间，他挣扎着仰起上身，伸着手指着天，大声叫了起来：

“老天爷，你有眼睛吗？……”

上述两点，透露出葛生思想性格中的一点亮光，表示了他的初步觉醒。葛生与三品的对比，也说明《乡村》较之《乡下》，有变化，有提高。

《乡村》对反面人物的刻画也比《乡下》深刻、逼真。特别是对乡长傅青山的刻画，更见成功。

傅青山是一个精通伪善、精通骗术、精通反革命权术的反动官吏的典型形象。在开祠处置杀人凶犯阿如的场面中，傅青山的丑恶行径，得到了最充分的表演：

阿如老板被反缚着，……傅青山一路用手杖打着阿如老板的腿子，一面骂着：

“你这畜生！你休想活了！我平日没仔细，错看了你！你居然打死别人！……”

……

“我自己就该吃棍子的，因为我做乡长，竟会闹出这祸事来，……这畜生，他昨天竟还敢跑到我这里来求情，我当时就把他捆起来，要亲手枪毙他的，但是仔细一想，打死了他倒反而没有证据，变做我们也犯罪了，……所以只把他打了几顿……现在可以交给你们了，由你们大家打吧……但不要打得太狠了，暂时给他留一口气……先开祠堂门公断了再说……我们要先把罪案定下来，大家说枪毙就枪毙，剥皮就剥皮，……今天决不放过他！把他千刀万剐……”

傅青山这一番美妙动听，“情通理达”的话，不仅消解了人们对他的愤恨，而且还博得了“公道”、“有功”的好评：

“这狐狸精想的一点也不错。”华生想，“……句句说的是公道话，……”

……

“今天乡长说的是公道话，……”有人喃喃地说，

“别人捉不到凶手，给他捉到了，亏得他呵……”

公断时，这只老狐狸，又是“虔诚”地下跪，又是“衷心”的宣誓，说什么“倘有心存不正，挟嫌怀私，判断不公，即属死有余辜”，“断子绝孙”！可另一手则是：左右找证人，上下问情况，要尽花招，拖延时间。待至他事先串通好的反动武装来到时，他就凶相毕露，立即实行其反革命的专政，把华生、阿波、秋琴通通逮捕问罪。

傅青山的表演使我们清楚地看到：他是以一副面孔、多种手段对付被统治者的善于要阴谋毒计的坏家伙。他比“看看明明，摸摸平平”的《乡下》中的那个强生乡长要狡猾得多。

在艺术表现方面，《乡村》比《乡下》有显著的进展。突出的表现是《乡村》中的人物形象较之《乡下》更丰满得多，典型得多。究其原因，在《乡村》中，作者是通过生动可感的斗争场面和采用富有立体感和个性化的语言来刻画人物，避免了《乡下》中那种介绍性、说明性的表现方法。但《乡村》中的有些人物，也仍然存在着某些不足之处。如阿波和秋琴这两个人物，他们是以指导者的身份出现的。但他们在斗争中出场的次数很少，表现和作用也不很突出，他们的谈吐风度和他们的经历、身份也不合拍，尤其是秋琴，她不像是久居农村的贫苦农民，倒像是出身于书香门第的城市姑娘。这可能与作者对如阿波、秋琴这类具有革命色彩的人物，不够了解，不太熟知有关。这如同在《一个危险的人物》中所表现出来的弱点一样。

到此为止，鲁彦对“劳苦者的出路在哪里”的答案是：不可忍耐苟活，要反抗斗争；不可单枪匹马，要众志成城。这个答案较之以前，是明确得多了，正确得多了。但是它还很不够完全，即在他的作品中，还没有能够描写共产党的领导作用。在燃烧着党所领导的农民反剥削、反压迫斗争烈火的三十年代，作者未能做到这一点，是令人颇感遗憾的。

《我们的喇叭》时期
——“供献出来，参加抗战”

鲁彦小说创作的第四个时期是1937年到1944年的八个年头。这是中国共产党领导全国各族人民进行伟大的抗日斗争的时期。鲁彦不顾颠簸不定的生活和贫病交加的困境，热情地投入了这场斗争。他一面参加“中华全国文艺界抗敌协会桂林分会”的组织工作，主编大型文学刊物——《文艺杂志》；一面经常于夜深人静之时，写作散文和小说。他在《〈我们的喇叭〉后记》中写道：“抗战以后，我总共只写了约莫十个短篇。……在这时候即使我的笔力不大，我也要供献出来，参加抗战的！”表明了他鲜明的政治态度和可敬的爱国热忱。

鲁彦在这个时期写作的小说差不多都是以抗日斗争为题材的。《我们的喇叭》、《伤兵旅馆》、《杨连副》、《陈老奶》、《炮火下的孩子》、《樱花时节》、《千家村》等短篇小说，都从不同的角度，描写了与抗战有关的人和事，歌颂了投身于抗日前线和后方的军民们。

《伤兵旅馆》，叙写某旅馆的伤兵，在日本飞机轰炸时，不顾生命危险抢救老板娘的爱子，老板娘受到极大的感动，于是自觉把旅馆改称“伤兵旅馆”的故事。《杨连副》中的杨连副，是一个抗日部队里的下级军官，在他回到后方受到一些老百姓的歧视时，注意同他们改善关系，并对儿童们进行训练和教育，使之成为抗战的“小小预备队”。写于抗战前期的这两篇小说，由于作者忠实地按照事物的本来面目来认识事物，因此正确地区分了国民党的决策机关、上层分子与下级军官、普通战士的不同，表现了他们在外感敌寇的暴行，内感民族危亡的情况下的爱国主义思想和行动。

写于抗战前期的另一篇小说是《我们的喇叭》。作品真实地写出了一个普通的抗日战士的成长过程。“喇叭”是这个战士的代称。他入伍前是一个吹着小喇叭招徕小顾客的小贩，卖点糖果、玩具之类的东西。这个时期的“喇叭”，其性格比较软弱，他仅是一个忍让、安分的生意人。他信守着“安分守己”、“听天由命”与遇事忍让的祖训。但是，日本帝国主义的飞机、炸弹，否定了他恪守祖传遗训的生活基础：他肩挑叫卖、走街穿巷的根据地，“不久就变成了死市”，“一连几天，小喇叭走遍好几个乡村，竟找不到一个立脚点。”他再也不能安分守己地挑他的糖果担子了。在生活无可依靠的情况下，他便带着祖传的铜喇叭参加了抗日部队。到部队后，“忍让”的家训仍在脑中萦回：他抱定“当兵不杀人”的主意，就当了个“不杀人”的号兵。敌人的残暴，战火的炽烈，使他受到很大的锻炼，伟大的民族战争，终于使他克服了思想上的消极因素，成长为一名出色的号兵，一个英勇豪迈的抗战者。面对冲来的日本侵略者，“他吹了，吹起冲锋号了！一遍又一遍，紧张、激烈、急骤！他的心跳得那么厉害，好象要从他的胸坎里冲出来一样！他的筋脉一根根粗绽起来了，热血在冲撞着！他的眼珠从他的眼眶里凸出来了！他用着整个的生命，整个的灵魂吹着！吹着！满山满谷，象有千万个喇叭一起怒吼了起来，月亮失了色，黑云落到了阵地上，树木岩石都从山里冲了出去：狂风卷着飞沙向着敌人那里掠了过去！”

《我们的喇叭》较好地写出了“喇叭”这一人物，由安分守己的生意人到英勇豪迈的抗战者的性格发展过程，写得甚为突出，充分。在描写忍让人物的性格转变方面，这是一个大的突破，十分可喜。这较之鲁彦前期描写过的忍让者的觉醒与转变有很大提高。在《李妈》中，写了李妈由忍让到反抗的转变，但其反抗既不很正当又不很有力。在《乡下》中，写了阿利和三品这两个忍耐者的转变，但阿利只能发一点沉闷、微弱的怨气——“越变越不象样”，“一天不如一天啦！”三品只能在无力为时想有为——“……到临死的时候，倘不是已经不会行动，一定踞起来杀人放火了。”《愤怒的乡村》中的葛生和三品一样，也是“最能忍耐”的人物，所不同的是，三品是在“不会行动”时有点觉醒的思想，而葛生是在尚能行动时有点觉醒的行动——痛苦的哭诉，但也仅只哭诉而已，而无其他。总之，这些人物的觉醒与反抗，较之喇叭这一人物，是非常迟缓、非常软弱的。

“喇叭”与上述人物相比，却大不相同。他的转变是飞跃的转变，是巨大的行动。他以强劲代替了他们的软弱，以威武雄壮代替了他们的哀苦凄伤。在需要千千万万的刚强硬汉去同侵略者作拼死斗争的岁月里，作者能这样去描写忍耐人物的性格转变，就使自己的作品较好地起到了教育人民，感奋人民，打击敌人，消灭敌人的作用，这是很有时代意义的。

鲁彦不仅写了英勇豪迈的前方战士，而且还写了刚强坚毅的后方人民。《陈老奶》就是这后一主题的代表性作品。

陈老奶是一个乡镇中的家庭舵手，她有两个儿子，一个大儿媳妇和一个小孙子。家庭和睦，后生贤良。但在那个战乱的年代和到处都有蒙面豺狼的社会里，狂风逆浪不断地向她袭来。于是，她就如年青人一样，紧握船舵，负担一切责任，使这个屡遭不幸的家庭，如张满了风帆的船只与激流相搏斗着迅速地前进，直到她“微笑着”“闭上眼睛”，“和这世界告辞”。

首先来到陈老奶家的是战事的侵扰。她的二儿子在外敌入侵，民族危亡的时日，“抱着为国而牺牲的目的”去当兵了。“第二个儿子的出去，在她一生的历程上是一番最可怖的波涛”，但是，她经受住了。二儿子的出去，在她身上引起的最大变化是她管家的责任心进一步加强了。从银钱的管理到后代的穿衣吃饭，她全要作主。“她好象一个懈怠了数年的舵夫，经过这次打击，终于又挺身出来紧握着船舵，负起了一切责任”。战时的物价不断上涨，许多家庭都失去了平衡。可是由于“她的坚决与镇定，耐劳与刻苦”，做事稳当和精明能干，所以，“几个月后，这个家庭不但能够在暴风雨中屹然支持着，而且显得稍稍安定了”。人们怀着敬佩的心情说：“看看榜样吧，年轻人！个个都象她，就天不怕地不怕，什么都担当得起了！”

对她的第二个重大打击是病魔夺去了她大儿子的生命。这个打击非同小可，使她驾驭的“这一只暴风雨中镇定前进的小船”，“撞着了礁石，波涛从船底的裂缝里涌进来了，全船的人起了哀号，连那最坚强的舵工也发出绝望的呼号来”。但为了那个春笋般成长的孙子和贤淑的媳妇，“几天以后，她终于从悲恸中清醒过来了”。她抑制着感情，管理起家务，“让悲伤沉埋在最深的心底里”。

第三是反动政权对她的欺压。她大儿子做账房的那家杂货店的老板，“假造了许多张字据”，诬她大儿子生前“借走了一千多元”，“现在来向她催索了”。“又矮又胖的老板”，“三角脸的证人”和“精通公文法律”的镇长，他们互相串通起来，不管陈老奶同意不同意，不到几天，镇长就把她大儿子，“存在几处的钱统统提了去”。这对没有余钱、没有房屋、没有地产，也没有挣钱人的陈老奶来说，确实是一个致命性的打击。“可是陈老奶好象愈加年轻了，她依然紧握着船舵，在暴风雨中行驶”。她戴上老花眼镜，给人家打鞋底，有时鸡还没啼，她就坐在床上，在黑暗中摸着打。年迈体衰和苦于挣扎，使陈老奶“不到几个月，头发和牙齿很快就脱光了，背也驼了起来，走路……踉跄得更厉害了”，手在颤抖，摇晃，记忆力也差了。“虽然这样，可是她仍旧一天忙到晚，不大肯休息”。这位背负重任，不屈不挠的脊梁人物，在一个冬天的晚上，微笑着，和这世界告辞了。

《陈老奶》与《屋顶下》，有某些相似之处，陈老奶、本德婆，她们都是自告奋勇、主动积极的家庭舵手，她们都想以自苦、自强来求得较好的家境与人生。但是她们也有不同的地方，其不同处主要表现在奋斗目标和奋斗的方式上。本德婆是为“家”。而持家，奋斗方式是“唯慎”与忍欲；陈老奶是为“国”而持家，奋斗的方式是勤勉与进取。由这两个不同又显示出第三个不同，即胸怀与境界的不同，本德婆的胸怀与境界不如陈老奶的广阔、高远。

《陈老奶》这篇小说，是鲁彦在“热血沃国土，战火烛长空”的岁月里，昭彰民族灵魂，倡扬御侮精神的优秀作品。在陈老奶这个人物身上蕴含着不少的人生要义和精神财富，这就是：

她有正视现实的勇气。当灾难一旦临头时，她从来不惶惑，不悲观，既来之则安之，镇定而安详。

她有改变现实的锐气。在罹苦遭难时，她不懈怠，不徘徊，不反顾，不回头，而是力争，苦斗，不惜耗尽自身的一切能源，去转活困窘、僵死的生活局面。她要做生活的主人，而决不做命运的奴隶，在她身上，找不到宿命论的因素，这是鲁彦在人物塑造方面的又一新进展。

她有向往未来的浩气。她说：“做人做人只要做呀，譬如走路，一直向前走，不要回头就是了……你看我老了，我可是人老心不老呢……”。“人老心不老”，“一直向前走”，决心走出一条生存的路来，这种精神是何等的可贵呀！

陈老奶是一位一切为了后代，求生存，谋出路，万难不辞，百折不回的人物。作者在需要千千万万的优秀儿女来挽救民族于危亡的时日，塑造出这样一个富有榜样力量和进取精神的形象，是很值得我们庆贺的。

发表于1942年的《千家村》，是鲁彦反映抗日斗争的又一篇小说。它通过描写秋光的回乡观感，揭露了日本侵略者的残暴罪行，反映了广大人民卫国保家的警觉精神。

远离故乡十几年的秋光，为了慰问一下“曾经遭遇过三次的战争”

的故乡人民，“以一种虔诚而肃穆的心情”投入了故乡的怀抱。

“我渐渐走向千家村的中心，……我看出好些人的脸上都显露着一种阴沉的紧张，每个人的心头都好象压着一大块沉重的石头似的。”三次战争中敌人的暴行，给家乡人民带来了极为深重的灾难。瘦得一根枯柴似的福全哥给鬼子吓疯了；富洪的妻子，给敌人赶到了河里；“憔悴得很”的七哥，在战争中失去了一个八岁的孩子。好多屋子被毁了，“整个的千家村，现在只剩下了一百多户，而且很少是完整的，而且就连这些残留的部分也沉浸在凄凉苦难中，千家村——日夜在战慄着……”人民的灾难虽然如此惨重，但他们并没有被吓倒，被征服。故乡的人民日夜在山岗坡顶站岗放哨，时刻监视着敌情。

故乡人民的不屈精神和深重苦难，给了“我”以深刻的教育和巨大的激励。小说结尾时这样写道：

> 这一夜，我无论怎样也合不上眼。对着一盏黯淡的孤灯，我只会呆着出神。屋外有蝈蝈儿在叫，它们给我揭开一幕甜蜜的儿时的回忆，一会杜鹃的啼鸣又把我引到了眼前悲惨的境界，窗外有风在摇曳树木，呜咽而且悲愤，一阵阵鸡鸣似在催人奋起……
>
> 我不能再在这里多耽搁了，天还未明，我把我应做的能做的事全准备好托付了七哥和富洪，就带着连伢子急急地离开了我们的老屋，我们的故乡，我们的千家村……

这个结尾写得很精彩。他描绘的这幅画图虽是夜色满纸，但却是活气漫天，亮色喜人。我们看：

黯淡的孤灯，没有叫你悲观厌世，而是在使你沉思默想；

虫鸟的鸣叫，没有使人横生闲情，而是在叫你抚今追昔，悟识要义；

呜咽的风声，没有使你伤感丧志，而是在教人奋发有为；

阵阵的鸡鸣，不是叫你眷恋温床，而是在催人崛起。

全是昂扬奋发的调子和积极向上的情思。鲁彦这位“清醒的作家”和“不懈的战士”[1]，他的思想和艺术、发出了更加耀眼的光辉！

---

[1] 《悼鲁彦先生》，1944年8月30日《广西日报》（桂林版）。

十分可惜的是，正当他的思想和艺术进入一个崭新的阶段时，黑暗社会加在他身上的折磨，以及难以消除的病痛，就使他丧失了继续写作的能力，《千家村》竟成了他最后的一篇小说，这是多么令人痛心的事呵！如果不是早逝，鲁彦先生必将写出更多更好的作品，对中国现代文学作出更加光辉、更为巨大的贡献。

清醒的作家不懈的战士

鲁彦先生是“文学研究会”的一个成员。他忠实地遵循文学“为人生”和“改良这人生”的观点，以鲜明、强烈的正义感和嫉恶如仇的灼热心肠，诅咒、攻击一切黑暗的事物，解剖、暴露一切罪恶的根源。他挞伐灰色人生，他批判奴性哲学，他否定天命论和报应学，他以自己的作品形象地向人们宣传：光明的前途从斗争中争取，悲苦的人生在反抗中改良。如果安弱守雌，笃于旧习，驯顺懦弱，听天由命，那只能是人生日苦，遭遇日惨。鲁彦是悟识人生的清醒作家，是改良人生的不懈战士。

鲁彦的小说有着一个明显的特点，那就是作品中的人物，大多数是乡镇中的被奴役、被损害者，和在悲苦中挣扎着的人们。小说通过描述他们的生活境遇，抨击了近代资本主义发展以后的散发着钱臭的社会习俗；栩栩如生地写出了“工业文明打碎了乡村经济时应有的人们的心理状态”❶，被“茅盾称之为近代中国的典型作家”❷。鲁彦有着敏锐的感觉，“他看透了旧社会的不合理，目击了封建主义和帝国主义压迫下的贫苦人民所受的恐怖与灾难。他也看见了一般小康人家的家庭里，都充满着争吵和不安”❸。鲁彦有着一颗赤热的心，这颗心“在冷冰的空气里跳跃，它有很多要诅咒，有很多要共鸣，有很多要反抗，它焦灼地团团转”，“我以为这种样的焦灼苦闷的情调是贯彻在王鲁彦的全体作品内的。”❹

鲁彦作品的艺术风格是细腻、朴素、自然。他的小说总是细腻地

---

❶❹ 茅盾：《王鲁彦论》，载《小说月报》1928年1月10日第19卷第1号。署名方璧。
❷ 赵景深：《记鲁彦》，载《文艺复兴》第1卷第6期。
❸ 周立波：《鲁彦选集·序》。

描绘生活场景和人物的心理活动。《黄金》、《李妈》、《屋顶下》、《乡下》、《愤怒的乡村》、《陈老奶》等，都是这方面的典型性作品。他不刻意追求离奇曲折的情节和玄妙高深的主题，只是按照现实生活的本来面目如实地写来，让主题从情节中自然地流出。他极自然、朴素地叙述着故事，如同从农夫村妪的嘴里说出的一般；如《许是不至于罢》，是这样开端的：

> 有谁愿意知道王阿虞财主的情形吗？——请听乡下老阿婆的话：
>
> “啊唷，阿毛，王阿虞的家产足有三十万了！王家桥河东的那所住屋真好啊！围墙又高屋又大，东边轩子，西边轩子，前进后进，前院后院，前楼后楼，前街后街密密的连着，数不清有几间房子！”

这是借乡下老妪给孙子讲故事的方式，自然成篇。还有《自立》一篇也是如此，那是写作品中的“我”和妹妹唐珊，听父亲讲一所房子的故事，也很朴素、自然。所以，茅盾同志指出：“自然和朴素，是作者的卓特面目。”[1]

如果对鲁彦小说的内容情调，艺术风格和创作目的作一探索，那么其构成因素大致有以下三个方面：

一是时代社会和作者自身的生活境遇。

鲁彦的一生是身罹百苦，心有万痛的一生。他这样写道：“生活拿着鞭子在我的眼前晃着，在我的耳边叱咤着。我不能迟缓我的脚步[2]。”颠沛流离的生活使他“过的艰苦和烦恼的日子太多了”[3]。这种生活境遇在思想、精神方面带给的影响，那就是在软化他“铁一样”的心，冷却他火一样的情。鲁彦曾经坚定地相信自己“将有一个光明的伟大的未来”[4]，这个未来，他认为靠自己那“粗壮的躯壳”和“铁一样”的心就一定可以争取得到。但是冷酷的现实使他认识到这种个人奋斗

---

[1] 茅盾：《王鲁彦论》，载《小说月报》1928年1月10日第19卷第1号。署名方璧。
[2] 王鲁彦：《驴子和骡子》。
[3] 王鲁彦：《童年的悲哀》。
[4] 王鲁彦：《旅人的心》。

的道路是走不通的。他沉痛地写道："我这粗壮的躯壳，不知道经过了多少炎夏和严冬，被轮船和火车抛掷过多少次海角与天涯，尝受过多少辛劳与艰苦，从来不知道战慄或疲倦啊，现在却呆木地躺在床上，不能随意地转侧了。""尤其是这躯壳内的这一颗心。它许多年可说是铁一样的。对着眼前的艰苦，它不会畏缩；对着未来的憧憬，它不肯绝望。对着过去的痛苦，它不愿回忆的呵。然而现在，它却尽管凄凉地往复地想了。"❶"我的心里有无限的痛楚。我是从沙漠里出来的人，我是从黑暗里出来的人，我是从地窖里出来的人……我的心是寂寞而且凄凉。"❷言为心声，文如其人。所以，鲁彦的作品多取材于病态社会的不幸的人们，多发悲苦的心声，并常常显露出沉郁的色调，这和他的生活境遇与思想修养是分不开的。

二是鲁迅先生的引导与启示。

鲁彦是在鲁迅这位新文学运动的伟大旗手的引导下，走上文学创作道路的。鲁彦在北京工读互助团生活期间，曾在北京大学旁听过鲁迅先生的《中国小说史》课。先生的讲授使鲁彦受到深刻的启发和教育，他这样回忆道：

> ……他站住在讲桌边，用着锐利的目光望了一下听众，就开始了"中国小说史"那一课题。
>
> ……
>
> ……每个听众的眼前赤裸裸地显示出了美与丑，善与恶，真实与虚伪，光明与黑暗，过去现在和未来。大家在听他的"中国小说史"的讲述，却仿佛听到了全人类的灵魂的历史，每一件事态的甚至是人心的重重迭迭的外套都给他连根撕掉了。于是教室里的人全笑了起来，笑声里混杂着欢乐与悲哀，爱恋与憎恨，羞惭与愤怒……于是大家的眼前浮露出来了一盏光耀的明灯，灯光下映出了一条宽阔无边的大道……。❸

---

❶ 王鲁彦：《杨梅》。

❷ 王鲁彦：《船中日记》。

❸ 王鲁彦：《活在人类的心里》，载1936年11月《中流》第1卷第5期。

这是鲁彦回忆的，正是他自己确定并走上文学创作道路的前夕的事。可以这样说，就是鲁迅先生使他更加明确了真、善、美与假、恶、丑的区分；使他进一步懂得了主张所是，攻击所非的方向。鲁迅先生是鲁彦走上文学创作道路的第一位导师。我们考察一下鲁彦的小说，可以发现：对现实的忠实描写；善于描写乡村小资产阶级和知识分子的生活与心理；作品中含有讥讽和悲悯的情调。在这些方面，都可以明显看出鲁迅先生对他的影响。尤其重要的是，他和鲁迅一样，小说多取材于病态社会的不幸的人们，不仅写出他们痛苦的物质生活，而且也写出他们悲苦的精神生活；对描写对象的态度，也和鲁迅一样，即哀其不幸，怒其不争；两人的写作动机也一样，那就是要改良社会，振奋国人。甚至还可看到某些小说的题材和人物类型，两人也颇有类似之处，如《柚子》和《示众》，《李妈》和《祝福》，《阿长贼骨头》和《阿Q正传》等。由于此，所以鲁彦曾被人称为是鲁迅的高足，与鲁迅同派。

三是世界进步文学的滋养。

在文学的观点和艺术这两个方面，鲁彦都受到世界进步文学的滋养。生活画面细腻，心理分析深刻，这些近代西洋小说的手法，在鲁彦的小说里常被采用，并形成了自己的艺术特点。

鲁彦爱好并精通世界语，翻译了不少东欧弱小民族的文学。这些弱小民族的急切呼声在他的耳旁回响，它们沉痛的灵魂在他的心中留驻。鲁彦在《世界短篇小说集》的序言中写道：

> 他们一样的有生活，有人民，有文字，有痛苦与快乐，有呻吟与叫号；有科学与文学——一句话，无论如何弱小的国家都有他们自己的灵魂。或者，我们说，正因为他们弱小、受压迫、被损害，它们的灵魂愈加沉痛，愈加悲哀，而从这里所发出的呼声愈比大国的急切，真挚，伟大。文艺正是从灵魂中发出来的呼声，我因此特别爱弱小民族的文艺。

鲁彦的这种见解和感情，自然要在自己的文学创作中起着重要的作用。尤其需要提到的是波兰作家显克微支对他的影响。据周贻白同志讲，鲁彦"最崇拜的是波兰显克微支"。显克微支对鲁彦的影响是既直接而又深刻的。在鲁彦的十种译著中，光显克微支的就有《显克微支小说集》、《老仆人》等两三种。显克微支写道："最早我从乡村生活和大自然得来的印象使我爱上了土地和人民。"这话使鲁彦意识到在自己身上也有这方面的"印象"和感情，也可以把它们冶炼成文学作品，这是启发之一。二是，显克微支早期描写波兰农民痛苦生活的作品，以及所表现的人道主义思想，使鲁彦受到深刻的影响。我们读鲁彦的小说时可以明显地从题材和主题两个方面发现上述的影响。

总览鲁彦的小说，其所长所短可以这样作论：他善于描写乡村小资产阶级和悲苦人物的生活与心理；而不长于摄取革命斗争的题材和刻画革命者的形象。在他的小说中，直接以革命斗争为题材的不多，仅有《一个危险的人物》和《我们的喇叭》等三篇，《一个危险的人物》其不足之处前面已经谈过。《我们的喇叭》也有某些欠缺，如生活气息欠浓，故事情节欠妥等。造成这种现象的原因是作者的生活和思想有某些局限性。从鲁彦的经历看，他缺乏革命斗争生活的实地体验。由于他"生活经历并不很丰富"，"又因为没有投身到人民解放斗争的主流里去，对于人民用自己的力量来解放自己的可能还没有充分的看清"❶，"对新时代的了解，不能算透彻，这限制了他在创作上的更高成就"❷。由于这种原因，所以他的小说多是描写革命前夜或远离革命根据地的城乡生活和各种人物；而且常常表现出"未来在哪里"的苦闷心情和朦胧的色调；在其创作的前期，甚至对文学的教育作用也表示怀疑。他写于1927年的小说《毒药》，清楚地表明了这一点。小说的主人公是一个名叫冯介的作家。从冯介的身世境遇看，这个冯介就是鲁彦自己。鲁彦通过冯介的嘴说道："作品对于读者有什么益处呢？给他们一点安慰、希望吗？骗人而已；指示他们人生的路吗？这样渺茫纷歧的前途，谁也不知道哪里是幸福？告诉他们以世界的真相和秘密吗？这该诅咒的世界，还是让他们不了解、模模糊糊的好；想讽刺一些坏人吗？他们即使看了，也是一阵微风似的过去了！

❶ 周立波：《鲁彦选集·序》。

❷ 傅彬然：《忆鲁彦》，载《月刊》第1卷第4期。

想对读者诉说一点人间的忧悒、苦恼、悲哀吗？何苦把自己的毒药送给别人！”

但是，鲁彦是一位坚守革命节操、有着分明爱憎和勤奋写作的小说家。1928年他在南京工作时，坚决拒绝了国民党要他到书报检查机关工作的要求，表示了他对反革命文化“围剿”的拒斥。1939年他在筹备“文艺界抗敌协会桂林分会”的工作中，坚定地站在进步立场，同邪恶势力作了坚强有力的斗争❶。他无论生活多么困窘，“都没有向国民党反动派屈膝；他始终如一，用文字来鼓舞人们对于祖国美好的未来的不息的追求”❷。

鲁彦的确是一位“为着祖国的民主自由，为着文艺上的现实主义而努力奋斗的作家”❸。

（原载《郑州师专学报》1981年第二期，1982年第1、2期）

❶ 参看艾芜的《关于鲁彦的回忆琐记》，见《浪花集》。

❷ 周立波：《鲁彦选集·序》。

❸ 覃英：《鲁彦散文集，前记》。

论鲁彦散文的创作特色

沈斯亨

鲁彦（1901—1944），原名王衡，早年又名王返我，后改作王忘我，鲁彦是他的笔名，后遂以此为人所熟知。他是我国现代著名作家和翻译家，在并不算长的一生中著译甚多，作品以短篇小说为主，也写了四十余篇散文，除晚期的少数作品外，大部分散文先后收集在《驴子和骡子》、《婴儿日记》、《旅人的心》和《鲁彦散文集》[1]内。

在鲁彦的整个创作中，他的散文更侧重于回忆故乡的习俗风物，追思自己童年和少年时期的乡村生活情景，记叙自己羁旅生活的经历和地方风土人情的见闻。从所表现的社会意义来说，描写农村生活的篇什逊于以城市生活为题材的作品，而前者体现的艺术手法却强于后者。鲁彦的散文创作感情真率热烈，笔调优美细腻，风格朴素自然，清朗秀丽，一似江南风景，内中不乏耐人吟味、动人遥思的佳作。鲁彦在现代文学史上，是据有重要地位的一位散文家，他的散文也象他的小说那样，显出独特的创作个性和艺术风格。

---

[1] 由开明书店1947年出版发行的《鲁彦散文集》，除收入《驴子和骡子》与《旅人的心》两个集子中的大部分文章外，还收入了早期的以及1939年写作的一些散文，全书共收22篇。1958年由上海新文艺出版社出版的《鲁彦散文集》，抽去了开明版的《微小的生物》1篇，收入了被该版抽去的《驴子和骡子》与《旅人的心》中的《船中日记》等4篇，另外，还收入了短篇集《屋顶下》中的《伴侣》一篇，共计26篇。凡本文所提到的篇名未注明出处者，均引自此书。

一

鲁彦的散文取材于乡土，回忆故乡的亲人和家园面貌的篇章在创作中占了相当的比重。他的笔端凝聚着深挚浓冽的感情以描摹故乡的生活，显得丰富多彩而又情趣横生。《清明》是鲁彦对孩提时代一个生活场面的眷眷回顾，他以愉悦的心情，细致的笔触，记叙清明节去嘉溪山上坟的风俗，情意绵长，发人遐思。《旅人的心》以对照的手法，描写自己满怀希望，初次远离家门，尔后备尝人间难以言状的惨淡酸辛，重回故乡，从一个侧面反映在帝国主义加紧掠夺之下，农村小有产者的生活一代不如一代的境况。《杨梅》则把故乡的特产杨梅称赞为“世上最迷人的东西”，抒发在病中殷切的思乡之情。《钓鱼》细致入微地描叙自己儿时和出外多年回乡后钓鱼的种种情态，富于生活情趣。……举凡故乡的风土人情、习俗时尚、草木山川乃至某些生活场景，都像工笔的图画，或者似电影的特写镜头那样展示在读者面前，鲜明生动，细腻真切，令人难忘。

在文学史上，怀恋乡土的感情是文学作品经常性的不嫌重复的主题。远溯到战国时代，我国最早的大诗人屈原，在《九章》的《抽思》和《哀郢》等篇中就抒写了被流放在外思念故土的情怀，凄恻动人。北朝作家庾信后期所作的如《哀江南赋》等不少诗赋，常作“乡关之思”，沉郁苍劲。至于唐代李白的《静夜思》，则更为历代所传诵，这一类名作几乎代不乏人。所谓“人情同于怀土”，人生于世，无不热爱自己的家乡，特别是那些常年羁旅天涯而又心寄家园的游子，即使千山万水的阻隔，也隔不断悠悠的乡思。何况浙江是个历史悠久，物产丰阜，人材荟萃的地方，基于此，鲁彦于1933年至1936年间，集中写了不少有关故乡的回忆性散文。他为了谋生而远离家乡，十几年间四处奔波，看到“地上并没有所谓欢乐与幸福这一种事实”。❶面对着恶浊不堪的现实，鲁彦自然要怀念起美丽可爱的故乡，无忧无虑的童年，勤劳淳朴的乡亲，田园生活的乐趣，借以抚慰他那一颗凄惶和受伤的心灵。同时，我们也不必讳言，这些作品中那种低吟浅唱、

❶ 短篇小说《幸福的哀歌》，收入短篇集《童年的悲哀》。

婉恻缠绵的情调，与时代的革命斗争所奏出的雄浑壮美的曲调相比，毕竟有些距离。但是，鲁彦在晚期所写的《火的记忆》和《从灰暗的天空里》❶，则深切地惦念着被侵华日军的铁蹄所蹂躏的故乡，抒发了对敌人强烈愤恨的感情，表达了和群众战斗在一起的渴望，这是鲁彦在思想上取得长足进展的标志，不仅在抗战期间相当少的叙事抒情散文中弥足珍贵，就是在现代散文史上也可算优秀的名篇。

鲁彦素有“乡土文学家”之称。“乡土文学”产生于“五四”运动高潮之后的二十年代初期，文坛上有些寂寞荒凉。这一种重要的文学流派的创作内容，并不同于我国文学史上的那种对于故土和家乡一般的怀念，而是含有时代的社会气息的。鲁迅说过，当时一些青年人“被故乡所放逐，生活驱逐他到异地去了”，只好“回忆故乡的已不存在的事物，是比明明存在，而只有自己不能接近的事物较为舒适，也更能自慰的”❷。在这里，我们可否作这样的理解，出现“乡土文学”，是由一些远离故乡，侨寓外地的青年作者，入世不深，对社会现实了解不多，受生活视野的限制，于是，在怀旧的心情下从事创作的。除此而外，为什么“乡土文学”在现代文学中有着那么广泛而深厚的基础呢？由于当时帝国主义加紧侵略和渗入，封建军阀的混战，加剧了社会矛盾，社会日益动荡，劳动人民和一般知识分子的生活每况愈下，那些来自于农村的贫穷的知识分子，以自己熟悉的家乡生活作为主要题材，以现实主义的笔触描写农村的衰败，表现农民所受的苦难及其悲惨的遭遇，其中有的就是自身的经历，透视和揭露社会的丑恶和黑暗，控诉社会的不合理。他们的作品里，固然含有不少怀旧和乡愁的成分，但更多的是剖示社会的病态，当时有不少作家以年轻人特有的激情和敏锐的观察力从事创作，“乡土文学”由是应运而生，可见这实际上是一种现实主义文学创作的别称。这种创作的特点不单有“特殊的风土人情的描写”，而且“应当还有普遍性的与我们共同的对于运命的挣扎”❸，后者必须作为主要的一点来给予人们。鲁彦

❶ 分别发表于《文艺杂志》第1卷第3期（1942年3月15日）和《现代文艺》第5卷第2期（1942年5月25日）。

❷ 鲁迅：《且介亭杂文二集·〈中国新文学大系〉小说二集序》。

❸ 茅盾：《关于乡土文学》，《文学》第6卷第2号（1936年2月1日）。

之所以被人归入“乡土文学”一派，正因他的创作特别是在短篇中，有力地表现了在半殖民地化过程中，介乎城乡之间的江南小市镇的生活面貌，社会的世态人情，各色人物的挣扎、辛酸、苦恼和愿望，作品中“闪露着地上的愤懑”[1]。他的怀恋乡土的散文跟短篇一样具有鲜明的地方色彩和生活气息，并用父子两代人不同的生活命运及其对生活信念所持的不同态度，来反映农村小有产者的挣扎；在个别记游性散文中也直接表现了被资本主义势力侵蚀的社会上某些人的心理状态。至于鲁彦晚期的散文，反映异族入侵中故乡人民的苦难生活，则赋予作品以新的社会时代意义。因此，即使在鲁彦的“乡土文学”作品中，不同体裁或者不同时期，表现的侧重点也有所不同，内容相应地也是存在着差异的。

二

“作为观念形态的文艺作品，都是一定的社会生活在人类头脑中的反映的产物”[2]。鲁彦的散文中以乡村生活为题材的那部分作品，较多地表现了怡然自得的恬静，从一个侧面反映他对社会的认识及其人生态度，而以城市生活为题材的一部分篇章，则是他对现实社会观点特别是强烈的反帝爱国思想的直接表达。鲁彦说过，“因为历年的生活的经历”，“有时笑，有时是要哭的，有时悲观有时是乐观的；有时冷淡有时还是热烈的”，“因此在创作中也常常表显了这一面或那一面”[3]。事实正是这样。

鲁彦在三十年代前半期，曾为生活所逼迫而不得不去福建和陕西等地谋生，他在一些地方记游性散文中忠实地记下了他的所见所闻和所感。《厦门印象记》揭露偏居东南一隅的厦门存在的人口买卖，迷信盛行，瘟疫猖獗，宗族械斗，诸如此类的社会上种种愚昧落后，以及天灾人祸，也谴责了各国殖民主义者对中国的侵略。《西安印象记》

---

❶ 鲁迅：《且介亭杂文二集·〈中国新文学大系〉小说二集序》。

❷ 毛泽东：《在延安文艺座谈会上的讲话》。

❸ 鲁彦：《关于我的创作》，见《创作的经验》，上海天马书店1933年6月出版。

则以讽刺的笔调，讥嘲了国民党统治下的“陪都”西安，开设妓院，吸毒成风，遍地污秽，疾病丛生；在“国难日急”，“亡国灭种之祸迫于眉睫之时”，官吏们擅作威福，贪污腐化，鱼肉百姓等等种种腐败和罪恶。这些散文将批判的矛头直接指向帝国主义及其走狗统治下的黑暗现实，思想意义自然要强于鲁彦的其他作品的。但由于作者直抒胸臆，写作上并不具有描写乡村生活那一类散文的回旋跌宕，富有诗意的特点，缺乏含蕴的韵致、动人的情思和艺术感染力量。作者在暴露黑暗的同时，却又找不到出路，在《厦门印象记》里发出了“天灾人祸，未来在哪里呢”这样迷惘的感喟。甚至还呼喊着“我的心是寂寞而且凄凉”，“我的心里有无限的痛楚”❶，而离开福建。这种情况正像鲁迅指出过的，是“反叛的小资产阶级的反抗的，或暴露的作品”，“仅仅攻击旧社会”，“知不清缺点，看不透病根”❷才有的，这就是鲁彦在创作中流露的惶惑苦恼心情的原因所在。但鲁彦并未就此而停步，却促使他不断地作出新的探索和开拓，这正是鲁彦的可贵之处。

三

鲁彦是在五四运动高潮中到达北京随后又踏上文学道路的。当时在反对迷信，提倡科学的口号下，各种新的社会思潮得以传播，人们自由探讨社会问题，思想空前活跃。青年鲁彦所接受的人道主义新思潮，是有其社会和家庭的根源，并对他的一生都有着重大的影响。

鲁彦从小接受了良好的家庭教育。他的双亲慈爱待人，宽厚处世，心地善良，襟怀坦荡。他们爱子之情很深，但不因自己的孩子是独生子而加以放任，相反，却能施以严格的管教。这在鲁彦幼小的心灵深处，留下了不可磨灭的印象❸，对他毕生都起着潜移默化的作用。他在小学读书时的校长徐先生，严肃认真，治校有方，循循善诱，平等

❶《船中日记》。

❷ 鲁迅：《二心集·上海文艺之一瞥》。

❸ 参见《开门炮》、《钓鱼》、《旅人的心》和《雷》等篇。

待人，亲切和善，受人尊敬，这又给鲁彦留下了难忘的记忆❶，他那颗赤热向善的心得到进一步的滋润和熏陶。尔后在青年时代结识了俄国盲诗人爱罗先珂，这是一个对政治并无兴趣而“不失赤子之心的人”，“人间的疆界也不能限制他的梦幻”❷，在他的著作中，“非常平和而且宽大，近于调和的思想”❸随处可见，爱罗先珂的这种人道主义使鲁彦深受影响。鲁彦的人道主义思想，或许还有他的艺术趣味，使之热衷于提倡世界语，并用以翻译被压迫民族和弱小国家的作品；反过来，这些作品，特别是波兰著名的现实主义爱国作家显克微支作品中所写的备受苦难的劳动人民的悲惨命运，及其寄以深厚的同情心，又进一步给鲁彦以启示和影响。同时，鲁彦自身遭际的辛酸和不幸，使他易于同情贫苦的人民。这样，鲁彦人道主义思想的产生，就有着深厚的现实生活基础。这种人道主义他在初期的一些随笔中表现较为突出。最早作品之一的《秋夜》，描写“我”想拯救陷于战乱中的人民脱离苦难，但由于环境险恶，孤军奋斗，而无力救世救人，只好发出“咒诅着社会，又翻不过这世界”的叹息，表露了深深的焦灼苦闷的心理。另一篇《狗》，则通过作者与友人一起同游西山，因对路遇的一个穷苦妇女未予周济一事，严厉谴责自己缺乏应有的同情心，着重刻画自己沉重悔恨的心理和沉痛不安的灵魂。鲁彦这两篇作品洋溢着真率感人的人道主义思想。到了晚期，其思想已有明显的变化，人道主义思想虽不再像早期那样居于支配地位，也还不时在一些创作中有所流露。譬如在《从灰暗的天空里》，尽管鲁彦疾病缠身，还时刻惦念着在敌人枪刺下“恐怖地战慄着”的后一代孩子，深情关切着“饿着肚子”、尚在田间操作的憔悴的农民。这在一些短篇中也可发现类似的情况。……

在历史上，人道主义曾作为一种精神武器去反对封建主义和神道主义，要求把人当做人看待，肯定人的地位和尊严，曾经起过进步作用。在“五四”时期，像鲁彦所宣传的人道主义就具有这样一种性质，

❶ 参见《我们的学校》。

❷ 鲁迅：《〈狭的笼〉译后附记》，《鲁迅译文集》第2卷。

❸ 鲁迅：《〈春夜的梦〉译后附记》，《鲁迅译文集》第2卷。

当时具有这种思想的知识分子是较为普遍的，鲁迅既肯定“五四”文学革命的一个目标，其“要求是人性的解放”[1]，也承认过自己就有人道主义思想[2]。不过，鲁迅并未就此停留在一般的人道主义思想水平上，而是随着实践的发展迅速转变为共产主义者。当时的鲁彦在不知道如何变革社会的情况下，想凭这种小资产阶级的人道主义，以个人的力量去解除人民的苦难，就必然会陷入很大的苦恼中去。

鲁彦是个感情丰富的人。他爱音乐，爱猫狗，爱大自然，但基于人道主义思想而更爱孩子。鲁彦说过：“我是一个最喜欢小孩的人。”[3]因此，他在创作中经常写到孩子，有些还以之作为主要描写对象。短篇《小小的心》[4]是以《厦门印象记》中贩卖小孩的内容作为素材来源，通过小主人公阿品被卖作奴隶的悲惨遭遇，控诉和谴责了旧社会的罪恶，撼人心灵，深切感人；在散文《伴侣》、《婴儿日记》、《孩子的马车》等篇中，则细致周详地描写自己的孩子从呱呱坠地到幼儿时期的生活，但由于贫困而使孩子的生活蒙上了阴影，生动地刻画了孩子抑郁的神情和心理状态，不时流露出对社会现实的愤恨之情。这与鲁彦所写回忆自己童年生活的欢愉，无形中成了对照，他也深为自己由于今天管不着明天的生活而痛苦，由此而更激起他憎恨这蝇营狗苟的现实。鲁彦经常去描写，是由衷地把自己的一腔深情和满怀希望寄托在他们身上。短篇《祝福》[5]中当落难军人陈允才处于走投无路之时，看到了一群孩子，于是他停止了诅咒，因为“他发现了龌龊的人类中还有着无数的洁白的心”，“他觉得他们应该有一个好的命运，好的将来。待至他们掌握世界时，世界便将幸福了”。尽管这是篇中主人公一种虔诚的然而却是空泛的祝福，但也不妨看作是作者的心声。鲁彦这种对孩子的殷切期待和挚爱之情，其实是他人道主义博爱观的另一突出表现，这与他一贯同情和关心穷苦人民的思想是完全一致的。

---

[1] 鲁迅：《且介亭杂文·〈草鞋脚〉（英译中国短篇小说集）小引》。

[2] 见《两地书·二四》。

[3] 《关于我的创作》。

[4] 收入短篇集《小小的心》。

[5] 收入短篇集《童年的悲哀》。

四

散文具有多种多样的体裁，其中的抒情文体可以更自由灵巧地抒发作者的情怀，现代的散文名家几乎无不挥洒自如，留下各自精彩纷呈的佳作，鲁彦也并不例外。

鲁彦善于以诗一般的抒情笔调来描写日常生活和身边琐事，表现骨肉之情，亲子之爱，真切自然，委婉动人。

在代表作品《父亲的玳瑁》中，鲁彦集中刻画了他父亲所驯养的一只“玳瑁猫”的形象。作者先写第一次回家，看到玳瑁既循规蹈矩，驯顺可爱，又像孩子那样怕生和姑娘那般羞怯。它对主人的一举一动，都善于理解；它有什么感觉，主人也能立刻领会，彼此之间形影不离，以至达到默契的程度。作者续写因父病危重，再次回家，玳瑁仿佛预感到即将与主人永别，跳上床去悲鸣着。在父亲死后，它几天既不捕鼠，也不吃喝，身影憔悴，甚至再也不忍走进主人住过的房间，更不愿离家远走。作品中不嫌其烦地表现它对故主难以割舍、特殊深厚的感情。

引人注意的是，作者并不只停留在对玳瑁形象的表面描写上，实际上正是通过明写玳瑁来虚写他的父亲的；在写法上并非客观的记叙，而是融会进了作者浓郁的主观抒情色彩，由远而近，步步深入，铺陈叙事，处处寄寓着作者悼念父亲的深情。由于作者为生活所逼，不能在家奉养老人，第一次回家亲睹父亲和瑁玳之间不能须臾分离的情景后，他的感觉是：“对于寂寞地度着残年的老人，瑁玳所给与的是儿子和孙子的安慰”，只能让玳瑁代替自己去安慰父亲，在自责中杂有一种怅惘而又无可奈何的情绪。及至父亲病危，作者赶回，父亲已不能用僵硬的手抚摩自己的面孔，像头一天还自然柔和地抚摩玳瑁那样。着重这一细节描写，是为突出作者悲苦的心灵和依恋的深情。后来当玳瑁永远失去父亲的爱抚，还在陪伴父亲的灵魂时，作者又感叹说：“它显然比我们还舍不得父亲”，“它比我们还爱父亲！”在这里，借一匹小兽的忠贞，暗写出父亲为人特别忠实厚道，仁和慈祥。同时，愈以反衬来写玳瑁比自己爱父亲，愈显出作者对父亲存在怎样的一种骨肉深情。这样，文末对“和父亲的灵魂永久同在着的玳瑁”

的怀念情思，就贴切自然，凄婉悠长；那种低徊咏叹又富韵外之致，让人想象到他和泪作墨进行写作的情景。

描写家庭日常生活和亲人之情的散文有悠久的传统，明代归有光就是以长于写这一类题材而著称。他的《项脊轩志》、《寒花葬志》等文就为后世所广泛称诵。他善于描绘家庭生活场景和捕捉典型细节，用细致的笔触，朴素的语言，通过记物以叙事抒情，并往往将三者熔于一炉，疏宕错落，摇曳多姿，诗情荡漾，鲁彦既继承了这些传统写法，而又具有自己的特点。即以《父亲的玳瑁》而言，表现手法就别具一格，不落俗套，谋篇布局似行云流水，舒卷自如，加上抒情性的叙述，优美流畅的语言，都被用来服务于怀念父亲及其玳瑁的主旨，使得作品情味盎然。在现代擅长写作同类题材的散文家中，朱自清不同于人的，在于那种极尽“层层叠叠、曲折顿挫之致”[1]的感情表达；郁达夫有别于人的，在于那种似钱塘海潮，一泻千里的气势；而鲁彦在娓娓的叙事中，真挚朴素、委婉细腻地抒发不绝如缕的情思，犹如潺潺流水，汩汩清泉，这就构成了鲁彦独有的抒情艺术特色。

五

古人在论诗时有的强调“自然英旨”[2]，有的提倡“妙造自然”[3]，即主张无论叙事抒情达意，要得之自然流露，真实生动，反对繁饰雕琢，矫揉造作。诗文相通，其理同一，总以自然之美为贵。鲁彦的创作正合于自然之道，饶有情味。他为此而摒弃枝节旁生的构造，生硬繁冗的描写和浮华典丽的词句，只是朴实地描绘日常生活画面以表情达意。但朴素自然并不等于单调平淡，令人觉得枯燥乏味。譬如，就文体来说，他的散文有的属于随笔，如《狗》；有的其实是游记，如《听潮的故事》；有的是小品，如《新的枝叶》；有的是散文诗，如《生的痕迹》[4]；有的是一篇对话，如《秋雨的诉苦》；有的是一段

---

[1] 朱自清：《短诗与长诗》，《朱自清文集》（一）。

[2] 钟嵘：《诗品·序》。

[3] 司空图：《二十四诗品·精神》。

[4] 发表于《东方杂志》第30卷第17号（1933年9月1日）。

速写，如《四岁》；有的近似寓言，如《战场》；有的接近絮语，如《寂寞》，等等，变化多端，不拘一格。又譬如，就结构来说，鲁彦散文大都严谨绵密、剪裁精当，但有的是以时间顺序作为贯串始终的线索，如《我们的学校》；有的是以具体事物作为结构的线索，如《雷》中的雷；也有用思想的感受、心情的起伏变化作为线索，虚实相生，疾徐有致，如《听潮的故事》；还有既用具体事物（雪）作线索，也按时间先后作穿插的，如《雪》，呈现一种波迭浪涌，层层递进，环环紧扣的特点，……可见，鲁彦散文在文体的运用和结构的安排上往往独出心裁，精心结撰的功力表现于朴素自然之中，并于此显得多彩多姿，风神绰约，具有夭矫善变，引人入胜的艺术魅力。

六

鲁彦在短篇创作中的主要表现技巧之一，是善于深刻而细致地描写乡村的小资产阶级、知识分子和农民的心理与生活，塑造了一些鲜明生动的人物形象。这种写作技巧，鲁彦也用到一些与短篇小说很难区分开来的叙事性散文创作中，并以客观的景物描写来衬托主观的内心活动，渲染氛围，达到情景交融的境地。

文学作品中的心理描写，在我国是古已有之的，譬如，从《诗经》中的《氓》，一直到《红楼梦》等作品中都或多或少地存在着。但应该说，我国的文学作品如小说创作，往往着重于描绘人物的外在形态，在情节的开展与矛盾冲突中刻画人物性格，而在表现人物的心理方面，仅只予以粗线条的勾勒，不一定作为塑造人物形象的主要手法。这固然与民族的传统写法有关，也与民族的欣赏习惯有关。但是，文学作品的表现手法是随着社会的发展而发展的，在近代的西洋小说中，存在着普遍的大量的心理描写就是例证，即使是纤细的感情波动，微妙的内心活动，都能写得具体入微，有的甚至主要通过直接的静止的心理描写来塑造人物。鲁彦作为一个翻译家，无疑受到外国小说中这种表现手法以及其他艺术技巧的影响，成功地用之于创作，并带有鲁彦自己的特点。

《狗》是一篇偏重于刻画人物心理的作品。作者起首就写应爱罗先珂同游西山之约后，如何兴奋得彻夜难以成眠，接着写在东方刚一发白后在院中所见的情景：

> 天空浅灰色，西北角上浮着几颗失光的星。隔墙的柳条儿静静的飘荡着，一切都还在甜睡中，只有三五只小雀儿唱着悦耳的晨歌，打破了沉寂。我静静的站着，吸着新鲜的空气，脑中充满了无限的希望，浑身沐在欢乐之中了。天空渐渐变成淡白的——白的——浅红的——红的——玫瑰色的颜色。雀儿的歌声渐渐高了起来，各处都和奏着。……一忽儿，柳梢上首先吻到了一线金色的曙光，和奏中加入了鹊儿的清脆的歌声。……

这是一种融情入景的写法。金色的曙光，轻拂的柳丝，鸟儿的歌唱，自然界生机蓬勃的景象，与作者欢怡的神态，轻快的情致，以及浑身舒畅融合为一，一切都显得那么融洽而和谐。

及至去西山的路上遇到了一个衣衫褴褛的妇人，作者竟昂然走过，未予理睬，遭到爱罗先珂的责备：为什么对她“如对待一只狗似的安然走了过去”！作者这时羞愧难言，感到无地自容，以至在山间的溪水中，“我照见了我自己是一只狗；在岩石上我曾躺了一会，但是我觉得我那种躺着的样子与别的狗完全一样”。作者移情于物，缘物寄情，随着自己心情的骤然变化，不但无心赏玩山水，而且山水景物中间，竟至映现出自己变成狗的幻影。加上前后心情的强烈对照，越是谴责自己缺乏同情心，越发显出心灵的沉重难安，也愈加把人道主义思想渲染得淋漓尽致。在现代作家中，鲁彦并不是以写景著称的，但在他的笔下，白雪，大海，月夜，晴空，晨曦，彩霞，青山，绿水，乃至自然景物的细微变化，富于立体感和层次感，并长于把客观景物涂抹上主观感情色彩，达到思与境谐，情与景合的艺术境界。

七

在鲁彦描写平常的生活事件的散文中，以地方记游为题材的作品是在叙事铺陈中直接说明事理，表达作者对社会生活的见解；但在有的记游性散文中，却以画家的彩笔，以形象的文字，抒写心灵的感受，挖掘平凡事件中包蕴着的内在含义，触及到社会生活的某种本质，《听潮的故事》就是这样一篇引人注目的作品。

这是作者与其妻子去普陀"佛国"海边听潮，亲身经历的一个故事。他们起初被寺里当家的安排在一座突出在海上的幽静房子里，只是由于忽然来了两个外国人，寺僧要他们迁让未果，态度遂由热情周到一变而为冷淡倨傲；等到作者故意穿起军队的制服，当家的又立即变得惊畏巴结，丑态毕露，剖示了旧社会一切以金钱和权势为转移的丑恶和腐朽，而且选择化外的佛国，出家的和尚作为暴露对象，显然具有比一般描写深一层的概括力和典型意义，揭示了生活在半殖民地的某些人的心理状态，带有这一畸形社会的气息特征。这一切并非由抽象的说教，而是通过一幅又一幅生活画面，向读者展示开来的，其中还着重描绘了有所寄寓的关于大海的两种景象。

先看这样一幅夜晚大海的迷人景色：

大海上一片静寂。在我们的脚下，波浪轻轻地吻着岩石，睡眠了似的。在平静的深暗的海面上，月光辟了一条狭而且长的明亮的路，闪闪地颤动着，银鳞一般。远处灯塔上的红光镶在黑暗的空间，象是一个宝玉。它和那海面银光在我们面前揭开了海的神秘……

海在我们脚下沉吟着，诗人一般。那声音象是朦胧的月光和玫瑰花间的晨雾那样的温柔，象是情人的蜜语那样的甜美。低低地，轻轻地，象微风拂过琴弦，象落花飘到水上。

这里，夜海深邃，平和幽静，诗意满贮。可是作者笔锋陡转，描摹了大海的另一番景象：

海受了创伤，愤怒了。

它叫吼着，猛烈地往岸边袭击了过来，冲进了岩石的每一个罅隙里……

声音越来越大了。战鼓声，金锣声，枪炮声，呐喊声，叫号声，哭泣声，马蹄声，车轮声，飞机的机翼声，火车的汽笛声，都掺杂在一起，千军万马混战了起来。

银光消失了。海水疯狂地汹涌着，吞没了远近的岛屿。它从我们的脚下浮了起来，雷似地怒吼着，一阵阵地将满带着血腥的浪花泼溅在我们的身上。

作者简直是一个高明的风景画家。他用精雕细镂的笔触，生动贴切的比拟，时而将清隽淡远，时而将咆哮怒吼的大海景象，油画般地展现在读者面前，大海的形光声色无不毕具，前者有如微云淡月，后者有如狂风暴雨，但都给人以气势雄浑，意境阔大的美感。作者的这样描写，并非是无所为而为之，而是紧扣题旨，借以烘托寺僧前恭后倨到勉强趋奉，变化无常的市侩心理，同时也映衬自己从满怀喜悦到满腔激愤的心潮难平。全文在构思上就似海潮般波澜迭起，跌宕多姿。作者确是在冷眼评骘，说些"无爱无憎"的冷话，但却落笔于谛听潮音，平实写来，让人物通过自己的言行来显示本来面目，揭示事物的本质方面。作者在此着重抒写的是内心的感受，并使之化为形象的画面，以揭橥现实生活的矛盾冲突。朱自清在评论孙福熙的散文时曾经指出，"他的作文便是以文字作画！他叙事，抒情，写景，固然是画；就是说理，也还是画。"❶其实，不只孙福熙作文是如此，包括鲁彦在内的不少散文家都留下这样脍炙人口的传世之作，这正是现代散文显得五彩缤纷，瑰丽绚烂的一个原因。

八

鲁彦是文学研究会的重要作家，坚持"为人生的艺术"的创作主张，作品内容的进步倾向构成了艺术上的现实主义创作特色。高尔基对现实主义曾作过诠释，那就是"对于人和人的生活环境作真实的、不加粉饰的描写"❷。鲁彦的散文既有他的个性特点，反映他的坎坷

❶ 朱自清：《"山野掇拾"》，《朱自清文集》（二）。

❷ 高尔基：《谈谈我怎样学习写作》，《高尔基论文学》。

曲折的一生，也对造成他那种不幸的生活环境作了忠实的描写，正如鲁彦自己说过的那样："我并不一定要人家说我的作品怎么好，我只要写出我所要写的就行了。"❶

由于生活条件的限制和思想的局限，鲁彦不可能自觉地去直接表现时代风云和革命斗争，而只能直抒胸臆，倾诉爱憎的感情，心灵的烦怨，以及对未来的追求，在早期散文《秋雨的诉苦》中的秋雨，因厌恶到处是黑暗和肮脏的人间，无可奈何地逃避到地底下去；《灯》通过"我"想做个无心的人的描写，表明在冷酷无情的社会面前，作者所持的苟安偷生的态度，在这些作品中表露的焦灼和郁闷，构成了鲁彦早期散文创作的基调。这种情调无疑具有鲁彦的个人特点，它是由鲁彦不满于现实而又不知道怎样改变这现实所引起的，因而它并非仅是鲁彦个人的，而是代表五四时期青年知识分子中较为普遍存在的心理状态，这归根结蒂是由社会所造成的。茅盾在剖析那时的作家为什么多半有点怀疑论和悲观思想的时候，曾精辟地指出："无非因为那时候社会的内在矛盾虽然已经很深刻，可是解决这矛盾的新势力还没有现在那么坚强，一般知识分子望来望去没有路，就要怀疑悲观了。"❷

尽管如此，鲁彦仍然没有停止他对人生意义的探索，仍在黑暗中摸索着前进。大革命失败后，他翻译介绍了反映被压迫民族和弱小国家人民呐喊、呻吟和抗争的文学作品，以此激励和唤醒与之有着同样命运的国内劳苦大众，目的还是为了现实人生。鲁彦写于三十年代初至抗战爆发前的大量散文，表明他已敢于直面正视社会人生，现实主义成分日渐增强，在一部分地方游记的作品中有充分的表现。如果说，他早期的散文中，读者只能曲折地窥见旧社会窳败的侧影，那么，这个时期的散文已触及到帝国主义的侵略和国民党反动统治所造成的社会黑暗这一重大问题，在客观上可以引起人们对于旧社会统治秩序的怀疑。鲁彦自己也由于备尝磨难，日趋坚强，从想离开"到处都黑暗，到处都讨厌"❸的野蛮世界，变为"对着未来的憧憬"而"不肯

❶ 转引自周贻白：《悼鲁彦》，《文章》第1卷第2期（1946年3月1日）。
❷ 茅盾：《落花生论》，《文学》第3卷第4号（1934年10月1日）。
❸ 《秋雨的诉苦》。

绝望”[1]。但由于是个人反抗，不免在孤独寂寞中抒发乡思离情，有时沉浸在幸福和悲哀的回忆里，有时“对着那热闹的场面是以冷眼相待的”[2]，在抑郁感伤中带着愤懑，只好把希望寄托在下一代人身上。他的这种既有切实的追求而又有苦恼彷徨的错落心境，以及与此相应的人生态度，在这一时期的散文创作中都得到真实的反映。

鲁彦晚期的散文，目前所见并不多，但却显示了他的现实主义创作特色有了新的发展。在民族存亡的危急关头，他在辗转各地的流亡生活中历经砥砺，也亲睹了人民遭受的巨大苦难，他的心越来越靠近人民，把自己的一片爱国热忱全力投入群众性的抗日救亡运动，对抗日的前途，争取中华民族的独立和自由，充满了必胜的信心[3]。同时，对于社会人生的前途也满怀希望，认为“希望是无穷的，人的力和自然的力在改换着世界”[4]。最后在桂林期间与共产党人来往较多，并以热切的心情开始接触和学习马克思主义的理论著作[5]，这是一大进步。晚期的鲁彦思想日趋充实，虽然他还不断为贫病和矛盾的心情所困扰，但已不再以玩世的态度对待人间的不平，或者充作救世主去解除人民的苦难，而是要“和发亮的枪尖一起”[6]，亦即要和群众在一起战斗。诚然，也毋庸讳言，鲁彦思想上的阴翳，在晚期的一些作品中仍有流露，就在《火的记忆》中写下渴望“扼住所有的敌人的咽喉，一直到他们倒下而且灭亡”的战斗誓言后面，紧接着鲁彦就为自己似乎失去了“温良的人性”，“我简直不认识我自己”而惊愕，把这看作是一场噩梦，暴露了他思想上的矛盾，这正表明鲁彦始终没有突破进步小资产阶级思想的局限。然而，我们不能据此去否认鲁彦在历尽艰辛的文学道路中间，他在思想上艰苦的不倦的探索，创作上坚持现实主义所取得的显著进步。

鲁彦的一生都在探索社会人生的真谛。鲁彦在谈到翻译被压迫民

---

[1] 《杨梅》。

[2] 《鲁彦短篇小说集·序》。

[3] 见《今年的双十节》，《烽火》第6期（1937年10月10日）。

[4] 《新的枝叶》。

[5] 见刘增人、陈子善：《鲁彦夫人覃英同志访问记》，《新文学史料》总第7期（1980年5月22日）；艾芜：《关于鲁彦的回忆琐记》，《周报》第11期（1945年11月17日）。

[6] 《从灰暗的天空里》。

族的作品时曾说：“文艺是人类灵魂的呼声。”❶因此，我们不妨把鲁彦的散文看作是他发自心灵的呼喊，是他对自己的思想历程，对现实人生认识的忠实记录。它不仅使人较为深切地感受到社会的气息，而且文如其人，显现了民主主义者鲁彦的身影和心性。他经过长期摸索，最后接触到革命的真理，走过了艰难曲折的路程，在挣扎和奋斗中成长起来，这在同时代的不少小资产阶级知识分子中具有相当的普遍性。鲁彦在散文创作中刻画的严肃认真地思索社会问题，孜孜矻矻地追求人生真理的自我形象，及其对周围环境的真实描写，其典型意义就在这里，这也是鲁彦散文创作的现实主义艺术概括力量之所在。

九

每一个成熟的优秀作家的作品，都有自己的风格，鲁彦也自然有他的创作风格。有人指出，鲁彦的散文“平实中带着回荡，很有个人风格”❷，这是确实的。

鲁彦的散文风格是在坚持现实主义的创作中逐步形成的。他以富于诗意的笔致，着重抒发对生活的感触，作品中散发着浓郁的抒情气息；他精于描写平凡的生活场景和事件，从中挖掘内在的意义，蕴蓄着朴素自然的美；新颖的立意，精巧的构思，灵活多变的艺术手法往往与朴实的描写相结合，文情如行云流水而又姿态横生，这是他散文创作的特色。但在不同时期又有所区别和变化。早期的散文，作者带着青年人的热情，以直率的文笔，象征的手法，梦境的幻想，诗似的美句，向读者倾诉衷情，虽然立足于现实的土壤，但往往在冥想中谋篇写意，富于浪漫色彩，从中可以看到外国作家给予他的影响和生活视野较为狭窄带来的限制。随着视野的开阔，思想的提高，作品中热情的倾泄逐渐被冷静的描写所代替，并且注重表现技巧，形成个人的艺术特色，这是创作风貌的一个转变。但由于脱离群众的孤军奋斗，憧憬着美好的未来却又不知道未来在哪里，遂不免感叹忧伤，在某些作品中笼罩着一层怅惘的色调。到了晚期，鲁彦的生活和思想都有新

❶ 鲁彦：《世界短篇小说集·序》。
❷ 晦庵：《书话·乡土文学》。

的变化，视野也较宽阔，作品中一扫过去常有的那种低沉忧郁黯淡的色彩，而代之以昂扬奋发明朗的情调。由于斗争的激烈，行文已不那么从容舒缓，但笔力豪纵，格调沉郁，个人感受也带有较为宽广和深刻的社会内容。事实表明，鲁彦后期生活的充实，思想的更大进步，对于他的散文创作风格的发展具有重要的意义。

鲁彦的创作受到鲁迅较大的影响，被人称作鲁迅派，这一般是指他们小说创作风格有相似之处而言的，其实，他们的散文创作也存在着同样的情况。就题材来说，他们不少散文都取材于故乡的农村，作为"回忆的记事"[1]，回忆了各自的童年和少年时期的家乡生活情景，描绘出具有浙东地方特色的一幅幅风俗画和风景画。就作品的思想意义而言，既反映了社会人生的重大问题，也涉及具有社会时代特色的身边琐事，揭示出社会的病态，透露出时代的气息。就艺术手法来说，他们以诗人的笔触，或记叙，或议论，或抒情，或将三者相互交错和结合，在作品中构成富于诗情画意的优美的艺术意境。有人早就指出，鲁彦的一些随笔本身就是散文诗，如《秋夜》、《秋雨的诉苦》、《灯》等篇的"阴森幽丽"则"与《野草》风味相似"[2]，这种见地自然有一定的道理。此外，他们经常在自己的散文里坦率地暴露自己的思想及其演变的真实，严于自我解剖，与读者进行心灵的交流，似与挚友娓娓交谈，令人感到亲切自然。他们疾恶如仇，不遗余力地鞭挞着黑暗和丑恶，又满怀着炽烈的希望和对光明的渴求，洋溢着一股刚正不阿之气，文风朴实淳正。……但总的说来，鲁彦的散文虽有鲁迅那样的热烈，却未必有鲁迅的那种深沉和冷静；虽有鲁迅那样的质朴隽永，却未必有鲁迅的那种明锐与机敏，表现上也不如鲁迅那样凝炼和深切。同时，在回忆性散文中，鲁彦虽也反映了一定的社会人生，但并不像鲁迅那样具备丰富的社会历史内容，犀利的斗争锋芒，却不时地流露出轻清的叹息和虚渺的惆怅：这些就是两位作家散文创作思想和艺术境界既有相似，又存在差异乃至可分轩轾之所在。

鲁彦的不少散文正如他的小说创作那样，真实反映了"远离革命

---

❶ 鲁迅：《南腔北调集·〈自选集〉自序》。

❷ 苏雪林：《王鲁彦与许钦文》，《现代》第5卷第5期（1934年9月1日）。

根据地的城乡的各种各样的人生”❶，较为重要。但通过日常家庭生活来表现人间的情趣和人情美的篇章也占有一定的比重。究竟如何看待这一类散文呢？如果一味热衷于描写身边琐事，就难免会形成一种不健康的倾向，但在现代文学史上，有不少作家都写过这一类散文，譬如，朱自清的《背影》、叶绍钧的《牵牛花》、许地山的《落花生》等载誉文坛的名篇，有的抒情与叙事相结合，写得真挚质朴，缠绵委婉，情深意长；有的托物寓情，励志向上，借以说明某种人生哲理。这一类好作品一般并不具有强烈的政治倾向性，但确能动人心，移人情，丰富人们的精神生活，提高人们的艺术鉴赏能力，给人以精神美、情操美的陶冶和享受，这是应予尊重和重视的历史事实。问题的关键不在于题材的大小，而在于作者对于熟悉的生活是否善于观察，勤于思考，是否有所创造，加以独特的表现，给人以某种启迪。“五四”时期的散文呈现极其绚烂的局面，其原因非止一端，但与题材的广阔，形式和表现手段的多样，风格流派的纷繁也直接相关。可是在解放以后到“文化大革命”前所编撰的现代文学史中，出现了一个值得令人注意的现象，较早出现的文学史著作，还曾以一定的篇幅介绍了不同风格的作家和多种题材的散文，尔后随着政治运动的频繁开展，对于成就“几乎在小说戏曲和诗歌之上”❷的现代散文小品越来越不重视，甚至加以无端的贬逐和否定，主要是由于那种貌似马克思主义的“左倾”文艺思潮的严重影响。人民精神生活的兴趣和需要本来是广泛的，多方面的。他们对气势磅礴、豪迈刚劲之作固所喜爱，对含蓄蕴藉、柔婉清丽之作亦颇欣赏。邓小平同志说得好，我国各族人民“有多样的生活习俗、文化传统和艺术爱好。雄伟和细腻，严肃和诙谐，抒情和哲理，只要能够使人们得到教育和启发，得到娱乐和美的享受，都应当在我们的文艺园地里，占有自己的位置”❸。这就是我们今天要重新提出鲁彦的散文并认为要予以较高评价的原因。

（原载1982年2月《文学评论丛刊》第11辑）

❶ 周立波：《鲁彦选集·序》。
❷ 鲁迅：《南腔北调集·小品文的危机》。
❸《在中国文学艺术工作者第四次代表大会上的祝词》。

新文学作家列传

赵 聪

鲁 彦

二十年代中期，北京《晨报副镌》是唯一有稿费的副刊，因此，一些穷苦的大学生，往往向它投稿，以期获得一点稿费，补助生活之资。在它上面因投登小说而成名的，除冯文炳、胡也频、刘大杰外，还有湖南的黎锦明（黎锦熙、黎锦晖之弟）、贵州的蹇先艾、浙江的许钦文和鲁彦。（鲁死于抗战时；大陆‘解放’后，黎任中学教员，蹇做贵州省文联主席，许曾任杭州文化局副局长，均久不写小说。黎已寂然无闻，许在五七年整风反右时即被打入右派，蹇在“文革”被斗垮。）他们当时所写的小说，大都以乡村为背景，取农民故事为题材，一如鲁迅之写阿Q、闰土、孔乙己、爱姑、祥林嫂那样，所以鲁迅在编选《新文学大系小说二集》时称他们为乡土文学的作家。在四人之中，许与鲁皆受了鲁迅的影响很深，许更有意摹仿鲁迅，但以小说的成就言，鲁彦则在许钦文之上。

鲁彦（1901—1944），姓王，本名“忘我”；他在北京时非常穷困，想在某部谋一小位置，但那个部限的资格是大学毕业，非缴验文凭不行，于是他就多方托人设法，借了一位名唤“鲁颜”的大学毕业证书，这样就冒名“鲁颜”进去任职，不但本名已不再用，连姓也暂时易为“鲁”了。后来写小说，索性就署了“鲁彦”，单单去掉右旁的“页”字，等写出了名后，也就不再改回本名，只在‘鲁彦’之上又加王姓而已。

他是浙江省镇海县人。镇海旧属宁波府，府治即今鄞县，因他自己常说是宁波人，有人就以为他是鄞县人，实则非是。祖父是一位中医师，父亲做了一辈子商店店员，远在外地，他和母亲在家勉强温饱。他只在故乡杨家桥附近的灵山小学读过几年书，还未毕业，父亲就送他到上海去做商店学徒，希望儿子仍走自己的老路。

鲁彦很想出外见见世面，当他十七岁离家到上海时，心里十分高兴。然而他却不愿意做学徒，打算继续读书。家里的经济情况既不容许他升学，他听说北京有个工读互助团的组织，便写信去申请，结果得到那边的回信准他加入，于是到了北京，愉快地过着半工半读的生活。

在互助团里，接触许多经常来往的大学生，得到他们的帮助，进入北京大学文学系做旁听生。此后他就在某部做事，开始写起小说来。他的成就完全靠赖自学，由于刻苦过甚，身体孱弱，得了肺病。离开北京之后，在上海加入了“文学研究会”，小说刊于各大杂志上。为着衣食，他历遍大江南北，在浙江、福建、湖南、陕西等省都做过中学教员。他曾大力提倡世界语，从世界语译出了一部《世界短篇小说集》，还有《波兰小说集》、《世界的尽头》、《显克微支小说集》及果戈理的《肖像》等。

翻译之外，鲁彦最大的成就是在短篇小说，他曾先后出版了《柚子》、《黄金》、《童年的悲哀》、《屋顶下》、《小小的心》、《河边》、《鼠牙》、《伤兵旅馆》等集。长篇只有一部，在巴金主编的《文季月刊》初次登载时，题为《野火》，1937年出单行本又改名《愤怒的乡村》，写得并不成功。另外，他的散文也很著名，辑集的有《鲁彦散文选》。

抗战发生后，他参加了“文协”，除教书外，还曾在桂林、昆明等地主编过《文艺杂志》。他的写作态度极严肃，写不出时决不勉强写，所以有好几年他没有发表作品。他愤世嫉俗，却同情弱小和受迫害的人，在作品中时时表露着他对现实的不满和嘲笑。他从世界语译出的小说，大都属于弱小民族国家的，他在《世界短篇小说集》的序文中说：“正因为弱小受压迫被损害。它们的灵魂愈加沉痛愈加悲哀，而从这里所发出的呼声愈真挚、急切，甚至比大国的更伟大。文艺是人类灵魂的呼声，我因此特别爱弱小民族的文艺。在它们的园地里我常常看见有比大国更好的鲜花。世界语还只产生了四十年，而它的花圃竟已开满了这样的鲜花，超过了许多别的花圃，因此我愿做个采花的仆人。”这就可以看出他的旨趣所在。

鲁彦的短篇小说，如以量言不算是位多产作家，但若以质言却是篇篇可读。他试验着各式各样的形式技巧，造句布局皆煞费心思，小说里反映出的问题值得读者思想。有人嫌他用欧化句子，但这类句子他用得并不生硬；有人嫌他在小说中好发议论，实则他的议论部分在全文中非常和谐，不足为病。从他的小说中，可以看出他对人与人之间的一些不能调和的矛盾，因无法解决而陷于苦闷、悲观、厌世。他在《秋夜》中曾说：“咒诅着社会，又翻不过这世界；厌恨着生活，又跳不出这地球。”正写出了他的心情。他的痼疾久而不愈，他的短命而死，与他心中解不开的结有很大关系。

鲁迅评鲁彦道：“对专制不平，但又向自由冷笑。作者是往往想以诙谐之笔出之的，但也因为太冷静了，就又往往化为冷酷，失掉了人间的诙谐。”又说：“然而，人的心是究竟还不尽的，《柚子》一篇，虽然为湘中的作者所不满（黎锦明），但在玩世的衣裳下，还闪露着地上的愤懑，在王鲁彦的作品里，我以为倒是最为热闹的了。”

《柚子》刊于《小说月报》，鲁彦即以此篇成名。写湖南斩决罪犯，群众看热闹的情形，写得非常逼真，读时恍如亲临其境。笔者幼时曾经见过杀头的，所以在三十年前读到他这篇小说，当时觉得他是写实，至今印象犹深。他写罪犯被杀的俄顷是这样的：

> 只见——只见那秃头突然跪下，一个人拔去了他的旗子，刀光一闪，说时迟，那时快，只听见“好！”的一声，秃头象皮球似的从颈上跳了起来，落在前面四五尺远的草地上，鲜红的血从空颈上喷射出来，有二三尺高，身体就突的往前扑倒了。
>
> “呵，咳！呵，咳！……”我和T君战慄的互抱着，彷佛我们的颈项上少了一件东西。

他把这砍下来的人头比作柚子，着实挖苦了湖南几句，如：“真真感激湖南人，到湖南才一月，就给我们看见了这样稀奇的一幕，在故乡，连听一听关于杀头的新闻也没有福气！”“看见这样灿烂的湖南，谁敢不肃静回避！”“看东洋景——不，湖南景，杀人！”“湖南的柚子呀！湖南的人头呀！”“这样便宜的湖南的柚子呀！”这样，又怎能不使湖南籍的作家黎锦明勃然而怒呢？他的处女集收入了此篇，即以《柚子》命名，他自己曾说：“写那些文章的时候，我的年纪还轻，所以特别来得热情，呼号、咒诅与讥嘲常常流露出来。”虽然自承“非常幼稚，没有技巧，不成为小说”，但也颇为自负，他说：“在那里有天真的孩子气，纯洁的灵魂与热烈的情感。文笔是直率的。有时也有点诗似的美句。”在这以后，自从《黄金》集始，他这种热情渐渐消退，勉强给予丑恶的事物以美善的希望，添上不真实的尾巴，而也喜欢用曲笔了。

茅盾曾写过一篇《王鲁彦论》，夸赞他“在描写手腕方面，自然和朴素，是作者的卓特的面目”。人们往往以鲁彦比鲁迅，说他俩作风相同，所写人物亦同，但茅盾却看出两者的不同来，茅盾以为鲁迅所写是本色的老中国儿女，而鲁彦所写却是多少已经感受着外来工业文明的波动。后来大陆出版《鲁彦选集》，周立波为之写序，就拾取了茅盾的牙慧。总之，在30年代，能受到鲁、茅两位老将的称誉，必须在作品里确有值得使他俩称誉的地方。

笔者颇为偏爱鲁彦的散文，其描写景物的细腻深刻，有时尚在他小说中的刻画人物之上。今人每多鄙薄30年代作品，实则不可一概而论，30年代也有一些傲视今人的美文。现在可以看看鲁彦所写旅途上的夜景和黎明：

> 夜是美的，黑暗与沉寂的美。从篷隙里望出去，看见一幅黑布蒙在天空上，这里那里镶着亮晶晶的珍珠。两岸上缓慢地往后移动的高大的坟墓彷佛是保护我们的堡垒，平躺着的草扎的和砖盖的棺木就成了我们的埋伏的卫兵。树枝上的鸟巢里不时发出嘁嘁的拍翅声和细碎的鸟语，像在庆祝着我们的远行。河边一片白茫茫的光微微波动着，船像在柔软轻漾的绸子上滑了过去，船头下低低地响着淙淙的波声，接着是咕呀咕呀的前桨声和有节奏的

嘁咄嘁咄的后桨泼水声，清冽的水的气息，重浊的泥土的气息，和复杂的草木的气息在河面上混成一种特殊的亲切的香气。

一小时以后，天色渐渐转白了，岸上的景物开始露出明显的轮廓来，船仓里映进了一点亮光，稍稍推开篷，可以望见天边的黑云慢慢变成了灰白色，浮在薄亮的空中。前面的山峰隐约地走了出来，然后像一层一层地脱下衣衫似的，按次地露出了山腰和山麓。

白光像凝定了一会，接着就迅速地揭开了夜幕，到处都明亮起来。现在连岸上的细小的枝叶也清晰了，星光暗淡着，稀疏着，消失着。白云增多了，东边天上的渐渐变成了紫色，红色。天空变成了蓝色。山是青的，这里那里迷漫着乳白色的烟云。

完全是个美丽的早晨。东边山头上的天空全红了。紫红的云像是被小孩用毛笔乱涂出的一样，无意地成了巨大的天使的翅膀。山顶上一团浓云的中间露出了一个血红的可爱的紧合著的嘴唇，像是等待着谁去接吻。两边的最高峰上已经涂上了明亮的光辉。……

这是写他十七岁时初次被他父亲从故乡带赴上海时，在篷船上的观感。那时他非常高兴，所以对黑暗可怕的夜也看成是美丽的，对坟墓棺材之类也毫无恐怖之感。正如大卫的诗篇所说，心里快乐，看着静寂的山峰都在跳舞。再举一个例，他写在南普陀山海岸听潮时的情景，真是有声有色：

海在我们脚下沉吟着，诗人一般。那声音像是朦胧的月光和玫瑰花间的晨雾那样的温柔，像是情人的蜜语那样的甜美。低低地，轻轻地，像微风拂过琴弦，像落花飘到水上。

远处一个寺院里的钟声突然惊醒了海的沉睡。它现在激起了海水的兴奋，渐渐向我们脚下的岩石推了过来，发出哺哺的声音，彷佛谁在海里吐着气。海面的银光跟着翻动起来，银龙似的。接着我们脚下的岩石就像铃子、铙钹、钟鼓在响着，愈响愈大了。

没有风。海自已醒了，动着。它转侧着，打着呵欠，伸着腰和脚，抹着眼睛。因为岛屿挡住了它的转动，它在用脚踢着，用手拍着，用牙咬着。它一刻比一刻兴奋，一刻比一刻用力。岩石渐渐起了战慄，发出了抵抗的叫声，打碎了海的鳞片。

海受了创伤了，愤怒了。

它吼叫着，猛烈地往岸边袭击了过来，冲进了岩石的每一个罅隙里，扰乱岩石的后方，接着又来了正面的攻击，刺打着岩石的壁垒。

声音越来越大了。战鼓声，金锣声，枪炮声，呐喊声，叫号声，哭泣声，马蹄声，车轮声，飞机的机翼声，火车的汽笛声，都掺杂在一起，千军万马混战了起来。

大陆易手后，中共给鲁彦出了好几种选集，这是因为鲁彦在上海时加入了“左联”，周扬等人一直拿他当做同路人看待。他那部长篇小说《野火》，就已经掺入了“普罗”文学的教条，不过他在结尾时，把那些“革命分子”全让“反动派”给逮捕了，没有写他们上山打游击去，因此这部小说没有得到中共的称许。但也因为其中掺入教条，写得不及他的那些短篇。

抗战结束的前二年，他因躲避敌机轰炸，携着妻儿逃难，引致肺病复发而逝世。他在《童年的悲哀》里曾说：“我过的艰苦和烦恼的日子太多了，我看不见幸福的一线微光。”鲁彦的一生是可悲的。

（原载台北时报文化出版事业有限公司

1980年1月版《新文学作家列传》）

五四时代的小说作家和作品（节选）

尹雪曼

（一）王鲁彦（王衡）

王鲁彦，原名王衡，笔名鲁彦，王鲁颜，民国十一年开始写作，早期的作品在《晨报副刊》和《小说月报》，于民国十六年出版了短篇小说集《柚子》，共收了11个篇章。另以王衡的名义，于民国十六年出版了短篇集《爱之冲突》。他的作品多写乡土人物和世态炎凉，带有浓厚的伤感气氛。其中《柚子》一篇，是写一个犯人被杀，乡人赶着看热闹的情形，显示出社会的丑恶和悲悯的成分，且有曲意模拟《阿Q正传》的现象，不算出色。

《柚子》集中，除了《柚子》以外，其他的作品是：

《菊英的出嫁》，是反对迷信，写出了冥婚的为害，写法非常特别。先用隐喻的笔法写菊英的母亲怎么疼爱女儿，担心女儿，要替她定一头亲事。接着写如何办嫁奁，如何送嫁，直写到送亲的仪仗中，一口十几个人抬着的沉重棺材，到此，读者才知道菊英是已经死了多年，这大排场的婚礼也不过是冥婚。等到点明了冥婚之后，作者然后倒转笔锋，写菊英患病以及病死的情形。这篇小说的写法很特别，是把握了一点然后完全倒叙，是作者故示“匠心”的所在。先看菊英冥婚前，她的母亲为热闹喜事所做的种种准备，以及所讲的话，简直就是真的。

她进进出出总是看见菊英一脸笑容。“是的呀，喜期近了呢，我的心肝儿！”她暗暗对菊英说。菊英的两颊上突然飞出两朵红云。“是一个好看的郎君，聪明的郎君哩！你到他家去，做‘他的人’去！让你日日夜夜跟着他，守着他，让他日日夜夜陪着你，抱着你！”菊英羞得抱住了头想逃走了。“好好的服侍他，”她又庄重的训导菊英说：“依从他，不要使他不高兴。欢欢喜喜的，明年就给他生一个儿子！对于公婆要孝顺，要周到，对于其他的长者要恭敬，幼者要和蔼。不要被人家说半句坏话，给娘争气，给自己争气，牢牢的记着……”

如果还没有读到仪仗中的菊英的棺材，只是先读这些描写，任谁都会被作者巧妙的笔触所吸引。然而，他这一段描写似乎是从俄国梭罗古勃（Sologuf）“未生者之爱”脱化而出。

《许是不至于罢》，是写财主王阿虞在战事紧急时，娶媳妇请亲邻吃喜酒的情形。

土财主王阿虞，在他的三儿子成婚时，担心着强盗来抢他的媳妇；婚事后，又逢半夜遭小偷，种种愁闷惊悸，都是为了一个“钱”字。通过这篇作品，可以看出“金钱”成了土财主王阿虞的负担，写作的主线是要借此来讽刺有钱人的烦恼。

《小雀儿》，是一篇童话，借一个麻雀，写出人类的虚伪、奸诈、凶恶、自私，以及战争的罪恶。可惜说教意味太浓了，写得似乎不怎样好。

《秋夜》，是一篇随笔式的小说。这一个篇章，有诗的神韵，有小品文的样子，却不似短篇小说。现在录下其中的一个片段，可以清楚地看出这种情形来。

“醒醒罢，醒醒罢，”有谁敲着我的纸窗似的说。

“呵，呵，谁呀？”我朦胧的问，揉了一揉睡眼。

黑沉沉的看不见一点什么，从帐中望出去。也没有人回答我。也没有别的声音。

“梦罢？”我猜想，转过身来昏昏的睡去了。

其他还有《秋雨的诉苦》、《灯》、《狗》等，都是小品性质的文字，有如幽丽的散文诗，与鲁迅野草的风味相似。而《狗》的一篇，更包含着显明的“人道主义”，正是五四后知识青年受俄国文学影响的表现。至于《自立》和《美丽的头发》，却显得不成熟。其中《美丽的头发》，几乎见不出中心思想。另外《阿卓呆子》，中间充满了作者对于灰色人生的憎恨，似乎在刻意的表现这一点，所以感染力就比较差了。

大致上说来，《柚子》集中所表现的，大都是作者个人的感想和企图讽刺混乱矛盾的人生。这些皆有意无意的模仿了鲁迅写作的动机。但鲁迅作品中的人物在王鲁彦的作品中，有的似乎已经褪了色，不再那么鲜明。这除了是由于工业文明渐渐取代乡村经济的背景所造成以外，恐怕与作者的功力也有关。

节选自《早期的乡土小说——王鲁彦（王衡）》第75—78页

（原载台北成文出版社1980年5月版《五四时代的小说作家和作品》）

著译系年

王鲁彦著译系年

"明天社"宣言（宣言）
载1922年6月19日《民国日报·觉悟》，署名王忘我。

好与坏、投降者（俄国民间故事，两则）
载1922年8月9日《晨报副镌》，署鲁彦译；同月13日又在《民国日报·觉悟》发表。

散文诗二首（俄国，式威德著，散文诗）
载1922年12月11日《晨报副镌》，署鲁彦译。

海前（保加利亚，玛尔斯著，散文诗）
载1923年6月11日《文学旬刊》第2期，署鲁彦译。

第一步（匈牙利，摩尔奈著，剧本）
载1923年8月1日《妇女杂志》第9卷第8期，署鲁彦译。

日落之后——给胡尔达·什妥南（芬兰，法斯配尔著，散文诗）
载1923年8月11日《文学旬刊》第8期，署鲁彦译。

秋夜（小说）
载1923年11月25日《东方杂志》第20卷第22期，署名鲁彦；初收1926年10月北京北新书局版短篇小说集《柚子》。

海滨别墅（保加利亚，斯太马妥夫著，小说）
载1923年12月10日《东方杂志》第20卷第23期，署鲁彦译；初收1928年8月上海亚东图书馆版《世界短篇小说集》。

给海兰的童话（俄国，西皮尔雅克著，童话）
载1924年1月1日《妇女杂志》第10卷第1期，署王鲁彦译；同年3月1日第3期续刊。

狗（小说）
载1924年3月10日《东方杂志》第21卷第5期，署名鲁彦；初收1926年10月北京北新书局版短篇小说集《柚子》。

墓地（保加利亚，斯太马妥夫著，小说）
载1924年4月10日《东方杂志》第21卷第7期，署鲁彦译；初收1928年8月上海亚东图书馆版《世界短篇小说集》。

爱多尼亚民歌二首（民歌）
载1924年4月28日《文学周刊》第119期，署鲁彦译。

立陶宛民歌（民歌）
载1924年4月28日《文学周报》第119期，署鲁彦译。

腊伯赤克（希伯莱的讽喻）（犹太，夏虏姆·阿来汉姆著，小说）
载1924年5月10日《东方杂志》第21卷第9期，署鲁彦译；初收1926年12月上海开明书店版《犹太小说集》。

灵魂——我的少年史（希伯来，俾莱芝著，小说）
载1924年6月10日《东方杂志》第21卷第11期，署鲁彦译；初收1926年12月上海开明书店版《犹太小说集》。

仅有的不如意——现代叙利亚生活的写真（俄国，刚杜鲁息金著，小说）
载1924年7月1日《妇女杂志》第10卷第7期，署鲁彦译；初收1928年8月上海亚东图书馆版《世界短篇小说集》。

汉蒂额夷的天鹅（俄国，西皮尔雅克著，小说）
载1924年8月1日《妇女杂志》第10卷第8期，署鲁彦译；初收1928年8月上海亚东图书馆版《世界短篇小说集》。

柚子（小说）
载1924年10月10日《小说月报》第15卷第10期，署名鲁彦；初收1926年10月北京北新书局版短篇小说集《柚子》。

泉边（波兰，显克微支著，小说）
载1924年11月10日《小说月报》第15卷第11期，署鲁彦译；初收1928年1月上海北新书局版《显克微支小说集》。

灯（小说）
载1924年12月10日《东方杂志》第21卷第23期，署名鲁彦；初收1926年10月北京北新书局版短篇小说集《柚子》。

余波（小说）
载1925年1月5日《晨报副镌·文学旬刊》第58期，署名王衡。

许是不至于罢（小说）
载1925年3月10日《小说月报》第16卷第3期，署名鲁彦；初收1926年10月北京北新书局版短篇小说集《柚子》。

阿卓呆子（小说）

载1925年3月25日《东方杂志》第22卷第6期，署名鲁彦；初收1926年10月北京北新书局版短篇小说集《柚子》。

宙斯的裁判（波兰，显克微支著，小说）

载1925年4月10日《小说月报》第16卷第4期，署鲁彦译；初收1928年1月上海北新书局版《显克微支小说集》。

风筝（散文）

载1925年5月25日《东方杂志》第22卷第10期“新语林”栏，署名鲁彦。

巴尔扎克和缝衣匠（小说）

载1925年5月29日《莽原》第6期，署鲁彦译。

给L N君（散文）

载1925年6月1日《京报副刊》第166期，署名鲁彦。

考试之前（小说）

载1925年6月5日《莽原》第7期，署鲁彦译。

敏捷的译者（小说）

载1925年6月12日《莽原》周刊第8期，署鲁彦译，译文后有《鲁迅附记》。

干爷和干妈（散文）

载1925年6月25日《东方杂志》第22卷第12期“新语林”栏，署名鲁彦。

资本家的家属（希伯来，泰夷琪著，小说）

载1925年7月9日《京报副刊》第202期，署鲁彦译；初收1926年12月上海开明书店版《犹太小说集》。

姊妹（希伯来，俾莱芝著，小说）

载1925年7月28日《京报副刊》第221期，署鲁彦译；初收1926年12月上海开明书店版《犹太小说集》。

绞首架（希伯来，俾莱芝著，小说）

载1925年8月6日《京报副刊》第230期，署鲁彦译；初收1926年12月上海开明书店版《犹太小说集》改名为《又用绞首架了》。

诃夏懦腊婆的奇迹（希伯来，夏虏姆·阿来汉姆著，小说）

载1925年8月10日《东方杂志》第22卷第15期，署鲁彦译；初收1926年12月上海开明书店版《犹太小说集》。

食味杂记（散文）

载1925年8月10日《东方杂志》第22卷第15期“新语林”栏，署名鲁彦。

希腊的朝山和奇迹地（法国，查理斯·拉姆贝尔著，论文）

载1925年9月21日《语丝》第45期，署鲁彦译；同年9月28日第46期、10月5日第47期连载；初收1928年3月上海光华书局版文艺论文集《花束》。

可怜儿（小说）

载1925年11月17日《京报副刊》第331期，署名王衡；同年11月18日第332期、11月19日第333期、11日20日第334期、11月21日第335期连载。

小雀儿（童话）

载1925年12月30日《晨报副镌》第1417期，署名鲁彦；同年12月31日第1418期、1926年1月6日第1419期、1月7日第1420期、1月9日第1421期连载；初收1926年10月北京北新书局版短篇小说集《柚子》。

小鹿（波兰，年摩耶夫斯奇著，小说）

载1926年2月3日《晨报副镌》第1435期，署鲁彦译，文后有《译者识》；初收1928年8月上海亚东图书馆版《世界短篇小说集》。

美丽的头发（小说）

载1926年3月4日《晨报副镌》第1448期，署名鲁彦；同年3月6日第1449期连载；初收1926年10月北京北新书局版短篇小说集《柚子》。

自立（小说）

载1926年3月10日《小说月报》第17卷第3期，署名鲁彦；初收1926年10月北京北新书局版短篇小说集《柚子》。

睡美人和神仙故事（法国，拉姆贝尔著，论文）

载1926年5月22日《晨报副镌》第1394期，署鲁彦译；同年5月24日第1395期、5月25日第1396期、5月29日第1397期、5月31日第1398期、6月12日第1403期续刊；初收1928年3月上海光华书局版《花束》。

丽西·爱尔彩·爱丽沙白（F. Herczeg著，小说）

载1926年8月10日《小说月报》第17卷第8期，署鲁彦译；初收1928年8月上海亚东图书馆版《世界短篇小说集》。

天鹅的歌（保加利亚，安那·卡吕玛著，散文诗）

载1926年8月16日《语丝》第92期，署鲁彦译。

眼波（保加利亚，遏林沛林著，散文诗）

载1926年9月11日《语丝》第96期，署鲁彦译。

柚子（短篇小说集）

1926年10月北京北新书局出版，著名王鲁彦，司徒乔作封面；内收《秋夜》、《狗》、《秋雨的诉苦》、《灯》、《柚子》、《自立》、《许是不至于罢》、《阿卓呆子》、《菊英的出嫁》、《小雀儿》、《美丽的头发》等11篇作品；1927年7月上海北新书局再版。

《犹太小说集》序（序言）
1926年9月27日作，载1926年12月上海开明书店版《犹太小说集》，署名鲁彦。

犹太小说集（短篇小说集）
1926年12月上海开明书店出版，为“文学周报社丛书”之一，署鲁彦译；内收《序》和《腊伯赤克》、《中学校》、《诃夏懦腊婆的奇迹》、《不幸》、《宝》、《创造女人的传说》（以上为夏房姆·阿来汉姆著）；《灵魂》、《姊妹》、《七年好运》、《披藏谢标姆》、《又用绞首架了》、《和尔木斯与阿利曼》（以上为俾莱芝著）；《搬运夫》（宾斯基著）；《资本家的家属》（泰夷琪著）等14篇作品；1927年12月开明书店再版。

老仆人（波兰，显克微支著，小说）
载1927年1月10日《小说月报》第18卷第1期，署鲁彦译；初收1928年1月上海北新书局版《显克微支小说集》；1943年由文学书店出版单行本。

访教父去（保加利亚，遏林沛林著，小说）
载1927年2月12日《语丝》第118期，署鲁彦译；初收1928年8月上海亚东图书馆版《世界短篇小说集》。

学生（保加利亚，St. Runevoki著，小说）
载1927年3月10日《东方杂志》第24卷第5期，署鲁彦译；初收1928年8月上海亚东图书馆版《世界短篇小说集》。

黄金（小说）
载1927年7月10日《小说月报》第18卷第7期，署名鲁彦；初收1928年5月上海人间书店版短篇小说集《黄金》。

毒药（小说）
载1927年9月10日《小说月报》第18卷第9期，署名鲁彦；初收1928年5月上海人间书店版短篇小说集《黄金》。

月桂（俄国，库卜林著，小说）
载1927年9月16日《北新》周刊第47、48期合刊，署鲁彦译；初收1928年8月上海亚东图书馆版《世界短篇小说集》。

一个危险的人物（小说）
载1927年10月10日《小说月报》第18卷第10期，署名鲁彦；初收1928年5月上海人间书店版短篇小说集《黄金》。

《给海兰的童话》序（序言）
载1927年11月上海光华书局版《给海兰的童话》，署名鲁彦。

给海兰的童话（俄国，马明·西皮尔雅克著，童话集）
1927年11月上海光华书局出版，为“狂飚社丛书之三”第三种，署鲁彦译；内收《序》和《长耳朵，斜视眼，短尾巴的大胆的兔子》、《小蚊子》、《最后的苍蝇》、《牛乳儿、麦粥儿和灰色的猫满尔克》、《是睡觉的时候了》等五篇作品；1933年10月上海开明书店再版，赵特夫画，为“世界少年文学丛刊”之一；1936年8月上海大光华书局再版。

古尔达（波兰，普鲁士著，小说）
载1928年1月10日《小说月报》第19卷第1期，署鲁彦译；初收1928年8月上海亚东图书馆版《世界短篇小说集》。

《显克微支小说集》序（序言）
1927年3月13日作，署名鲁彦；载1928年1月上海北新书局版《显克微支小说集》。

显克微支小说集（波兰，显克微支著，短篇小说集）
1928年1月上海北新书局出版，署王鲁彦译，钱君匋作封面；内收《序》和《泉边》、《宙斯的裁判》、《乐人扬珂》、《天使》、《光明在黑暗里》、《提奥克房》、《老仆人》等7篇作品。

《花束》序（序言）
1927年9月25日作，署名鲁彦；载1928年3月上海光华书局版文艺论文集《花束》。

花束（法国，查理斯·拉姆贝著，文艺论文集）
1928年3月上海光华书局出版，署鲁彦译；内收《周作人序》、《译者序》和《沙库泰拉和印度的戏剧》、《希腊的朝山和奇迹地》、《睡美人和神仙故事》等3篇论文；1936年8月上海大光华书局再版。

微小的生物（小说）
载1928年4月10日《新月》第1卷第2期，署名王鲁彦；初收1928年5月上海人间书店版短篇小说集《黄金》。

阿长贼骨头（小说）
载1928年4月《新生命》第1卷第4期，署名鲁彦；同年5月第5期连载；初收1928年5月上海人间书店版短篇小说集《黄金》。

失了影子的人（德国，嘉米琐著，中篇小说）
载1928年5月25日《东方杂志》第25卷第10期，署鲁彦译；同年6月10日第11期、6月25日第12期连载；1929年1月15日由上海光华书局出版单行本，为“世界名著选”之一，署鲁彦译；1936年3月上海大光书局再版。

黄金（短篇小说集）
1928年5月上海人间书店出版，署名王鲁彦，钱君匋作封面；内收《黄金》、《毒药》、《一个危险的人物》、《阿长贼骨头》、《微小的生物》等5篇作品；1929年7月上海新生命书店再版，再版时加入《未曾写成之序——即以此代序》和《最后的胜利》（小说）。

披披和猢猢（爱沙尼亚，土革拉司著，小说）

载1928年8月《新生命》第1卷第8期，署鲁彦译，文后有《译者附记》；初收1930年3月上海神州国光社版《在世界的尽头》。

《世界短篇小说集》序（序言）

1927年11月16日作，署名鲁彦；载1928年8月上海亚东图书馆版《世界短篇小说集》。

世界短篇小说集（短篇小说集）

1928年8月上海亚东图书馆出版，署鲁彦译；内收《序》和《月桂》（俄国：库卜林著）；《汉蒂额夷的天鹅》（俄国：西皮尔雅克著）；《仅有的不如意》（俄国：刚杜鲁息金著）；《古尔达》（波兰：普鲁士著）；《对神的牺牲》（波兰：先罗什伐斯基著）；《小鹿》（波兰：年摩耶夫斯基著）；《二金虫》（保加利亚：加尔陀尼著）；《丽西·爱尔彩·爱丽沙白》（保加利亚：海尔采著）；《访教父去》（保加利亚：遏林沛林著）；《学生》（保加利亚：卢耐夫斯基著）；《海滨别墅》、《墓地》（保加利亚：斯太马妥夫著）；《小人物和大人物》（芬兰：哀禾著）；《雏鸟》（芬兰：爱尔柯著）；《荒田》（乌克兰：波尔调侠克著）；《月光》（瑞士：柴恩著）等16篇作品；至1941年10月已出8版。

最后的胜利（小说）

载1928年11月《新生命》第1卷第11期，署名鲁彦；初收1929年7月上海新生命书店再版《黄金》短篇小说集。

《苦海》序（序言）

1928年12月18日作，署名鲁彦；载1929年6月上海亚东图书馆版长篇小说《苦海》。

苦海（波兰，先罗什伐斯基著，长篇小说）

1929年6月上海亚东图书馆出版，署鲁彦译，书前有译者作《序》；1932年8月再版。

未曾写成之序——《黄金》序（序言）

1928年11月28日作；载1929年7月上海新生命书店再版短篇小说集《黄金》。

童年的悲哀（小说）

载1929年11月10日《小说月报》第20卷第11期，署名鲁彦；初收1931年6月上海亚东图书馆版短篇小说集《童年的悲哀》。

笑（保加利亚，耐米罗夫著，小说）

载1929年12月2日《语丝》第5卷第38期，署鲁彦译；初收1930年3月上海神州国光社版《在世界的尽头》。

幸福的哀歌（小说）
载1930年1月10日《小说月报》第21卷第1期，署名鲁彦；初收1931年6月上海亚东图书馆版短篇小说集《童年的悲哀》。

新年（波兰，普鲁士著，小说）
载1930年1月10日《小说月报》第21卷第1期，署鲁彦译；初收1930年3月上海神州国光社版《在世界的尽头》。

消夜会（保加利亚，伐拉夷柯夫著，小说）
载1930年1月10日《小说月报》第21卷第1期，署鲁彦译；初收1930年3月上海神州国光社版《在世界的尽头》。

祝福（小说）
载1930年2月10《小说月报》第21卷第2期，署名鲁彦；初收1931年6月上海亚东图书馆版《童年的悲哀》。

在世界的尽头（爱沙尼亚，土革拉司著，小说）
载1930年2月《新生命》第3卷第2期，署鲁彦译；同年4月第4期连载；初收1930年3月上海神州国光版《在世界的尽头》。

在世界的尽头（短篇小说集）
1930年3月上海神州国光社版，署鲁彦译；内收《在雅室里》、《最后的一个》（以上为波兰莱芒脱著）；《新年》（波兰：普鲁士著）；《披披和猢猢》、《在世界的尽头》（以上为爱沙尼亚：土革拉司著）；《安特列奥》（保加利亚：温林沛林著）；《消夜会》（保加利亚：伐拉夷柯夫著）；《笑》（保加利亚：耐米罗夫著）；《鹤》（苏埃雪虚柯夫著）等9篇作品；后又由言行社再版，（再版时间不详）再版时书名改为《在世界的尽头——世界著名短篇小说》，并删去《鹤》。

宴会（小说）
载1930年5月《新生命》第3卷第5期，署名鲁彦；初收1931年6月上海亚东图书馆版《童年的悲哀》。

哈其该恩超（保加利亚，卡拉范罗夫著，小说）
载1930年10月15日《文艺月刊》第1卷第3期，署鲁彦译。

圣诞节夜（禾达娄著，童话）
载1930年12月10日《小说月报》第21卷第12期，署鲁彦译。

在狱中（俄国，契里珂夫著，小说）
载1931年1月10日《小说月报》第22卷第1期，署鲁彦译。

小小的心（小说）
载1931年4月10日《小说月报》第22卷第4期，署名鲁彦；初收1933年6月上海天马书店版短篇小说集《小小的心》。

翻译员欧根（法国，Tsiotrn Bernard著，独幕喜剧）

载1931年6月30日《文艺月刊》第2卷第5、6期合刊，署鲁彦译。

《忏悔》序（序言）

1929年5月14日作，署名鲁彦；载1931年6月上海亚东图书馆版长篇小说《忏悔》。

忏悔（南斯拉夫，米耳卡波嘉奇次女士著，长篇日记体小说）

1931年6月上海亚东图书馆出版，署鲁彦译，书前有《译者序》。

童年的悲哀（版权页题《童年的悲哀及其他》，短篇小说集）

1931年6月上海亚东图书馆出版，署名鲁彦；内收《童年的悲哀》、《幸福的哀歌》、《祝福》、《宴会》等4篇作品；1934年4月再版。

他们恋爱了（小说）

载1931年8月10日《小说月报》第22卷第8期，署名鲁彦；初收1933年6月上海天马书店版《小小的心》。

珂苏库尔拍趣和美女琶扬——游牧民族启尔基兹的传说（K. Bogusevic著，传说）

载1931年8月15日《文艺月刊》第2卷第8期，署鲁彦译。

一篇抄袭的恋爱故事（小说）

载1931年9月10日《小说月报》第22卷第9期，署名鲁彦；初收1933年6月上海天马书店版《小小的心》。

胖子（小说）

载1932年11月1日《现代》杂志第2卷第1期，署名鲁彦；初收1933年6月上海天马书店版《小小的心》。

唐裘安（法国，莫利哀著，五幕喜剧）

载1933年1月1日《文艺月刊》第3卷第7期，署王鲁彦译；同年2月1日第8期连载。

王后之侍者（匈牙利，Eugeno Hetai和Emilo Maksai合著，独幕喜剧）

载1933年2月1日《东方杂志》第30卷第3期“文艺栏”，署鲁彦译。

船中日记（散文）

载1933年2月16日《东方杂志》第30卷第4期“文艺栏”，署名鲁彦；初收1934年12月上海生活书店版散文集《驴子和骡子》。

雪（散文）

载1933年3月1日《东方杂志》第30卷第5期，署名鲁彦；初收1934年12月上海生活书店版散文集《驴子和骡子》。

面包与马铃薯（独幕剧）

载1933年3月1日《创化季刊》第1期，署名鲁彦。

兴化大炮（散文）

载1933年3月16日《东方杂志》第30卷第6期“文艺栏”，署名鲁彦；初收1933年6月上海天马书店版《小小的心》。

恋爱行进（小说）

载1933年3月《良友图书杂志》第75期，署名鲁彦；初收1933年6月上海天马书店版《小小的心》。

肖像（俄国，郭果尔著，小说）

1933年4月上海亚东图书馆出版，署鲁彦译。

我们的太平洋（散文）

载1933年5月1日《文艺月刊》第3卷第11期“散文”栏，署名王鲁彦；初收1934年12月上海生活书店版《驴子和骡子》。

阿尔台美斯（独幕剧）

载1933年6月1日《文艺月刊》第3卷第12期，署名鲁彦。

比利时佛兰德人的民歌（Jeaune Van Bockel著，文艺论文）

载1933年6月1日《文艺月刊》第3卷第12期，署鲁彦译。

关于我的创作（散文）

1933年5月作；载1933年6月上海天马书店版《创作的经验》，署名鲁彦；初收1936年8月上海开明书店版《鲁彦短篇小说集》，改题为《我怎样创作》。

小小的心（短篇小说集）

1933年6月上海天马书店出版，署名鲁彦；内收《小小的心》、《一篇抄袭的恋爱故事》、《他们恋爱了》、《胖子》、《兴化大炮》、《恋爱行进》、《夜》等7篇作品；1934年4月再版。

岔路（小说）

载1933年7月1日《文艺月刊》第4卷第1期，署名鲁彦；初收1934年3月上海现代书局版短篇小说集《屋顶下》。

生的痕迹（散文诗）

载1933年9月1日《东方杂志》第30卷第17期“文艺栏”，署名鲁彦。

父亲的玳瑁（散文）

载1933年9月1日《文学》第1卷第3期“散文随笔”栏，署名鲁彦；初收1934年12月上海生活书店版散文集《驴子和骡子》。

伴侣（小说）

载1933年9月1日《文艺月刊》第4卷第3期，署名鲁彦；初收1934年3月上海现代书局版短篇小说集《屋顶下》。

仆人的日记（丹麦，St. J. Blieher著，小说）
载1933年9月1日《矛盾月刊》第2卷第1期，署王鲁彦译；同年10月10日第2期连载。

胡髭（小说）
载1933年10月1日《现代》第3卷第6期，署名鲁彦；初收1934年3月上海现代书局版短篇小说集《屋顶下》。

屋顶下（小说）
载1933年10月1日《文学》第1卷第4期，署名鲁彦；初收1934年3月上海现代书局版短篇小说集《屋顶下》。

贱人（小说）
载1933年10月1日《文艺月刊》第4卷第4期，署名鲁彦。

病（小说）
载1933年11月1日《现代》杂志第4卷第1期，署名鲁彦；初收1934年3月上海现代书局版短篇小说集《屋顶下》。

李妈（小说）
载1933年11月1日《文艺月刊》第4卷第5期，署名鲁彦；初收1934年3月上海现代书局版短篇小说集《屋顶下》。

比利士的文学（Maur Jaumotte著，文艺论文）
载1933年11月1日《文艺月刊》第4卷第5期，署鲁彦译；同年12月1日第6期续完。

安舍（小说）
载1933年11月1日《文学》第1卷第5期，署名鲁彦；初收1934年3月上海现代书局版短篇小说集《屋顶下》。

最后的幽会（波兰，Mga Walewrcg著，小说）
载1933年12月1日《文艺月刊》第4卷第6期，署鲁彦译。

〇〇五一二八（小说）
载1933年12月1日《文学》第1卷第6期，署名鲁彦。

夏天的蛙（散文）
载1933年12月1日《青年界》第4卷第5期，署名鲁彦。

新年试笔（散文）
载1934年1月1日《文学》第2卷第1期，署名鲁彦。

亚猛（小说）
载1934年1月1日《文学》第2卷第1期，署名鲁彦；初收1935年12月上海文化生活出版社版短篇小说集《雀鼠集》。

车中（小说）
载1934年1月1日《矛盾月刊》第2卷

第5期，署名王鲁彦；初收1935年12月上海文化生活出版社版《雀鼠集》。

厦门——地方印象记（散文）

载1934年2月1日《中学生》第42期，署名鲁彦；初收1934年12月上海生活书店版散文集《驴子和骡子》，题目改为《厦门印象记》。

星（意大利，Toscani著，小说）

载1934年2月1日《文艺月刊》第5卷第2期“译述”栏，署王鲁彦译。

桥上（小说）

载1934年2月1日《文学》第2卷第2期，署名鲁彦；初收1935年12月上海文化生活出版社版《雀鼠集》。

叹骷髅选（杂文）

载1934年2月10日《华安》第2卷第4期，署名鲁彦；同月19日又在《申报·自由谈》发表，题目改为《巫士的打油词》，署名鲁彦。

惠泽公公（小说）

载1934年3月1日《现代》第4卷第5期，署名鲁彦；同年4月10日又在《中学生文艺》第4期发表，署名鲁彦；初收1935年12月上海文化生活出版社版《雀鼠集》。

乔治旦丁（法国，莫利哀著，三幕喜剧）

载1934年3月1日《文艺月刊》第5卷第3期“戏剧”栏，署王鲁彦译；同年4月1日第4期、5月1日第5期连载。

婴儿日记（日记体小说）

载1934年3月1日《东方杂志》第31卷第5期“妇女与家庭”栏，署名鲁彦、谷兰；同年4月1日第7期、5月1日第9期、6月1日第11期、8月1日第15期、9月1日第17期连载；1935年5月由上海生活书店出版单行本，署名鲁彦、谷兰，书前有作者《序》。

父亲（散文）

载1934年3月1日《春光》创刊号，署名鲁彦。

寂寞（散文）

载1934年3月《青年界》第5卷第3期“随笔”栏，署名鲁彦。初收1934年12月上海生活书店版《驴子和骡子》。

《屋顶下》自序（序言）

1933年11月9日作。载1934年3月上海现代书局版短篇小说集《屋顶下》，署名鲁彦。

屋顶下（短篇小说集）

1934年3月上海现代书局出版，署名鲁彦；内收《自序》和《岔路》、《屋顶下》、《伴侣》、《安舍》、《病》、《胡髭》、《李妈》等7篇作品；为“现代创作丛刊”之十五；1936年上海复兴书局再版；1948年上海印书馆再版。

四岁（散文）

载1934年4月1日《文学》第2卷第4期，署名鲁彦；初收1934年12月上海生活书店版散文集《驴子和骡子》。

幸福的幻影（散文）

载1934年4月1日《春光》第1卷第2期，署名鲁彦。

啄木鸟的命运（立陶宛，Vineas Kreve著，散文）

载1934年5月1日《文学》第2卷第5期，署鲁彦译。

唐裘安的幻觉（捷克，Josef Simanek著，小说）

载1934年5月1日《文学》第2卷第5期，署鲁彦译。

海基勒家之事（芬兰，Johannes Linnankoski著，小说）

载1934年5月25日《矛盾月刊》第3卷第3、4期合刊，署鲁彦译，未完。

鼠牙（小说）

载1934年7月1日《文学》第3卷第1期，署名鲁彦；初收1935年12月上海文化生活出版社版《雀鼠集》。

枪（小说）

载1934年7月1日《文学季刊》第3期，署名鲁彦；初收1935年12月上海文化生活出版社版《雀鼠集》。

听潮的故事（散文）

载1934年9月1日《中学生》第47期"潮"栏，署名鲁彦；初收1934年12月上海生活书店版《驴子和骡子》。

关中琐记（散文）

载1934年9月1日《中学生》第47期，署名鲁彦；初收1934年12月上海生活书店版《驴子和骡子》。

驴子和骡子（散文）

载1934年9月1日《文学》第3卷第3期，署名鲁彦；初收1934年12月上海生活书店版《驴子和骡子》。

驴子和骡子（散文集）

1934年12月上海生活书店出版，署名鲁彦；上卷收《雪》、《父亲的玳瑁》、《开门炮》、《寂寞》、《四岁》、《我们的太平洋》、《听潮的故事》、《驴子和骡子》等8篇作品，下卷收《船中日记》、《厦门印象记》、《西行杂记》、《关中琐记》等4篇作品；该书为傅东华主编的"创作文库"之十七；1935年4月再版。

汽笛（散文）

载1935年1月9日西安《西京日报》第8版，署名鲁彦。

阿斯巴西亚（波兰，斯文妥珂夫斯基著，五幕话剧）

载1935年1日9日《西京日报》第5版，署鲁彦译；1月10日至15日、18日至20日、21日至28日连载，未完；2月1日至3日、8日至15日、21日至23日、28日连载，未完；3月3日至6日、13日至20日、21日至29日、31日连载，未完；4月1日至5日、8日至9日、11日至12日、18日至19日、21日至25日、26日至27日连载，未完；5月1日至2日、4日至6日、15日至19日、21日至24日连载，未完；6月1日至3日、12日至13日、20日、22日至23日、27日至30日连载，未完；7月10日至15日、21日至29日连载，全剧完。

故乡的杨梅（散文）

载1935年5月1日《文学》第4卷第5期“随笔”栏，署名鲁彦；初收1937年4月上海文化生活出版社版散文集《旅人的心》，题目改为《杨梅》。

译诗三首——没有什么能够保险、合适的帽子、酒精的好处（诗末署“译自R. K.诗抄”）

载1935年5月10日《新文学》第1卷第2期，署鲁彦译；1947年3月1日在《文潮月刊》第2卷第5期重新发表，题目改为《鲁彦遗诗抄》。

《婴儿日记》序（序言）

载1935年5月上海生活书店版《婴儿日记》，署名鲁彦、谷兰。

清明（散文）

载1935年6月1日《文学》第4卷第6期“随笔”栏，署名鲁彦；初收1937年4月上海文化生活出版社版《旅人的心》。

雀鼠集（短篇小说集）

1935年12月上海文化生活出版社出版，署名鲁彦；内收《惠泽公公》、《亚猛》、《车中》、《桥上》、《枪》、《鼠牙》等6篇作品，为巴金主编的“文学丛刊”第一集之一。

西安印象（散文）

载1936年1月1日《文学》第6卷第1期，署名鲁彦；初收1937年4月上海文化生活出版社版《旅人的心》。

乡下（中篇小说）

载1936年2月1日《文学》第6卷第2期，署名鲁彦；1936年7月由上海文学出版社出版单行本，署名王鲁彦，为“小型文库”丛书之（6）。

钓鱼——故乡随笔（散文）

载1936年3月1日《文学》第6卷第3期，署名鲁彦；初收1937年4月上海文化生活出版社版《旅人的心》，题目改为《钓鱼》。

紫竹林小札（书信）

载1936年3月16日《人间世》（汉口

版）第1期，署名鲁彦，内收鲁彦致该刊编者信四封；1948年9月1日在《春秋》第5卷第4期（9月号）“随笔”栏重新发表，题目改为《在普陀的时候》，署名鲁彦。

我们的学校（散文）
载1936年5月1日《作家》第1卷第2期，署名鲁彦；初收1937年4月上海文化生活出版社版《旅人的心》。

致汪馥泉函二通（封）（书信）
载1936年5月上海生活书店出版、孔另境编《现代作家书简》，信末署名鲁彦；1982年2月广州花城出版社再版。

野火（长篇小说）
载1936年6月1日《文季月刊》第1卷第1期，署名鲁彦；同年7月1日第2期、9月1日第4期、10月1日第5期、11月1日第6期、12月1日第2卷第1期连载；1937年5月20日由上海良友图书印刷公司出版单行本，署名鲁鲁，为赵家壁主编的“良友文学丛书”第38种；1944年11月由重庆独立出版社出版单行本，署名鲁彦；为祝秀侠、韩侍桁主编的“独立文艺丛书”之一，出版时经国民党检查机关删节。

中人（小说）
载1936年6月1日《文学》第6卷第6期，署名鲁彦；初收1937年1月上海良友图书印刷公司版短篇小说集《河边》。

河边（小说）
载1936年6月15日《作家》第1卷第3期，署名鲁彦；初收1937年1月上海良友图书印刷公司版《河边》。

孩子的马车（散文）
载1936年7月1日《文季月刊》第1卷第2期，署名鲁彦；初收1937年4月上海文化生活出版社版《旅人的心》。

银变（小说）
载1936年7月上海开明书店版《十年》一书，署名鲁彦；初收1937年1月上海良友图书印刷公司版《河边》。

在暗礁间（瑞典，V·海滕司顿著，小说）
载1936年8月16日《译文》新1卷第6期，署鲁彦译。

《鲁彦短篇小说集》序（序言）
1936年8月4日作；载1936年8月上海开明书店版《鲁彦短篇小说集》。

鲁彦短篇小说集（短篇小说集）
1936年8月上海开明书店出版，署名鲁彦；书前有《序》及《我怎样创作——我的创作经验》，所收小说共分四编：第一编收《狗》、《秋雨的诉苦》、《灯》、《微小的生物》、《童年的悲哀》、《幸福的哀歌》等6篇作品；第二编收《小雀儿》、《毒药》、《一篇抄袭的恋爱故事》、《他们恋爱了》、《恋爱行进》、《胖子》、《胡髭》、《病》等8篇作品；第三编收《出嫁》、《黄金》、《阿长贼骨头》、《祝福》、《李妈》、《枪》、《桥上》等7篇作品；第四编收《小小的心》、《伴侣》、《安舍》、《岔路》、《屋顶下》、《鼠牙》、《惠泽公公》等7篇作品；为“短篇小说全集丛刊”之一；1941年1月上海开明书店再版。

战场（散文）
载1936年9月5日《中流》创刊号，署名鲁彦；初收1937年4月上海文化生活出版社版《旅人的心》。

旅人的心（散文）
载1936年10月20日《中流》第1卷第4期，署名鲁彦；初收1937年4月上海文化生活出版社版《旅人的心》。

活在人类的心里（散文）
载1936年11月5日《中流》第1卷第5期，署名鲁彦。

一只拖鞋（小说）
载1936年12月1日《文季月刊》第2卷第1期，署名鲁彦；初收1937年1月10日上海良友图书印刷公司版《河边》。

河边（短篇小说集）
1937年1月10日上海良友图书印刷公司出版，署名鲁彦；内收《河边》、《一只拖鞋》、《银变》、《中人》、《头奖》、《陈老夫子》等6篇作品，为赵家璧主编的“良友文学丛书”第三十五种；1941年4月上海良友复兴图书印刷公司再版。

雷（散文）
载1937年3月10日《新少年》第3卷第5期，署名鲁彦；初收1937年4月上海文化生活出版社版《旅人的心》。

新年（小说）
载1937年3月15日《文丛》第1卷第1期，署名鲁彦。

母亲的时钟（散文）
载1937年4月15日《文丛》第1卷第2期，署名鲁彦。

旅人的心（散文集）
1937年4月上海文化生活出版社出版，署名鲁彦，内收《清明》、《杨梅》、《钓鱼》、《我们的学校》、《旅人的心》、《西安印象》、《孩子的马车》、《战场》、《雷》等9篇作品，为巴金主编的“文学丛刊”第四集之一；至1948年10月已出五版。

七个人中间的那一个（俄，育珂摩尔著，小说）
载1937年7月1日《文学》第9卷第1期，署鲁彦译。

今年的双十节（散文）

载1937年10月10日《烽火（呐喊）》（上海版）第6期“双十节特辑”，署名鲁彦。

炮火下的孩子（小说）

载1938年5月7日《抗战文艺》第1卷第2期，署名鲁彦；同年5月 10日第3期连载；初收1938年7月汉口大路书局版短篇小说集《伤兵旅馆》。

伤兵旅馆（短篇小说集）

1938年7月汉口大路书局出版，署名鲁彦，内收《伤兵旅馆》、《炮火下的孩子》、《留守》、《重逢》等4篇作品，为“大路文艺丛刊”之一。

雷雨声中（散文）

载1939年《中学生》第4期，署名鲁彦。

两年前（散文）

载1939年《中学生》第5期，署名鲁彦。

春草（长篇小说）

载1940年1月10日《广西日报》（桂林版）副刊《漓水》第47期，署名鲁彦；1月11日至14日《漓水》第48期至51期、18日《漓水》52期、20日《漓水》53期、22日《漓水》54期、24日《漓水》55期、26日《漓水》56期、30日至31日《漓水》57期至58期连载；2月5日至6日《漓水》59期至60期、9日《漓水》61期、11日《漓水》62期、16日《漓水》63期、18日《漓水》64期连载；（未完）。

陈老奶（小说）

载1942年1月15日《文艺杂志》（桂林版）创刊号，署名鲁彦；初收1942年4月重庆烽火社版短篇小说集《我们的喇叭》。

给读者（散文）

载1942年2月15日《文艺杂志》（桂林版）第1卷第2期，署名鲁彦。

火的记忆（散文）

载1942年3月15日《文艺杂志》（桂林版）第1卷第3期，署名鲁彦。

千家村（小说）

载1942年4月15日《文艺杂志》（桂林版）第1卷第4期，署名鲁彦；1946年11月1日《文潮月刊》重新发表，署王鲁彦遗著；初收1945年11月上海文艺书屋版短篇小说集《抗战小说集》。

《我们的喇叭》后记（跋）

1941年除夕前数日作；载1942年4月重庆烽火社版短篇小说集《我们的喇叭》。

我们的喇叭（短篇小说集）

1942年4月重庆烽火社出版，署名鲁彦，内收《我们的喇叭》、《伤兵旅馆》、《杨连副》、《陈老奶》等4篇作品和作者《后记》，为巴金主编的“呐喊文丛”之一。

《我们的喇叭》题记（杂文）
载1942年5月1日《自由中国》新2卷第1、2期合刊，署名鲁彦。

从灰暗的天空里（散文）
载1942年5月25日《现代文艺》（福建永安版）第5卷第2期。

樱花时节（小说）
载1942年9月15日《文学创作》（桂林版）第1卷第1期，署名鲁彦。

王鲁彦启事（杂文）
载1943年12月《文艺杂志》（桂林版）第3卷第1期，署名王鲁彦。

致友人信一封（书信片断）
载1945年6月《文艺春秋丛刊》之四“朝雾”，署名鲁彦。

鲁彦散文集（散文集）
1947年6月上海开明书店出版，署名王鲁彦，由鲁彦夫人覃英编；内收《狗》、《秋雨的诉苦》、《灯》、《微小的生物》、《雪》、《父亲的玳瑁》、《寂寞》、《孩子的马车》、《战场》、《旅人的心》、《清明》、《杨梅》、《钓鱼》、《我们的学校》、《听潮的故事》、《驴子和骡子》、《雷》、《四岁》、《我们的太平洋》、《开门炮》、《新的枝叶》、《厦门印象》等22篇作品，书后有覃英作《后记》；为“开明文学新刊”之一；1949年1月再版。

家俱出兑（小说）
载1948年10月10日《春秋》第5年第5期（10月号），署鲁彦遗著，同年12月1日第5年第6期（11月、12月号合刊）续完。

愤怒的乡村（即《野火》，长篇小说）
1948年10月上海中兴出版社出版，署鲁彦遗著，为“中兴文丛”之二；1956年3月上海文化生活出版社再版，署名鲁彦，书后有覃英作《后记》；1957年10月上海新文艺出版社再版。

鲁彦选集（短篇小说、散文集）
1951年7月北京开明书店出版，周立波编选并作《序》内收《秋夜》、《柚子》、《李妈》、《兴化大炮》、《小小的心》、《童年的悲哀》、《父亲的玳瑁》、《钓鱼》、《桥上》、《屋顶下》、《胖子》、《病》、《黄金》、《岔路》、《厦门印象》、《关于我的创作》等16篇作品，为“新文学选集”第一辑之一；1952年1月再版；1954年12月北京人民文学出版社补入《陈老奶》，抽去周立波作《序》，重排出版，仍名《鲁彦选集》；1957年10月第二次印刷。

鲁彦散文集（散文集）

1958年5月上海新文艺出版社出版，书前有覃英作《前记》，内收《秋雨的诉苦》、《灯》、《雪》、《寂寞》、《狗》、《雷》、《开门炮》、《父亲的玳瑁》、《旅人的心》、《清明》、《杨梅》、《钓鱼》、《我们的学校》、《我们的太平洋》、《孩子的马车》、《伴侣》、《战场》、《听潮的故事》、《四岁》、《新的枝叶》、《驴子和骡子》、《厦门印象记》、《船中日记》、《西行杂记》、《西安印象记》、《关中琐记》等26篇作品。

致赵景深信一封（书信）

载1981年4月上海文艺出版社《中国现代文艺研究资料丛刊》第6辑第225页，信末署名鲁彦。

鲁彦散文选集（散文集）

1982年7月百花文艺出版社出版，沈斯亨编并作《序言》；内收《秋夜》、《秋雨的诉苦》、《狗》、《灯》、《雪》、《我们的太平洋》、《父亲的玳瑁》、《伴侣》、《开门炮》、《厦门印象记》、《寂寞》、《听潮的故事》、《驴子和骡子》、《杨梅》、《清明》、《西安印象记》、《钓鱼》、《我们的学校》、《孩子的马车》、《旅人的心》、《活在人类的心里》、《新的枝叶》、《火的记忆》、《从灰暗的天空里》等24篇作品。

评介文章目录索引

评介文章目录索引

鲁彦走了　章洪熙

载1923年8月10日《晨报副镌》第3版“杂谈”栏。

社交问题　黎锦明

载1924年12月26日至31日《晨报副镌》第3、4版。

敏捷的译者·附记　鲁　迅

载1925年6月12日《莽原》周刊第8期；后收入人民文学出版社1981年版《鲁迅全集》第8卷第429页。

王鲁彦论　方璧（茅盾）

载1928年1月10日《小说月报》第19卷第1期。

花束·序　周作人

载上海光华书局1928年3月版《花束》。

十年来中国的文坛　克　川

载1930年《文艺月刊》第1卷第3期。

王鲁彦与许钦文　苏雪林

载1934年9月《现代》第5卷第5期。

《中国新文学大系·小说二集》序　鲁　迅

载上海良友图书公司1935年7月《中国新文学大系·小说二集》，后又收入《且介亭杂文二集》。

作家小传·王鲁彦　阿　英

载上海良友图书公司1936年3月《中国新文学大系·史料集》第209页。

鲁彦创作选·序　陈筱梅

载上海仿古书店1936年11月版《鲁彦创作选》。

悼鲁彦先生　　桂林文协同人
载1944年8月30日《广西日报》（桂林版）。

关于鲁彦的死及其他　　荃　麟
载1944年10月《青年文艺》新1卷第3期。

忆鲁彦　　穆　素
载1944年10月《青年文艺》新1卷第3期。

忆鲁彦　　傅彬然
载1945年3月《抗战文艺》第10卷第1期。

写给彦兄　　巴　金
载1945年5月《文艺杂志》（重庆版）新1卷第1期；《新文学史料》1983年第1期重载，题目为《写给彦兄及附记》。

关于鲁彦的回忆琐记　　艾　芜
载1945年11月17日《周报》（上海版）第11期；后收入《浪花集》（北京出版社1959年出版）。

鲁彦之死　　《文艺春秋》编者
载1945年6月“文艺春秋丛刊”之四：《朝雾》。

一个朋友的病和死　　王西彦
载1946年6月《文艺春秋》第2卷第6期。《新文学史料》1979年第5卷重载，题目为《在魑魅的追逐下——记鲁彦的病和死》。

记鲁彦　　赵景深
载1946年7月1日《文艺复兴》第1卷第6期。

哀鲁彦　　师　陀
载1946年8月3日《文汇报》（上海版）第6版“笔会”副刊。

悼鲁彦　　周贻白
载1946年《文章》第1卷第2期。

鲁彦选集·题记　　徐沉泗、叶忘忧
载1947年9月中央书店版《鲁彦选集》。

呈献了血和生命的作家们·王鲁彦　　莫　洛
载1948年9月10日《文艺复兴》“中国文学研究专号”（上）。

鲁彦选集·序　　周立波
载1951年7月开明书店版《鲁彦选集》。

愤怒的乡村·后记　　覃　英
载1956年文化生活出版社版《愤怒的乡村》。

鲁彦琐记　　湘　渠
载1957年3月《东海》第3期。

鲁彦散文集·前记　　覃　英
载1958年上海新文艺出版社版《鲁彦散文集》。

鲁彦小说散论　　曾华鹏、范伯群
载《扬州师范学院学报》1959年第3期。

鲁彦小传　　山东师院中文系
载山东师范学院中文系1961年编《中国现代作家小传》。

鲁彦的后期小说　　欣　知
载1963年10月11日《新民晚报》第3版"繁花"副刊。

鲁彦小传　　北京语言学院
载北京语言学院1978年编《中国文学家辞典·现代第一分册》；该书1979年由四川人民出版社出版。

鲁彦小传　　辛　宇
载上海文艺出版社1978年10月版《中国现代短篇小说》（上册）。

我与鲁彦　　许　杰
载《新文学史料》1979年第2卷。

鲁彦夫人覃英访问记　刘增人、陈子善
载《新文学史料》1980年第2期。

鲁彦著译系年（初稿）
刘增人、陈子善
《社会科学战线丛刊》1980年第1期。

王鲁彦论（专著）　范伯群、曾华鹏
上海文艺出版社1980年4月出版。

晦庵书话　　唐　弢
乡土文学
花束
显克微支
给海兰的童话
载生活·读书·新知三联书店1980年9月出版《晦庵书话》。

论鲁彦的散文　　林　非
载天津百花文艺出版社1981年出版《现代六十家散文札记》，（题目是编者加的）。

鲁迅与王鲁彦　　钱英才
载《宁波师专学报》1981年第2期。

鲁彦小传　　浙江人民出版社
载浙江人民出版社1981年6月版《浙江现代作家创作选》。

鲁彦小说简论　　张复琮
载《郑州师专学报》1981年第2期（上）；1982年第1期（中）；1982年第2期（下）。

论鲁彦散文的创作特色　　沈斯亨
载《文学评论丛刊》1982年第11辑。

论早期的"乡土文学"　　金宏达
载《中国现代文学研究丛刊》1982年

第1期。

鲁彦在莆田　　柯文溥
载《福建新文学史料集刊》1982年5月第1辑。

鲁彦散文选集·序言　　沈斯亨
载百花文艺出版社1982年7月版《鲁彦散文选集》。

悲伤而执着前进，失望而奋力追求——鲁彦散文谈　　张复琮
载《郑州师专学报》1982年第3期。

关于“明天社”　　程中原
载《新文学史料》1983年第3期。

《鲁迅日记》中有关鲁彦的记载：
（上卷）：1925年5月14日、17日、20日、23日、28日；1925年6月3日、8日；1925年7月5日、16日、20日、27日；1925年8月1日、24日；1925年9月4日、27日；1925年10月13日、23日；1926年3月9日、18日；1926年11月2日、25日；1927年1月12日、14日；1927年4月19日；1927年7月13日；1927年10月12日、15日。
（下卷）：1928年3月9日；1928年5月31日；1928年7月4日、8日；1928年8月8日；1928年9月21日；1928年11月30日。

几种中国现代文学史专著中有关鲁彦的论述

中国新文学史稿　　王　瑶
第一编第三章第三节：乡土文学，第94—95页；第二编第八章第二节：透视现实，第228—229页；上海新文艺出版社1954年3月出版，1982年11月再版。

中国现代文学史略　　丁　易
第七章第二节：五四后期的小说作家，第248页；作家出版社1956年4月出版。

中国新文学史初稿　　刘绶松
第二编第四章第二节：小说，第168—170页；作家出版社1956年4月出版；1979年11月人民文学出版社再版。

中国现代文学史　　唐弢主编
第一册第四章第二节：文学研究会诸作家的创作，第185—186页；第二册第十一章第五节：其他作家作品，第275—277页。

中国现代文学史　　林志浩主编
上册第五章第三节：其他作家和作品·王鲁彦，第173—175页；中国人民大学出版社1980年5月出版。

中国现代文学史　　九院校编写组
第四章第二节：王鲁彦的小说创作，第140—142页；江苏人民出版社1982年2月出版。

港台出版的几种中国现代文学史专著中有关鲁彦的论述

中国现代文学史　　李辉英

第四章第四节：王鲁彦的小说，第111—112页；香港文学研究出版社1972年5月出版。

中国新文学史　　周锦

第三章第八节：新文学初期的小说创作——王鲁彦，第261页；第四章第四节：新文学第二期的重要刊物，第346页、第350—351页；第四章第七节：新文学第二期的小说创作，第455页；第四章第九节：新文学第二期的散文创作，第484页；第五章第二节：新文学第三期的文坛概况·桂林，第515页；第五章第四节：新文学第三期的重要刊物·《文艺杂志》第536—537页；第六章第十节：新文学第四期的特出作品，第801页；第七章：中国新文学大事记，第818页，第826页；台北长歌出版社1977年1月出版，为“长歌文学理论丛刊”之六。

中国三十年代作家评介　　丁望

第一辑：小说作家，第38—39页、第60页；第四辑：剧作家，第217页；香港明报月刊出版社1978年4月出版，为“明报 月刊丛书”之十三。

中国新文学史　　司马长风

上册第十一章：短篇小说欣欣向荣（上），第148页；上册第十二章：短篇小说欣欣向荣（下），第171—174页；中册第二十五章：战时战后的文坛·战时桂林文坛，第27—29页；香港昭明出版社1978年12月出版。

中国现代小说史　　夏志清

第五章：三十年代的左派作家和独立作家，第112页；香港友联出版社1979年7月出版。

新文学作家列传·鲁彦　　赵聪

台北时报文化出版社1980年1月出版，“时报书系”之二百六十七。

五四时代的小说作家和作品　　尹雪曼

早期的乡土小说——王鲁彦（王衡），第75—78页；台北成文出版社1980年5月出版，“中国现代文学研究丛刊”之一。

中国新文学大事记　　周锦

1942年大事，第180页；1944年大事，第188页；台北成文出版社1980年5月出版，“中国现代文学研究丛刊”之四。

中国现代文学作家本名笔名索引　　周锦

第13—16页，第155页；台北成文出版社1980年5月出版，“中国现代文学研究丛刊”之二十五。

编后记

王鲁彦是一位有才能的作家，他的文学创作具有鲜明的特色，在读者中曾产生过一定的影响。但是他只活到44岁，就在贫病交加中死去。这是现代文学的一个损失。

鲁彦的一生大多时间都是在兵荒马乱的年代中度过，他又长期过着流浪生活，因而许多资料未能完好地保存下来，这给我们的工作造成不少困难。虽然我们尽力搜集，但肯定还有遗漏，我们恳望广大读者不断给予补正。如果我们这本资料书能为鲁彦研究者提供一些方便，并使研究鲁彦的工作更好地开展起来，那么我们将会感到十分高兴的。

本书扉页上的鲁彦照片是鲁彦夫人覃英同志提供的；我们在编撰鲁彦著译系年时曾参考了刘增人、陈子善发表的《鲁彦著译系年》；在搜集资料过程中，得到南京图书馆和复旦大学、南京大学、南京师院、扬州师院等院校的图书馆的支持和协助。在这本书即将出版的时候，我们向以上的同志和单位表示衷心的感谢。

编　者

1983年9月于扬州师院